逐条国会法

昭和54年3月衆議院事務局 編

第1巻

逐条シリーズ

逐条国会法

昭和54年3月衆議院事務局 編

第1巻

第1章 国会の召集及び開会式
（第1条～第9条）
第2章 国会の会期及び休会
（第10条～第15条）

逐条シリーズ

3241-7

信山社

＊本書は、平成二一年度科学研究費（基盤研究（A））「衆議院事務局の未公開資料群に基づく議会法制・議会先例と議院事務局機能の研究」による研究成果の一部である。

刊行に寄せて

昭和五十四年三月に編纂された『逐条国会法』が、京都大学大石眞先生を代表者とする、衆議院事務局の帝国議会未公開資料群に基づく議会法制・議会先例と議院事務局機能の研究プロジェクトに参加された先生方の熱意と御尽力の結果、公刊されることになりました。衆議院事務局に関わる者の一人として感慨深いものがあります。「衆議院ノ議長副議長ハ其ノ院ニ於テ各々三名ノ候補者ヲ選挙セシメ其ノ中ヨリ之ヲ勅任スヘシ」(議院法第三条)、「各議院ハ政府ノ要求ニ依リ又ハ其ノ同意ヲ経テ議会閉会ノ間委員ヲシテ議案ノ審査ヲ継続セシムルコトヲ得」(同第二五条)、「政府ハ何時タリトモ十五日以内ニ於テ議院ノ停会ヲ命スルコトヲ得」(同第三三条)等々政府が折に触れ介入し、審議の主舞台が本会議であった帝国議会から、議院の自律権が強化され、審議の主舞台が委員会となった国会への変化の中で、国会職員は、新国会の理論面と運営面で大変な生き甲斐を感じながら努力して来ました。

新国会がそれなりに動き出し先例も重ねられる中で、一方では帝国議会からの急激な変化への反省と、他方では新国会の更なる飛躍への期待から、国会法、衆議院規則や先例を見直す必要性が説かれてまいりました。赤坂幸一先生の解題のとおり、この動きの一つの結実が『逐条国会法』であります。今日も議会改革に関する多くの意見が提示されております。「最終的に自律的に改革していくのは議会人である国会議員であり、国会職員は国会議員に改革の素材を提供するのみである」との自制心から、改革意見に亘るものは極力排した客観的なデータの整理に止まる『逐条国会法』は、無味乾燥で面白味に欠けるとの批判は十分に予想できるところでありますが、国会改革の基礎資料として利用して頂く限りに於いては、それなりに存在価値があるものと自負しております。先人の血と汗を感じ、世の批判を受ける契機を作って頂いた先生方に深謝しつつ、ご利用をお願いする次第であります。

平成二十一年十二月

衆議院事務総長

鬼　塚　　誠

事務局の衡量過程の Épiphanie

赤坂　幸一
（広島大学法務研究科・准教授）

本書は、衆議院事務局において内部用資料として作成・使用されていた『逐条国会法〔全七冊〕』（衆議院事務局、昭和五四年三月）につき、同局議事部が作成した『補巻（追録）』（平成二一年一二月現在までの国会法改正をカヴァーするもの）を付した上で、実務・研究の参考資料として広く一般に刊行するものであり、国会及び地方議会の運営実務にとって貴重な示唆を提供するのみならず、従来手薄であった我が国の議会法研究に新たな基盤を提供するものである。以下、本書が成立した経緯を踏まえつつ、本書のもつ意義について検討・紹介することとする。

（一）『国会法逐条検討資料』の存在

本書の成立経緯・意義を検討するに際して注目すべきは、本書に先立って『国会法逐条検討資料〔全一七冊〕』なる内部用資料が作成され（写真①）、議事運営の参考に供されていたという事実である。衆

写真①

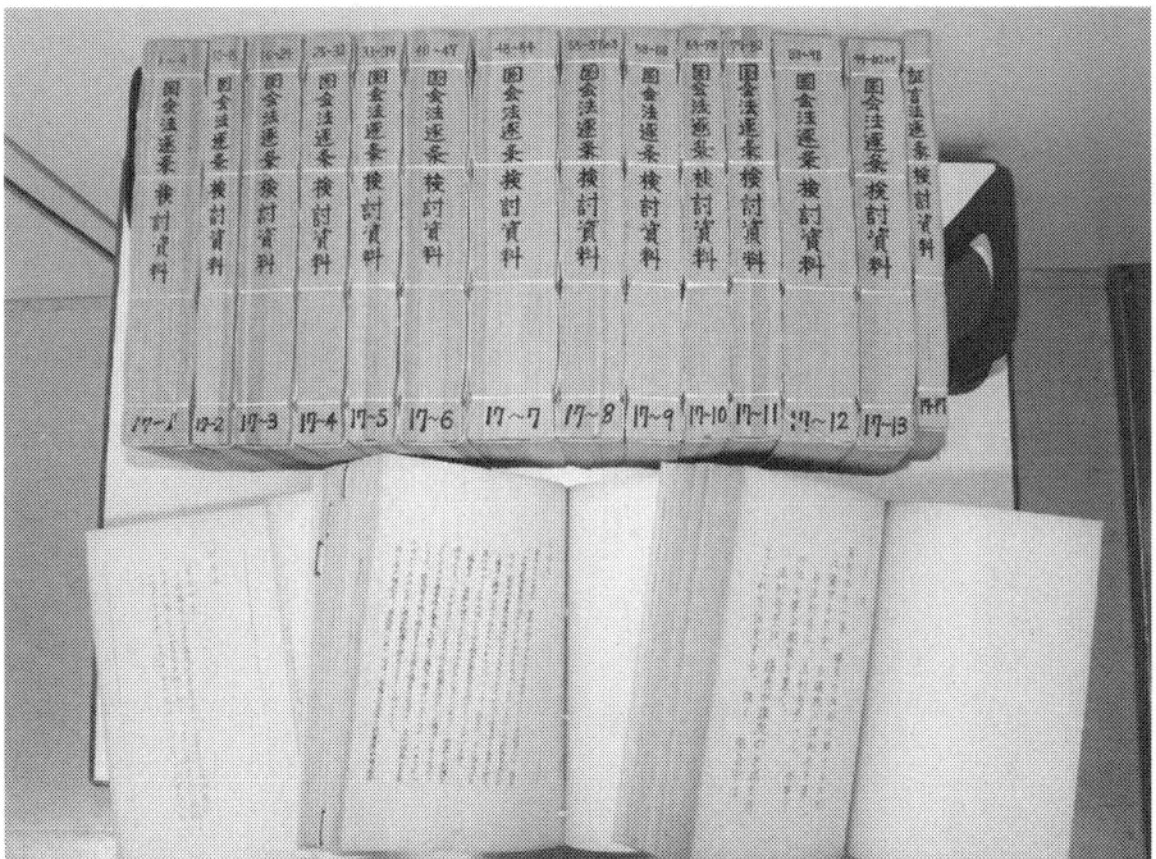

議院事務局・議事部の書庫に遺されたこの大部の資料には、ガリ版刷りの間に夥しい書き込みや手書きメモが綴じ込まれ、検討過程の濃密さを窺わせている。

同資料は昭和四〇年代前半に編纂されたものと推定されるが、その背景には、衆議院事務局委員部において開催された「勉強会」の存在がある。すなわち、関係者の回想によれば①、昭和三八年に知野虎雄氏②（昭和三五～三九年委員部長）が、国会法を対象とする委員部内の勉強会を開始した。この勉強会は昭和三八年一〇月二三日に衆議院が解散されて後、特別会召集までの一月半の間に開催されたが、当時の第一二委員室（後述の先例会議と同じ部屋）に委員部一同百人ほどが集会しての大規模な勉強会であったという③。

この勉強会では、事前に委員部各員に一～二条ずつ割り振って徹底的な調査を行わせた上で、問題点を指摘させ、それに基づいて活発な議論が行われたというが、この「徹底的な調査」の過程で作成されたのが、上記の『国会法逐条検討資料』編纂の基礎となる各資料なのである。

(二)『国会法逐条検討資料』の作成経緯・方針

実は、その経緯を示す史料が衆議院事務局議事部の書庫に遺されている。すなわち、『国会法逐条資料作成要領』④（昭和三八年八月、写真②・③）によれば、委員部各課の係長以上の職員が、課長から指示された条文につき、後述の「方針」にしたがって、同年九月末日までに逐条検討資料を作成・提出し、これに基づいて同年一〇月以降に研究会を開催することが予定されていた。同史料に綴じ込まれた「国会法逐条資料作成について」（昭和三八年八月二三日決定）という文書⑤によれば、その目的は「国会法の法律解釈及び運用の参考とするため、国会法の逐条にわたって関係資料を作成整備する」こととされ、その際には次のような作成方針に従うこととされていた。

「国会法各条ごとに、次の事項について、法律問題を中心にして記載すること。

一、制定趣旨、改廃理由等を明らかにし

一、関係法規を網羅すること。
一、先例等運用の実際を示し⑥
一、会議録にあらわれた論議⑦
一、学説等の見解を紹介し
一、問題点を列記すること。
（なお、改正意見があれば、これを附記すること。）」⑧

---

① 平成二〇年一二月二五日における今野彧男氏からの聞き取り調査による。

② 元衆議院事務総長、会計検査院長。大正八年、和歌山県串本町に生まれる。昭和一七年に九州大学法学部法文学科を卒業し内務省に入省。海軍軍務に従事したのち、熊本県地方課長兼人事課長として出向したが、昭和二一年、（最後の）衆議院書記官として中央に戻った。それ以後の二七年間を衆議院事務局に奉職し、昭和四二年七月二一日～四八年九月二七日の間、事務総長をつとめている。その後、会計検査院の検査官に転じ、昭和五三年～五五年には会計検査院長に任じられた。靖国懇談会のメンバーでもある。二〇〇九年六月二日逝去。

③ この委員部勉強会の初回を傍聴したのが、前出の今野氏（当時、事務総長秘書）である。委員部外の傍聴は、今野氏を除けば、次期委員部長に予定されていた藤野重信氏（当時記録部長）のみであったという。今野氏によれば、一日目には知野氏が挨拶し、自治省から出向して来ていた大橋和夫氏（後の船橋市長）が壇上で第一条から説明を開始したとのことである。

④ 表紙には「委員部中島」との記載がある。

⑤ 同文書の前には昭和三八年八月二一日の日付をもつ「国会法逐条資料作成要領（案）」なる文書が綴じ込まれており、この「作成要領」が〔委員部〕調査課の試案であること、インクによる書き込みは中嶋〔米夫〕氏の修正試案であることが欄外に注記されている。二三日の「国会法逐条資料作成について」と比較対照すると、中嶋氏の修正案がほぼそのまま採用されたこと、及び、とくに「作成方針」については同氏の立案によること、が了解される。

⑥ 「先例集にないものも含む」とペン書きで書き込まれている。

⑦ 「簡潔に経緯と結論」とペン書きで書き込まれている。

⑧ 末尾には、同じくペン書きで、「（注）国会法にない関係法律、規則等は、各人の所で出来る限りもれなくひろい上げること。」と書き込まれている。

写真②

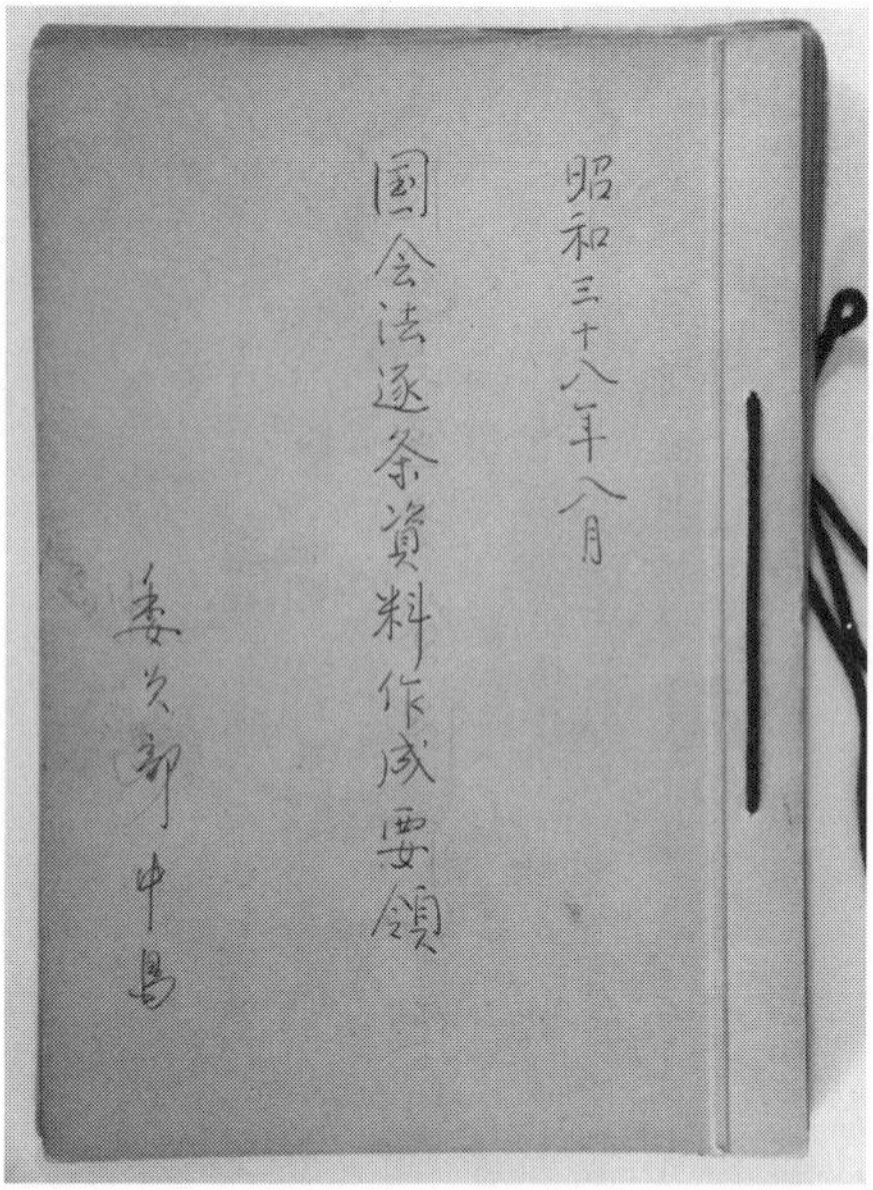

写真③

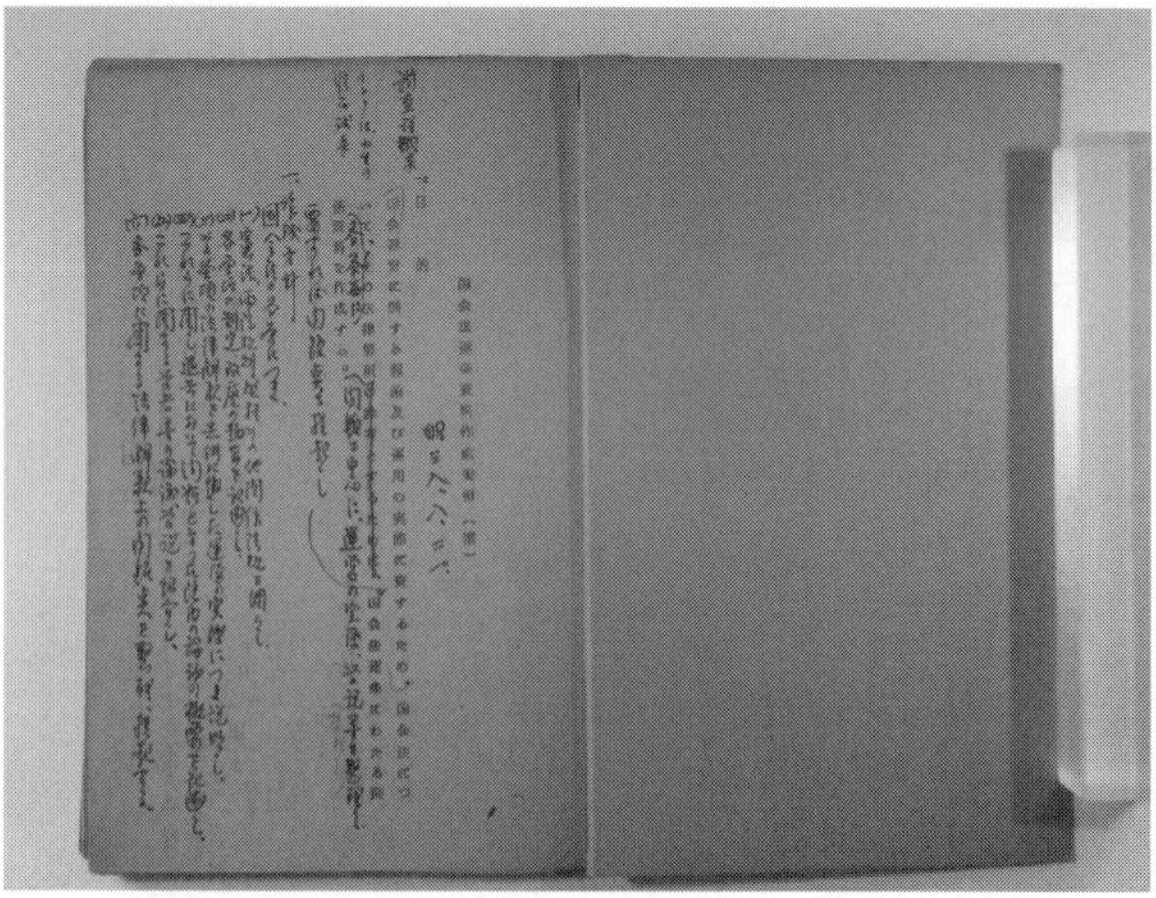

実際、『国会法逐条検討資料』に編纂されたガリ版刷り資料はすべて、この方針・様式に従って作成されており、関係法規・実務・学説にわたる包括的な予備調査をした上で、上記「研究会」に臨んだ様子が窺われる。とりわけ「問題点」の記述には、実務的な観点からする鋭利な問題提起が数多く含まれており、今日でも考慮・検討に値するが、後述の如く、『逐条国会法』を編集する過程ですべて削除されるに至っている。

具体的な作業分担については、国会法の各章ごとに委員部各課（第一課〜第七課、及び調査課）に割り振られ、さらに各課の中で、課長から分担を命ぜられた条文につき、係長以上の職員が「一人〔一人〕が分担を責任〔を〕以て(ママ)やること」という原則のもとで検討作業に従事している。例えば、委員部第二課には国会法第四章・第五章（全二五ヶ条）が割り振られ、課長補佐三名・係長五名が各々二～五ヶ条を分担することとされたが、各課で同様の割り振りを行った結果が「国会法逐条資料作成分担一覧表」（昭和三八年九月）として綴じ込まれている。

（三）「国会法研究会」の開催

上記の「国会法逐条資料作成について」によれば、各課長が検討資料を昭和三八年九月末までに取りまとめ、七〇部作成した上で調査課長まで提出し、「担当者の報告説明を聞き、各事項について検討するための」会議を一〇月以降開催することとされていたが、昭和三八年一〇月三一日付の研究会開催通知によれば、同年一一月四～一二日の間に計五日間にわたって終日の「国会法研究会」（午前一〇時三〇分～午後四時三〇分、於第一二委員室）を開催することが予告され（以降未定）、⑴第一条から順次担当者の説明を聞くこと、及び⑵当日の担当者所属課の課長補佐、係長並びに各課先例係が出席すべきこと（その他の出席は自由）が注記されている。

この「国会法研究会」こそ、冒頭で触れた知野委員部長時代の「勉強会」である。[⑨] 同研究会は年内には終了しなかったようで、「前回から引き続いて順次担当者の説明を聞く」ため、翌昭和三九年一月一三～一八日の間に計四日間にわたって、同じく「国会法研究会」を開催することが予告されている（昭和三九年一月七日付開催通知）。

関係者の回想によれば、[⑩] この「国会法研究会」は周到・活発なものであっただけに進捗が遅く、また昭和三九年一一月に知野氏が事務次長に昇進したことから、会議自体は中途で終了したらしい。が、委員部の精魂を傾けた「国会

---

⑨　（桑形昭正・元渉外部長とともに）同研究会の幹事役を務めた平野貞夫・元委員部長（元参議院議員）からの聞き取り調査（平成二一年三月四日）によれば、委員部調査課（昭和三六年三月三一日設置）における議事運営・国会関係の文献収集を背景に、当時の委員部長であった知野虎雄氏の発案で、係長（＝五等級）以上の委員部職員に命じて国会法の逐条的な解説を執筆させることになったという。こうして集めた文献をガリ版刷りで配布して「国会法研究会」が開催されたが、同研究会では、最前列に委員部長・副部長・課長が座り、その後ろに各課別に着席して、報告者が前で報告するという形がとられたという。

⑩　今野彧男氏からの上記聞き取り調査による。

法逐条資料」を散逸させることが惜しまれた結果、おそらく昭和四〇年代前半に、これを網羅的に編纂して『国会法逐条検討資料〔全一七冊〕』が作成されたものと推定される。[11]

ここで注目されるのは、逐条検討資料の作成・検討が、それ自体、衆議院事務局委員部における議事運営上の実務的関心から行われた、という点である。[12] 後述の如く、議会先例の形成・運用過程においては、事務局（とくに議事運営部門たる議事部・委員部）の主体的な衡量・判断過程が介在しており、議事法を真に理解するためには『衆議院先例集』・『衆議院委員会先例集』のみならず、その改訂理由を示す諸資料――事務局内における検討経緯を示す諸資料――をも併せ検討しなくてはならないが、「国会法研究会」は昭和三八年版の各先例集が刊行された直後に、衆議院事務局の中心的存在であった委員部が、[13] 部の総力を挙げて、国会法を逐条的・全面的に再検討しようとした試みであり、その検討結果は事務局における議事法の形成過程において、看過できない重要性を帯びている。[14]

（四）議事運営部門における研鑽の足跡

それでは、このような内部研究会が開催された背景には何があったのだろうか。これを理解するためには、委員部・議事部における勉強会の歴史を紐解くことが必要である。戦後、民主主義を強化するというGHQの方針に従って、昭和二二年に帝国議会から――国権の最高機関（憲法四一条）たる――国会へと移行したことに伴い、事務局の機構も戦前の課単位制度から部単位制度へと変化し、その規模も増大した。帝国議会時代には通常議会の会期が僅か三ヶ月であったので（明治憲法第四二条）、議会開催時に多数の臨時職員が採用されていたが、それでも三〇〇〜四〇〇人体制で議会事務を遂行していたのが、昭和二五年頃には一二〇〇人体制になっていたという[15]（委員部も当時は第一課〜第三課で約九〇人となった）。[16] すなわち、戦争の関係で若手職員が大量に失われており、憲法議会（第九〇回帝国議会）以降に若手職員を急いで雇用した結果、昭和二二年〜二五年位にいわば「団塊の世代」が出現するに至ったのである。[17]

こういった事情から、当時の委員部は、委員部長が鈴木隆夫氏、第一課長が知野虎雄氏、第二課長が吉田三郎氏（旧議会からの残留組）、第三課長が矢尾板洋三郎氏（満州からの引上げ組）の各氏であり、課長補佐は、旧議会からの残留組と若手が務めていた⑱。そして、委員部職員の約六割が二〇歳代であった。

このような人員構成に鑑みて、鈴木委員部長は勉強会開催の必要性を痛感することになる⑲。当時は、『先例集』

---

⑪　平成二〇年九月一七日における白井誠・議事部長および関根正博・請願課長からの聞き取り調査による。

⑫　平野貞夫氏からの上記聞き取り調査によれば、「国会法研究会」開催の背景として、事務局内において、安保国会後の議事運営・議事規則はいかにあるべきかというテーマが存在したという。また同氏によれば、当時は内閣の憲法調査会で結論を纏め出す頃に相当し、これとの関係で、議事法規を全面的に改めなければならないという意識が存したという。

⑬　実際、国会制度に移行した後の衆議院事務総長は、帝国議会期から書記官長であった初代の大池眞氏を除き、「委員部長→事務次長→事務総長」というキャリア・パスを経るのが通例であった（鈴木隆夫、山﨑高、久保田義麿、知野虎雄、藤野重信、大久保孟、荒尾正浩、弥冨啓之助の各総長。このうち、鈴木隆夫・山﨑高・知野虎雄の各氏は、事務次長時代に議事部長事務取扱となった。事務取扱とは、上席が下位の事務をとる場合のことを指す。これに対して、同輩がその事務をとる場合のことを事務代理と呼ぶ）。

⑭　実際、現在に至るまでの議事法・議会先例の基礎となっている昭和五三年の各『先例集』と、昭和五四年の『逐条国会法』とは一体的な存在であり、ともに、現在の議事法に大きな影響を与えている。なお後者は、いわばインデックス的に用いられる例が多かったようである。

⑮　平成二一年二月二七日の桂俊夫・元議事部長からの聞き取り調査によれば、国会制度に移行してのち、人員の急速な拡大のために多くの臨時職員が採用されることになり、給料も一日一二円という下働きであった。なお、平野貞夫氏からの上記聞き取り調査によれば、昭和三四年に同氏が臨時職員として採用されたのが、臨時職員のほぼ最後の時期に当たるとのことである。

⑯　委員部を含む衆議院事務局機構の変遷については、『議会制度百年史・資料編』（大蔵省印刷局、平成二年）四二九頁以下を参照。

⑰　この結果、とくに人事運用面における歪みが生じることとなったが、参議院も同様の状況にあり、山賀辰夫『参職記』（創栄出版、平成九年）によれば、職員組合結成（昭和二二年五月三一日）前後には人事配置も困難で、異動が頻繁に行われたという（一三七頁）。こういった状況を踏まえ、また戦後の混乱期における人員整理（朝鮮戦争休戦に伴う財政危機）に対応するために、昭和二八年に「特別待命制度」が設けられた。これは一年間の自宅待機（給与支給）＋退職金支払という形で大幅な人員整理を行うもので、一般行政省庁の職員のほかに、国会職員・裁判所職員も対象となったという（山賀・前掲書一六六～一六七頁）。

⑱　なお、帝国議会時代の「課」が現在の「部」に相当し、この「部」は一般省庁で言う「局」に相当する。

(『衆議院先例集』および『衆議院委員会先例集』を言う。以下同じ。)も昭和一七年以来編纂されておらず、また現在に至るまで衆議院事務局の議事法解釈における強力な磁場を形成している『国会運営の理論』[20]も、未だ出版されていなかった。そのため、この「勉強会」は委員部長の講義形式により行われることとなったが[21]、その後の勉強会では、委員部・議事部を問わず、部長は司会者の役割に徹して、部員の発表につき集団討議させるという手法が採られたという[22](知野委員部長時代も同様)。すなわち、『国会運営の理論』や『先例集』が出版されて以降は、基本的な知識はそれらの書物を通じて獲得し、勉強会においては新しい事例や特殊な問題点を検討するという方向に関心が移ったものと推定されるのである。

こういった「勉強会」は、その後も定期的に、とくに政治的な変動期に際して開催されていたと言われる。稿者の知る限りでも、昭和三四年七月七日から一週間、および昭和三五年八月二三日から一週間の委員部研究会[23]、昭和三八年の上記「国会法研究会」、昭和五四年一月の荒尾委員部長時代および平成元年の平野委員部長時代の勉強会、ならびに平成七年七月五日から一年間(計六二日)の近藤議事部長時代の勉強会などがある。

もっとも、「勉強会」を取り巻く環境は一様ではなく、そもそも、大池眞、西沢哲四郎、鈴木隆夫といった国会法の制定に携わった事務局幹部達は、GHQの指示の下、短期間に国会法を立案した経験を有することから[24]、未成熟な国会法を改善してゆくという意識を強く有していた(昭和三〇年の国会法全面改正まで)。しかし、その後の山﨑氏[25]や知野氏の代になると、国会法を所与の前提として物事が進行するようになり、また、いわゆる五五年体制の確立に伴って、比較的安定した議会制度の時期を迎えたことから、学術的な勉強会を行うという雰囲気が出てきたという(昭和三〇年~四〇年代)。

しかし、昭和五〇年の田中内閣期以降、多党化現象が生じた結果、議事運営に日々生ずる「変化」を追う必要性が高まり、学術的・基礎的な議事法の勉強会は行われにくくなる。特に委員部は、当時二〇程度の委員会を抱える大所帯であり、議員との日常的接触も多いことから(理論武装の必要性)、新規事象について委員部各課の統一を図るために会議を開く必要性が高くなる。[26] これに対して議事部は、議員との個別的接触を日常的に行うのは議事課・議案課に限られ、各課が比較的独立した活動を行っているため、統一化をはかるための勉強会を開くという機運になり難いという。[27]

---

⑲ 鈴木委員部長が勉強会の効用に着目した背景には、戦後の国会制度が委員会中心主義を標榜しつつも、当時の委員部の職員自体が、⑴委員会運営以外の議会法規全体、および⑵（⑴を基盤とする）議会先例の全体に対して、正確な理解を欠いているとの認識があったからではないかと推察される（白井誠・議事部長からのご教示による）。

⑳ 鈴木隆夫『国会運営の理論』（聯合出版社、一九五三年）。同書は、現在でも事務局のバイブルとされているという（福元健太郎『立法の制度と過程』（木鐸社、二〇〇七年）一七一頁）。鈴木隆夫氏については、今野彧男「昭和の議会を支えた蔭の功労者」議会政治研究第八六号（二〇〇八年）六四頁以下を参照。

㉑ ただし、新入部員は予め当時の大池事務総長が執筆した『国会早わかり』を一読して、講義に臨んだという（二〇〇九年二月九日付稿者宛今野氏書簡による）。

㉒ 同前。

㉓ その成果は、各々『執務参考資料（その一）』・『同（その二）』という内部資料として纏められている。

㉔ その経緯については、川人貞史『日本の国会制度と政党政治』（東大出版会、二〇〇五年）二九頁以下、赤坂幸一「戦後議会制度改革の経緯（一）」金沢法学第四七巻一号（二〇〇四年）一頁以下、および同「占領下における国会法立案過程」議会政治研究七四号（二〇〇五年）一頁以下を参照。

㉕ 明治四一年一〇月生まれ。昭和二〇年一一月七日衆議院書記官、庶務部長を経て昭和二八年三月五日委員部長に就任。昭和三〇年一一月二八日から事務次長（議事部長事務取扱）、昭和三五年七月二二日〜昭和三九年八月二二日事務総長を歴任。事務取扱の意義については、注⑬を参照。

㉖ 平成二〇年一二月二五日の近藤誠治・元衆議院調査局長からの聞き取り調査によれば、例えば、⒜公共事業関係を扱う委員会では対象的に見てそれ程政策的な違いは顕著ではないが、⒝社会労働委員会などでは保革が衝突しやすく、⒜・⒝の委員会運営に相違が生じてくるため、委員部ではこれらの調整が必要となるという。その主たる調整の場が、後述の「先例会議」である。

㉗ 今野彧男氏からの上記聞き取り調査による。

（五） 議会先例・議事法の形成と議会事務局

こうした勉強会は、しかし、数年毎に特定のテーマに限って行われるというわけではなく、とくに毎年開催される「先例会議」を通じて、同様の機能が担保されるシステムになっている。『逐条国会法』編纂の背景にある事務局の営為を理解するためには、この先例形成過程に着目することを避けて通ることはできない。

後述のように、『先例集』は約一〇年余の間隔で刊行されてきているが[28]、およそ議事運営に関わるすべての部局において、担当者は日々の議会活動を体系的に分析・整理し、事例として集積している。約一年ないし会期毎にこれを纏めて、各課内で「先例会議」が開催されるが、議事部においては各課が独立した業務を行っているため、合同の先例会議が開催されることは滅多にない。これに対して、委員部においては概ね毎年、合同の先例会議が開催される（上記（四）の末尾を参照）。

委員部の先例会議は、昭和四〇年代までは、(a)各課における検討会議を経て、(b)委員部調査課[29]に集約して一ヶ月ほど検討したのちに、(c)全体会議（＝「先例会議」、三〜四日間、七月頃）として開催する、というスケジュールで行われていた。その後に夏季休暇を迎えるというイメージであったが、昭和五〇年代以降に国会が通年化すると、手順は同じながら、「全体会議（＝先例会議）」は一月の自然休会時に、一〜二日間で行われるという形態に変化したという。

こうした毎年の先例会議と併行して、前回の『先例集』作成から約一〇年を目途にして、次期『先例集』の作成に向けた事例検討作業が開始される。その際、『先例集』に合わせて事例を並列掲記したものが作成され、二〜三年の検討期間を経て、整理・編集・印刷されることとなる（そのため、『先例集』の編纂には約一〇年余を要することになる）。

この検討作業においては、各事例の掲載の是非、変更の是非、説明文の変更の必要性などについて、帰納的な議論・検討が行われるが、具体的には、

(a) まず、議事部議事課が、各部[30]に対して、その所管部分を明示して検討を依頼することから始まる。議事部においても議事課・議案課・請願課においてそれぞれ検討が行われる。議事課を例にとれば、各係単位に分担を

割り振り、各係内での検討の後、数次にわたる課長の下での会議において改訂案をまとめていく。議事部の他課においても同様に所管部分の改訂案がまとめられ、議事部所管（他部との共管を含めれば先例集の大半に及ぶ）のものがまとまった段階で、議事部長の下で数次にわたる会議が行われる。㉛

(b) 各部においてもそれぞれ同様の作業を経た改訂案が議事課に提出され、先例集全体の改訂案がまとめられる。議事部長の下での会議においては、他部の改訂部分の調整及び（委員部の作成になる）㉜委員会先例集改訂案との調整も行われる。

(c) 次に、次長の下で検討会議が行われる（三～四日：議事部長、議事課長出席）が、他部の改訂部分の最終的な調整及び委員会先例集改訂案との最終的な調整は、ほぼこの段階で終了する。

(d) 先例集改訂案の会議に続いて委員会先例集改訂案の会議も行われる（委員部長、委員部調査課長出席）。

㉘ 帝国議会創設以来の先例集・先例彙纂の刊行状況、編集方針の推移等については、木村利雄「衆議院先例彙纂の誕生と議会先例の歴史」（衆議院憲政記念館（編）『憲政記念館の十年』（衆議院憲政記念館、一九八二年））六三頁以下を参照。

㉙ 委員部調査課が設置されたのは、昭和三六年三月三一日の衆議院事務局分掌規程第一六次改正以後のことである。

㉚ 平成二一年一二月現在の衆議院事務局は、七部と憲法審査会事務局、秘書課、憲政記念館、および調査局から構成されている。部以外にも、その所管に応じて、先例事項の検討が求められる。

㉛ この部長クラスの検討会議から、最終的な総長決裁までに、約三～四ヶ月を要する。

㉜ その際、委員部においても、各課に割り振られた分担部分について、各キャップの責任において作成した原稿をもとに、数か月に及ぶ課内全体会議を行うことから、改定作業が開始される。なお、「キャップ」とは、各委員会の事務運営に責任を持つ課長補佐を指す。委員部各課は概ね二～三の委員会を所管しているが、各委員会は通常、三～四名の委員部職員により担当される（ただし、一時的に極めて多忙になる予算委員会、および議事部との役割分担が存する議院運営委員会は別である）。その一番手を務めるのが「キャップ」であり、委員会運営につき、いわばオールマイティな権限および責任を負うとされる。二番手は課長補佐又は係長クラスであるが、かつての俸給表によれば、一等・二等が副部長、課長、三等・四等が課長補佐、五等・六等が係長、七等・八等が係員であった。したがって、三等級の課長補佐と四等級の課長補佐とが、同一委員会の一番手・二番手を務めることはあったが、同格で並ぶことは（現在も）ないとのことである。前注⑨も参照。

(e) その後、最終的には、事務総長の下で、(c)と同様の形式で三〜四日間の検討会議を行って、最終決定が行われる。[33]

(六) 事務局の衡量過程の介在

このような議事法・議会先例の形成過程において留意すべきは、事務局による衡量過程の介在である。すなわち、議事法・議会先例というものは、単なる事実の集積ではなく、一定の取捨選択・価値判断を前提としている。その基準は法規と具体的事実、それを取り巻く環境（milieu）の相互作用のうちに形成・適用されるものであり、具体的な文脈を離れて抽象化するのは困難であるが、[34]事例の集積の中から、何を掲載して何を掲載しないのかを判断するに際しては、一般に、(a)反復性の有無、(b)特殊例外的なものか否か（会期末の混乱期における特殊事例等は掲載しない）、(c)議員の意向（議運決定の有無など）を総合的に考慮して決定され、その際には、事務局なりの価値理念・憲法解釈・法解釈といったものもある程度反映されている。[35]そこにあるのは、「あるべき議会政治像」を念頭に置いた、事務局の主体的な衡量過程の介在である。

この点につき、ながく衆議院事務局にあって――とくに鈴木隆夫氏の間近で――議会政治を裏面から支えた今野氏は、近年の論稿で、議事運営における鈴木隆夫氏の姿勢・信念を次の如くに表現している。[36]すなわち、〔そこにあるのは〕「法規・先例を可能な限り厳格に適用して、会議の公正さを保とうとする考えである。国会法規は長い伝統の上に形成された原理原則に則って定められており、先例もまた歴史的経験の集積であり、これらがルールとなって会議の合理性と効率性を保障している。従って、安易にルールを緩めるような運営は行うべきではないという立場である」と。

この立場によれば、議事法・議会先例は、各議院がその自律権に基づき自主的に決定すべきものであるが、この議院自律権とて無制約ではなく、[37]議会における決定手続がその公平性・公正性のゆえに合理化機能を果たすためには、少数者に対する適正な配慮が要求されることになる。この点で想起されるのが、イギリスの庶民院議長として令名をはせたオンスロウ氏〔Arthur Onslow, 1691-1768：在職 1728-1761〕の次の一言である。いわく、「私が若者だった頃、老練なる議員たちから、しばしば次のような格言を聞いたものである。すなわち、手続規則の無視やそこからの乖離ほど、行政府、および庶民院の多数派と行動を共にする者たちに、権力を委ねることになるものはない。これらの、我々の先達たちが設けた手続形式は、多数派の行動を抑制・統制するものとして機能したのであり、多くの場合、権力の攻撃に対する少数派の防護壁になったのである[38]」と。

まさしくこの言葉をもって始まるジェファーソンの『議事提要（Jefferson's Manual）』は、建国期の合衆国上院の議事規則を確立し、今日においても合衆国下院の議事法に取り込まれているが、わが国の議会制度および明治議院規則の成立過程においても、看過しえない影響を与えている[39]。議事法・議会先例の伝統の背景には、かかる公正・衡平な審議手続の保障という理念があり、事務局の主体的な衡量過程、「事務局なりの価値理念・憲法解釈・法解釈の反映」という場合に念頭に置かれているのも、まさしくこの理念なのである。

こうした観点からすれば、議事法・議会先例の意義を考察するに際して、(1)『先例集』改定の際に作成される『先

---

(33) 先例集の編纂過程については、近藤誠治氏よりの上記聞き取り調査によるほか、白井誠・議事部長のご教示を得た。
(34) この点につき、木村利雄「国会運営と先例」議会政治研究二八号（平成五年）四頁以下を参照。
(35) 近藤誠治氏からの上記聞き取り調査による。
(36) 今野・前掲論文（註(20)）を参照。
(37) この点につき、とくに両議院関係を規律する憲法原理に着目した論考として、原田一明「『ねじれ国会』と両院関係」横浜国際経済法学一七巻三号（二〇〇九年）一五九頁以下を参照。
(38) Thomas Jefferson, *A Manual of Parliamentary Practice*, republished from the 1801 edition, Applewood Books, 1993, p.1.
(39) *Jefferson's Manual* が明治議院規則に与えた影響につき、赤坂幸一「明治議院規則の制定過程——委員会規則を中心として（一）」議会政治研究六〇号（二〇〇一年）七三〜七六頁以下を参照。併せて、國學院大学『井上毅文書』所収の「立法管見」（B-355, 4233）も参照されたい。

例改訂理由』[40]、及び(2)『国会法逐条検討資料』・『逐条国会法』を検討することは不可避の課題である。というのも、(1)は事務局における『先例集』編纂時の衡量の有様を示すものであり、他方、(2)は『先例集』の編纂と併行して作成されたという側面を有していることから（(七)を参照）、『先例集』を総体的に理解するためには、(1)・(2)、および先例会議の関係諸資料を併せ見る必要があると考えられるからである。実際、次項で見るように、『先例集』の作成と事務局内の研修・勉強会、および『国会法逐条検討資料』・『逐条国会法』の作成は、相互の影響の下に行われているのである。

なお付言すれば、昭和四〇年代～五〇年代に至っても、議事関係で何らかの問題が生じ、かつ国会で先例がないような場合には、事務局職員は『議事解説』（昭和一七年）ないし『旧先例集』を見て対処方針を検討していたと言われる。[41] 昭和一七年一二月には帝国議会期最後の『衆議院先例彙纂』及び『衆議院委員会先例彙纂』が公刊されているが、戦時議会が変則的な議事運営を容認してゆく中で、この先例集を編纂した事務局職員が、議事法規のあるべき姿を『議事解説』で描いたのである。昭和一七年版の『旧先例集』・『議事解説』は帝国議会時代の議事法のいわば最終形態を示す文献であること、および新憲法と国会法の精神に反しない限り、重要な議会先例は戦後も踏襲されたこと[42]から、議事法・議会先例の形成過程・内容を討究する際に両者は不可欠の文献であり、とくに後者は、先例集の編纂に携わった事務局職員の議事法理念を示す文献として、帝国議会に係る歴史的研究にとっても重要な意義を有するものと考えられる。

(七)『先例集』から『逐条国会法』へ

鈴木隆夫・委員部長時代の昭和二八年頃までは、鈴木氏が『国会運営の理論』の執筆に集中していたこともあって、先例集を編纂するという機運にはならなかった。しかし、同年三月、鈴木氏が事務次長になり、山﨑氏が委員部長になった頃から、昭和三〇年版の『先例集』の作成作業に入ることになる。同先例集は昭和三〇年国会法大改正を踏まえたもので、今日に至るまでのベースを形成しているが、その後は、議会制度・運用の安定期を迎え、既存の議事法規・先例集を所与の前提としつつ、学術的な色彩を濃くする内部勉強会が開催されるようになる（以上につき㈣を参照）。その一つが、久保田義麿・委員部長時代の委員部勉強会（昭和三四年）であるが、この久保田氏に次いで委員部長となった「最後の書記官」知野虎雄氏[43]の主導により開催されたのが、上記の「国会法研究会」である（㈢を参

㊵　とくに昭和五三年版の『衆議院先例集』に係る『先例改定理由』は内部的に定評があり、昭和三〇年・三八年版『衆議院先例集』に係る『先例改訂理由』もここに統合されているとされる。なお、昭和五三年版の『先例改訂理由』は、当時の議事部副部長であった桂俊夫氏がその多くを執筆しているとのことである。

㊶　前注⑪の聞き取り調査、および平成二一年二月二七日の桂俊夫・元議事部長からの聞き取り調査による。なお『議事解説』は、当時は取扱注意の文献とされ、部長・副部長クラスの限られた職員にしか配布されていなかった（通し番号が付いている）。

㊷　たとえば『衆議院先例集（昭和三十年版）』の「例言」及び五一〇号（平成十五年版では五〇二号に相応）を参照。これは、第一回国会前の各派交渉会において、その旨決定されたことによるものである（木村・前掲論文註㉘、八〇頁を参照）。

㊸　前注②を参照。なお、帝国議会時代の書記官は内務省所属の高等官・エリートであり、七～八名しか存在しなかった。書記官たちは日常的に書記官室（現在の議院運営委員長室）に集まり、意見交換を行っていた。このように、書記官達がいわば一体・中心となって会議の運営を担い、法規先例等について随時討議していたのである。これらの高等官は食堂まで一般職員と異なり、書記官室で一体的に議論・活動することが多かった（これは旧内務省一般にみられた現象である。真渕勝『行政学』（有斐閣、二〇〇九年）三三三頁を参照）。鈴木隆夫氏まではこのような戦前の気風が色濃く残っており、鈴木氏は戦後も、決して一般食堂で食事を取ることはなく、自室で食事をしていたし、また一年を通じて頻繁に「部長会議」を招集して、議事運営について検討していたとのことである（安保国会時などは一日に二～三回も開催された）。戦前の高等官（課長）達は、戦後は組織拡大・変更の中でそれぞれが部長職となり、各部毎に縦割りで所属することになったが、鈴木氏までは「各課長＝高等官」が一体的に活動する気風が生きていたようである。

しかし、山崎総長時代、知野委員部長の存在感が大きかったことから、全部長を集めた部長会議よりも、総長、次長、議事部長、委員部長から構成される「四者会談」の比重が増したという。この四者会談は「案件会議」と呼ばれるが、この名称は、議運理事会・委員会に出す協議事項（＝案件）・付随資料をもとに進める会議であることに由来する。その後、庶務部門のウェートの増大に伴い、庶務部長・秘書課長を加えた六者で構成されるようになり、現在にいたっている。

これに対して部長会議は、主に人事案件を扱うものとされたが、現在では、事務局全体の情報共有・責任共有という観点から、週に一回程度開催されるという運用になっている。

照)。

同研究会は、昭和三八年版の『先例集』の刊行直後に、委員部職員が、安保国会後の議事運営・議事規則のあり方を全面的に再検討するという目的で開催されたが[44](逐条毎に検討課題(「問題点」)を指摘させ、委員部全体で審議・検討するという手法は、このような証言を裏付けるものである)、その勉強会資料を『国会法逐条検討資料』として纏めるに到った背景には、委員部および衆議院事務局としての見解を踏まえた国会法の逐条解説書を——内部用に——纏めようという知野氏の意向があったものと推察される[45]・[46]。

上述のように、事務局独自の見解を纏め上げる前に「国会法研究会」自体が終了し、『国会法逐条検討資料』も「問題点」を指摘するに止まっている。その後、大久保事務総長(泉清・議事部長、弥富啓之助[47]・委員部長)の時代に、高度経済成長を背景に財政的な余裕(印刷費)があったこともあり、『国会法逐条検討資料〔全一七冊・ガリ版刷り〕』を『逐条国会法〔全七冊・活版刷り〕』に整理する作業が行われた。

その具体的な作業手順としては、委員部の各課に加え、議事部の議事課・議案課・請願課・資料課にも割り振って、かつ各課の中では各担当者に任せるという手法が採られた[48]。ここで注目されるのは、この整理作業の背景に、『国会法逐条検討資料』を昭和五三年版の各『先例集』——国会制度に移行してから三回目の『先例集』——に対応させるという関心が存したという事実である[49]。すなわち、ここでもまた、『先例集』の編纂と(内部資料たる)『逐条国会法』の作成は併行して行われたのであり、事務局の主体的な衡量過程の有様を検討するための、重要な手掛かりを提供している。

もっとも、その所産たる『逐条国会法』については、(1)通し番号を付けて各部課に一セットずつしか配置されず、外部の閲覧も許されなかった。これは基本的に内部資料として準備されたもので著作権処理等の問題があることに加え、変動過程にある議事法規について自縄自縛に陥ることの弊害を慮ったからであると推察される[50]。そのため、(2)『国会法逐条検討資料』に存した実務的観点よりする鋭利な問題提起は悉く削除され、事務局による議会法・議会先例の形成の有様を追跡するためには、『国会法逐条検討資料』および『先例改定理由』その他の資料を併せ見る必要が存するのである。[51]

（八）結びに代えて

このように、衆議院事務局において内部用資料として作成・利用されていた『逐条国会法』であるが、その編纂か

㊹ 前注⑫を参照。

㊺ 今野彧男氏からの上記聞き取り調査による（同氏によれば、「国会法研究会」では知野氏が議論の結論をリードしていたという）。また、同じく桂俊夫氏も――帝国議会時代には「記録より記憶に残せ」という風潮が強かったことから――事務局独自の調査資料が余り作成されなかったのに対して、知野氏は、重要な事件を全職員が常に閲覧・検討できる体制を構築しなければならないと、常に説いていたと記憶されている（桂俊夫氏からの上記聞き取り調査による）。

㊻ 平野貞夫氏からの上記聞き取り調査によれば、『国会法逐条検討資料』は各課に一部ずつ、さらに保存用を加えて、合計二〇セット程度作成されたらしい。

㊼ 昭和五七年八月～平成元年六月、衆議院事務総長。平成二年～九年、人事院総裁。訳書に、ウイリアム・ロー著（弥富啓之助訳）『われらがハンサード――議会をうつす真の鏡』（衆速会、一九六六年）がある。

㊽ 前注⑪の聞き取り調査、および今野彧男氏からの上記聞き取り調査による。今野氏の場合、(a)自らの担当分（弾劾裁判所）については殆ど手を触れなかったが、それと共に、(b)議案課全体のトータルな視野からする（議案課内の）調整作業を担当されている。なお、作業完成後には、憲政記念館で完成パーティが執り行われ、当時すでに憲政記念館に異動していた今野氏もこれに参加したという。なお、印刷された『逐条国会法』は議事運営部門を中心に事務局内の各所に配布されたほか、事務総長経験者にも謹呈されている（昭和五四年七月付鈴木隆夫宛大久保孟書翰（今野氏所蔵）は、そのことを裏付けている）。

㊾ 前注⑪の聞き取り調査による。

㊿ ただし、本書を読めば了解されるように、『逐条国会法』は基本的に資料集であり、様々な説を公平な見地からまとめたもので、事務局固有の見解を提示するものではない。

(51) 前注㊵も参照。平野貞夫氏からの上記聞き取り調査によれば、『逐条国会法』に纏めるに際し、「問題点」を削除した以外は、基本的に原文そのままであったという。近藤誠治氏からの上記聞き取り調査においても同様に、基本的に新しい先例・事例・学説等を加えたのみで、大幅な改定の余地に乏しく、原則として、誤字・脱字や内容の再調査に限定されていたという。

ら三〇年の節目を迎えた今日、平成二一年一二月までの『補巻（追録）』を加えた新たな装いで甦ることとなった。この作業は議事部各課が分担し、最終的には議事部議事課調査係において点検および編集作業を行ったものである。その際には、『逐条国会法』刊行以後の国会法の改正について、その改正条文・改正理由、関係法規、先例、改正に関連する会議録の抜粋などを採録するという方針が採用され、換言すれば、学説の網羅的な採録や、事務局固有の見解の提示が行われているわけではない。

従来は門外不出とされていた『逐条国会法』が、最新の改正まで含めて刊行されることの意義は少なくない。議事法・議会先例を理解するための重要文献として、地方議会を含む各方面での利用が期待されるほか、伝統的な議事法・議会先例の背後にある事務局の主体的な衡量過程の有様を解明・理解するために不可欠の文献である（(六)・(七)を参照）。

同書が議事堂の奥扉から放たれたことは、おそらく、昭和三〇年の国会法大改正以降、議事法規・議会先例の全体により形成される議事法がある程度完成し、その限りで、ある程度定型化したことを示している。とくに昭和五三年の各『先例集』の編纂（および『逐条国会法』の編集）以降は、その傾向が顕著である。

しかし、議事法規・議会先例の背後にある理念、主体的な衡量過程の介在は、未だ解明されたとは言い難い状況にある。のみならず、政治部門の決定（例、議運決定）によって議会先例が変更されることがありうるのは当然で、事務局側の衡量過程・価値判断と政治側のダイナミズムとの交錯の有様――とくに政権交代による議事手続の変化――についても、その解明は挙げて将来の課題である。[52] かつて宮沢俊義教授が指摘したように、議会の審議手続は憲法学の本来的な検討領域に含まれる筈であるが、『逐条国会法』の背後には未開拓の沃野が拡がっている。ミネルヴァの梟は、黄昏とともにようやく飛び始めるのである。

＊本稿の執筆に当たっては、衆議院事務局の関係各位、および同事務局の元職員の方々から多大なるご協力を賜った。とくに、数度にわたる聞き取り調査にご協力頂いた今野彧男氏、平野貞夫氏および近藤誠治氏には、この場を借りて深謝申し上げたい。もちろん、取材内容およびその解釈については、ひとり稿者個人が責任を負うものである。

＊本稿は、平成二一年度科学研究費（基盤研究（A））「衆議院事務局の未公開資料群に基づく議会法制・議会先例と議院事務局機能の研究」、平成二一年度科学研究費（若手（B））「我が国議会制度の形成・運用過程に関する実証的研究」、福武学術文化振興財団平成二〇年度歴史学助成、平成二一年度三島海雲記念財団学術研究助成（人文科学部門）、および平成二一年度村田学術振興財団研究助成（人文社会科学系）による研究成果の一部である。

---

(52) 現在、平成二一年度～二三年度の研究プロジェクトにより、議会事務局の機能・マネジメントを含む総合的な研究が進展しつつあるが、将来的には、議事法関係の決定主体（議運理事）をも視野に入れて、そのダイナミズムの中で議事法の彫琢過程を解明する作業が必要となろう。

昭和五十四年三月

逐条国会法

1

（自第一章
至第二章）

○国会法（昭和二十二年四月三十日法律第七十九号）

改正

昭二二年一二月　法一五四号
昭二三年　七月　法　八七号
昭二三年一〇月　法二一四号
昭二四年一〇月　法二三一号
昭三〇年　一月　法　　三号
昭三二年　六月　法一五八号
昭三三年　四月　法　六五号
昭三四年　三月　法　七〇号
昭三八年　三月　法　三五号
昭四〇年　五月　法　六九号
昭四一年　六月　法　八九号

総目次

目次

第一章　国会の召集及び開会式

第一条　国会の召集詔書は、集会の期日を定めて、これを公布する。
常会の召集詔書は、少くとも二十日前にこれを公布しなければならない。
臨時会及び特別会（日本国憲法第五十四条により召集された国会をいう）の召集詔書の公布は、前項によることを要しない。

○制定趣旨・改正経過

（制定趣旨）

国会召集の形式は、従来通り詔書の公布でなされるのでありますが、ただその公布の期日は、通常会については従来四十日前となつていたのを、二十日前でよいということになりました。これは最近の交通機関の発達に伴うて、かくの如く長期なることを要しないというのであります。臨時議会及び特別議会については、勿論この二十日前という期日に拘束せられることなく、適当なる期間をもつて召集されるわけであります。（国会法と旧議院法との比較対照）

○関係法規

△日本国憲法

第七条　天皇は、内閣の助言と承認により、国民のために、左の国事に関する行為を行ふ。

二　国会を召集すること。（第一号及び第三号以下略）

第五十二条　国会の常会は、毎年一回これを召集する。

第五十三条　内閣は、国会の臨時会の召集を決定することができる。いづれかの議員の総議員の四分の一以上の要求があれば、内閣は、その召集を決定しなければならない。

第五十四条　衆議院が解散されたときは、解散の日から四十日以内に、衆議院議員の総選挙を行ひ、その選挙の日から三十日以内に、国会を召集しなければならない。

▲大日本帝国憲法

第七条　天皇ハ帝国議会ヲ召集シ其ノ開会閉会停会及衆議院ノ解散ヲ命ス

第四十一条　帝国議会ハ毎年之ヲ召集ス

第四十三条　臨時緊急ノ必要アル場合ニ於テ常会ノ外臨時会ヲ召集スヘシ臨時会ノ会期ヲ定ムルハ勅命ニ依ル

第四十五条　衆議院解散ヲ命セラレタルトキハ勅命ヲ以テ新ニ議員ヲ選挙セシメ解散ノ日ヨリ五箇月以内ニ之ヲ召集スヘシ

▲公式令（昭二二、五、三廃止）

第一条　皇室ノ大事ヲ宣誥シ及大権ノ施行ニ関スル勅旨ヲ宣誥スルハ別段ノ形式ニ依ルモノヲ除クノ外詔書ヲ以テス

詔書ニハ親署ノ後御璽ヲ鈐シ其ノ皇室ノ大事ニ関スルモノニハ宮内大臣年月日ヲ記入シ内閣総理大臣ト倶ニ之ニ副署ス其ノ大権ノ施行ニ関スルモノニハ内閣総理大臣年月日ヲ記入シ之ニ副署シ又ハ他ノ国務各大臣ト倶ニ之ニ副署ス

第十二条　前数条ノ公文ヲ公布スルハ官報ヲ以テス

▲議院法

第一条　帝国議会召集ノ勅諭ハ集会ノ期日ヲ定メ少クトモ四十日前ニ之ヲ発布スヘシ

△国会法

第二条　（常会の召集）

第二条の二（特別会・常会の併合）
第二条の三（任期満了による選挙後の臨時会の召集）
第三条（臨時会召集の要求）
第五条（議員の集会）
第十条（常会の会期）
第十一条（臨時会・特別会の会期）
第十二条（会期の延長）
第十四条（会期の起算）
第百三十三条（期間の計算）

△衆議院規則

第一条　議員は、召集詔書に指定された期日の午前十時に、衆議院に集会しなければならない。

△参議院規則

第一条　議員は、召集詔書に指定された期日の午前十時に参議院に集会しなければならない。

〔参考〕

△地方自治法

第百一条　普通地方公共団体の議会は、普通地方公共団体の長がこれを招集する。議員定数の四分の一以上の者から会議に付議すべき事件を示して臨時会の招集の請求があるときは、当該普通地方公共団体の長は、これを招集しなければならない。

② 招集は、開会の日前、都道府県及び市にあつては七日、町村にあつては三日までにこれを告示しなければなら

ない。但し、急施を要する場合は、この限りでない。

第百二条　普通地方公共団体の議会は、定例会及び臨時会とする。

○先例

△衆議院先例集

一　国会は、会期ごとに順次第何回国会と称する。

一四　特別会の召集詔書は、おおむね十四日前に公布される。

一五　特別会は、総選挙の日から十六日以後三十日以内に召集される。

一六　臨時会の召集詔書は、おおむね七日前に公布される。

▲衆議院先例集（昭和十七年十二月改訂）

二　憲法第四十五条ニ依ル議会ハ特別議会ト称ス

△参議院先例録

一　国会は、会期ごとに順次第何回国会と称する

二　召集詔書公布の期日に関する例

常会の召集詔書は、少なくとも召集日の二十日前に公布することを要するが、従来の例によれば、昭和四十四年及び昭和四十七年に召集された常会の召集詔書が召集日の二十八日前に公布された（いずれも衆議院の解散により常会は開かれなかつた）ほかは、二十日乃至二十四日前に公布されている。

臨時会の召集詔書公布の期日については、法規に定めがないが、従来の例によれば、第三十五回国会の召集詔書が召集日の三日前（第三十四回国会会期終了日）に公布されたほかは四日乃至二十三日前に公布されている。

参議院議員の通常選挙後の臨時会の召集詔書公布の期日については、従来の例によれば召集日の四日乃至十五日前

に公布されている。また衆議院議員の任期満了による総選挙後の臨時会の召集詔書公布の期日については、召集日の七日前に公布された例がある。

特別会の召集詔書公布の期日についても、法規に定めがないが、従来の例によれば、召集日の八日乃至十六日前に公布されている。

○学説

△註解日本国憲法　法学協会（九七頁、一〇一頁、一六八頁〜一六九頁、八一七頁〜八一八頁）

「国会の召集というのは、国会議員に会期開始に応ずるために一定の期日に一定の場所に集合すべきことを命ずる行為である。憲法は国会の召集について三つの場合を定めている。即ち、第一に、「国会の常会は、毎年一回これを召集する」こと（五二条）、第二に、内閣は、自ら、又は何れかの議院の総議員の四分の一以上の要求に基づいて臨時会の召集を決定すること（五三条）、及び第三に、解散後の総選挙の日から三〇日以内に国会（特別会）を召集すること（五四条）がこれである。国会は、何れの場合においても、天皇の召集によってはじめて活動能力を取得するのであるが、召集すべきことそのことは、既に憲法上に決定しているか、又は内閣の責任において決定されるのであって、召集は単にこうして決定したところを現実に表示する形式上の行為にほかならない。その形式は詔書の形式による（国会法一条乃至三条）。これを特に天皇の行為としたのは、形式上国会に対する命令であるため、国会と対立する内閣の権限とするよりも、むしろ象徴たる天皇の行為とするのが適当と考えられたためであろう。」

（一六八頁〜一六九頁）

「「助言と承認」（advice and approval）とは、要するに「たすける」ということであり、概念そのものとしては、イギリス憲法において確立した大臣助言・責任制にいわゆる助言（advice）の意味と解してよい。従ってその限りではまた、旧憲法にいわゆる輔弼ともことなるところはないであろう。文字どおりの意味においては、

「助言」とは内閣から天皇に能動的に進言することであり、「承認」とは天皇からの申出に対して（内閣として）受動的に同意を与えることをいうのであろうが、本条の場合には、両者をあわせて、輔佐・共働の意と解してよい。個個の国事行為に対して、助言と承認の両方を必要とする趣旨ではないと考えられる。

内閣の助言と承認に対して、天皇は単純にこれを採納するを要する。これを修正しまたは拒否することはできない。なぜならば、実質的決定権そのものが天皇にあり、天皇はただその決定を内閣の助言と承認により行うというのであれば、天皇は決定権者として助言の採否を決断しうるが、この憲法においてはこれとことなり、天皇は国政作用につきいかなる決定権をももたず、すでに内容的に確定した行為に対して、形式的儀礼的行為をつけ加えるにすぎないからである。…………………いずれにしても、天皇は、憲法の枠内で内閣の助言と承認を拒否し又は修正する法上の力をもたない。」（九七頁〜一〇一頁）

「旧憲法では、すでにみたごとく、召集と成立と開会とを区別し、議会は天皇の開会の命令によって活動能力を取得するものとしていた（八一四頁）。この憲法では、国会が集会するためには、他の国家機関によって召集されることを必要とするが、集会した以上は、これが活動能力を取得するために、さらに国会以外の何人かの行為を必要とするということはない。集会した後は、会議体として活動しうるに当然必要な要件を自ら充足し、これが整うと活動を開始する。………けだし憲法は、集会した以上、一刻も早くこれらの手続を終えて開会し、最高機関として活動しようとしている国会を考えているからであって、召集日即開会日と考えてさしつかえない。（八一七頁〜八一八頁）

公布はすでに成立している国法を一般に宣示する行為であって、これによって別段効力を加えるわけではない。ただ、公布以前においては、その効力が未発動の状態にあり、公布を条件として、或は期限附に或は即日、その効力を発動せしめうべき状態に入るのである。」（一六八頁）

△全訂日本国憲法　宮澤俊義著　芦部信喜補訂（六五頁〜七〇頁、一〇九頁、一一二頁、三九三頁〜三九四頁）

「「召集」とは、国会の会期を開始させる行為、すなわち、国会の活動能力を発生させる行為をいう。召集によつて、国会の活動能力が生ずる。

(イ) 明治憲法時代には、議員に対して一定の期日に一定の場所(議事堂)に集会し、開会の準備行為をなすことを天皇が命ずる行為を「召集」といい、召集に応じて、議員が議事堂に集会し、開会の準備行為が完了したときに各議院が「成立」したといい、各議院が成立した後に、天皇が帝国議会の会期を開始させる行為、すなわち、帝国議会の活動能力を発動させる行為を「開会」と呼んだ。

日本国憲法はかような区別をみとめず、明治憲法にいわゆる「召集」と「開会」とを「召集」一本に統合した。

(ロ) 「召集」は、内閣の助言と承認により、天皇によつて行われる(七条二号)。したがつて、召集を実質的に決定する権は内閣にあり、天皇はそれを外部に表示する名目的・儀礼的な権能を有するにとどまる。……

したがつて、本条によつて国会の常会を召集することを実質的に決定する権能は内閣にあると解するのが妥当であり、そう解することの根拠は、天皇が、内閣の助言と承認により、国会を召集すると定めている規定にこれを求めるよりほかはない(七条〔12〕)。しかも、そう解することによつて、別段の危険も弊害もないとおもわれる。

(ハ) 天皇の行う召集の方式は、詔書による。」 (三九三頁〜三九四頁)

「「内閣の助言と承認」とは、内閣の同意の意である。

(イ) 天皇の国事に関する行為(略して国事行為といわれる)に「内閣の助言と承認」を必要とするとは、天皇がその国事に関する行為を「内閣の助言と承認により」行う(七条)というのと同じく、天皇のそれらの行為はひとえに内閣の意志にもとづいて行われるべく、天皇が単独に行うことができないこと、言葉をかえていえば、それらの行為は、天皇の名で、天皇の行為という形でなされるが、その実質上の行為者は原則として内閣でなくてはならないこと、これを裏からいえば、それらの行為については、天皇は、内閣の決定を無条件にそのまま採用し、いわば

「めくら判」をおさなくてはならないことを意味する。

内閣の助言と承認という制度が右のような狙いをもつことについては、争いがない。

内閣がその「助言と承認」により、天皇に対して一定の行為をなすべきことを申し出たとき、天皇がこれに対していわゆる拒否権を有するか、すなわち、天皇がそこで内閣の意志どおりに行動することを拒否できるか、の問題は、日本国憲法制定当時、論議されたことがある。これは純然たる理論上の問題であるにすぎず、おそらく実益を欠く問題であろう。この点について、今日では、右にのべられたように、天皇にはそういう拒否権がないと解すべきことに、学説はほぼ一致しているとおもう。そして、それがまた日本国憲法の全体の精神からいつて正しい解釈と見るべきであろう（かりに、法律上は天皇がそういう意味の拒否権を有すると解することができるとしても、天皇制の現状から見て、そう解することによつて、実際上はなんらのちがいが生じないだろう。実益を欠く問題だというゆえんである）。

(ロ)　「助言と承認」の意味については、次のような各種の見解が可能である。

(a)甲説　内閣の「助言」とは、内閣が天皇に対して一定の行為（不行為を含む）をなすべきことを申し出ることをいい、内閣の「承認」とは、天皇から内閣に対して一定の行為をなすべきことを提案した場合に、内閣がこれに対して同意を与えることをいう。

(b)乙説　「助言」と「承認」とは、内閣の、二つの性質を異にする行為である。天皇の国事行為について内閣の助言と承認を必要とするとは、甲説のいうように、内閣の助言または承認を必要とするというのではなくて、助言と承認という二つの行為を必要とする意である。

(c)丙説　内閣の助言と承認とは、天皇の国事に関する行為を、実質的に、かつ最終的に決定する内閣の行為をいう。「助言」と「承認」との二つの行為と見るべきではなく、「助言と承認」という一つの行為と見るべきである。

……

天皇の国事行為につき内閣の助言と承認を必要とした本条の精神から見て、丙説を妥当とすべきだろう。

(ハ) かように丙説をとり、「助言と承認」は二つの行為ではなく、一つの行為だと解するとして、次に問題になるのは、その助言と承認の時期である。

天皇の国事行為は、内閣の助言と承認および天皇の応諾――実際には「めくら判」――によって成立するのであるが、内閣の助言と承認は、天皇の応諾の前になされなくてはならないか、それとも、天皇の応諾の後になされてもいいか。これが問題である。

実際上は、まず内閣の助言と承認がなされ、それにもとづいて天皇の応諾がなされ、ここに天皇の国事行為が完成するのが通例であるが、場合によつては、事後における内閣の助言と承認を条件として天皇の応諾の意志決定がなされることも、特に否定すべき理由はあるまい。」（六五頁～七〇頁）

「「公布」とは、すでに成立した国法形式（法律・命令等）をひろく一般国民に知らせる行為をいう。

近代諸国の法形式は、原則として、公布された後に（公布とともに、またその一定の期日後に）効力を発する（施行される）。そして、その公布は、官報への記載というような一定の方式によつてなされるを例とする。公布を施行の要件とするのは、一般国民に知らせる手続をとらずに、法令を国民に適用するのは、妥当でないと考えられるからである。」（一〇九頁）

「明治憲法時代には、公式令（明治四〇年勅令六号）が法令の公布の方式をくわしく定めていたが、日本国憲法施行とともに廃止された。

現在は、右にのべられたように、この点に関する規定はなく、すべて慣行によつて行われているが、もし明治憲法時代の例にならい、公式令に相当する成文法をこの点について設けるとすれば、日本国憲法のもとでは、それは、法律

（公式法とでも名づけるべき）で定めるのが正当であろう。」（一一二頁）

△憲法Ⅰ（新版）　清宮四郎（一六七頁、一七二頁〜一七四頁、二二四頁〜二二五頁）

「召集とは、国会の会期を開始させ、活動能力をもたせるために、期日及び場所を定めて、議員を呼び集めることをいう。召集がないのに、議員が集合しても、国会の活動にはならない。

召集は、常会・臨時会・特別会すべてにつき、天皇が、内閣の助言と承認によつて、これを行なう（憲法七条二号）。

……

召集は、各議員に対してなされる行為であるが、詔書の形式で、一般に公布される（国会法一条一項）。常会の召集詔書は、少なくとも二〇日前にこれを公布しなければならないが、臨時会及び特別会については、このような制限はない（国会法一条二項三項）。議員は、召集詔書に指定された期日に、各議院に集会しなければならない（国会法五条）。……

会期のはじめに開会式を行なう（国会法八条）。旧法時代には、国会の活動開始について、議員の集合に始まり、内部の機構を整える準備手続から議事の開始にいたるまでの過程に区別を設け、召集—成立—開会の三段階に分けていたが、現行法では、これを廃止し、召集の日を同時に成立及び開会の日とし、召集当日を会期の起算日としている。」（二二四頁〜二二五頁）

「ここにいう「助言」と「承認」とは何を意味するか。語義のうえでは、助言（advice）とは、事前かつ能動的に意見を申出ることをいい、承認（approval）とは、事後かつ受動的に同意することをいう。しかし、この場合は、天皇の行為の前後に、助言及び承認の二つの行為が必要であるとか、助言または承認のいずれかが必要であるとかいうのではなく、ただ天皇の行為は、天皇が単独に行なわずに、内閣の意見にもとづき、その反映として行なわれることを意味するにすぎないものと解せられるから、助言・承認の両者を区別する実益はなく、「助言と承認」という一つの行為、とみるべきである。そして、この行為としては、天皇からの発議に対して、内閣が「承認」するということはありえないし、また、内閣の助言にもとづいて行なわれた天皇の行為に対してさらに内閣が事後に承認するという必要もないのであるから、憲法の文言にあるように特に「承認」というのは適当ではなく、一言で、助言といい、あるいは輔佐とでもいってよいのである。」（一六七頁）

「明治憲法では、帝国議会の活動について、広い範囲の大権が認められていたが、現行憲法では、国会の召集と衆議院の解散だけを天皇の権能に属せしめ、他は国会の自主的活動にゆだねることにしている。国会の召集や衆議院の解散の場合、実質的な決定は、内閣が責任をもってこれを行ない、天皇は、形式的に外部に表明する行為のみを担当するのであるから、実質的に国政に関与することにはならないであろう。しかし、「国政に関する権能を有しない」天皇が、召集や解散のような、国政に関する大問題に関与することを認めているのは、形式面だけにしても、さきの内閣総理大臣及び最高裁判所長官の任命とともに、憲法みずから第四条の原則を徹底させていないことになる。……天皇が担当するのは、召集の形式面たる召集宣示行為のみであって、召集をするかしないか及び何時召集するかについての実質的決定は、重大な国政に関する権能であるから、天皇がなしうるところではない。天皇の召集行為の前提となる、召集の実質的決定権について、それが内閣にあるとみるのは、異論のないところであるが、その憲法上の根拠については説が分れている。……第七条からも憲法の意志を推定できないことはないが、それだけでは十分とはいいがたく、憲法の意志を明確にするためには、さらに他の点も考慮する必要があろう。これについて、憲法第五三条には、「内閣は、国会の臨時会の召集を決定することができる」とある。これは、臨時会についてのみで、常会及び特別会については明文の規定はないが、これから推定して、憲法は、常会及び特別会の場合も、臨時会の場合と同様に考えているものとみてよかろう。」（一七三頁〜一七四頁）

「公布とは、すでに成立した国法を国民一般に知らしめるための表示行為をいう。国法は、原則として、公布によって、その日から、またはその後の一定期日から効力を発生する。公布は、国法の効力発生要件である。………

なお、公布は、官報に登載することによって行われる例である。」（一七二頁）

△憲　法（ポケット注釈全書）　佐藤　功（二三頁～二七頁、四一頁～四三頁、四五頁～四六頁、三〇〇頁～三〇一頁）

「国会の召集とは会期開始に応ずるために国会議員に一定の期日に一定の場所に集合することを命ずる行為である。召集には憲法上三つの場合がある。五二条・五三条・五四条の場合がそれである。これらすべてにおいて、召集がなければ国会は活動能力を有しない。従ってこの点からいえば召集は国政に関する権能を含む行為である。しかし、これらの場合召集すべきことはすでに憲法自身で要求されているところであり、また天皇ならぬ内閣の決定に委ねられている（五三条参照）。………

従って召集の意思決定そのものについては天皇の意思がはたらく余地はなく、召集の時期の決定をも含めて召集の実質的決定権は内閣にあり、本号で表面的には天皇が召集するものとされており、天皇の召集詔書によって行われるがその召集行為は単なる表示上の行為にすぎないと解される。………この意味で、内閣の決定権の根拠を強いて憲法の上に求めようとするのなら、それは「内閣の助言と承認により」の規定の中に含まれていると解することができる。」

（四五頁～四六頁）


「内閣の助言と承認を必要とするということは、ことばの意味としては内閣の「補佐」または「助け」によらなければならないということであり、その限りでは旧憲法の「輔弼」（五五Ｉ）とも異ならない。………

すなわち、ことば自体の意味からいえば、「助言」とは天皇の意思の発動・行為の前になされる内閣の申出であり、「承認」とは天皇の意思の発動・行為の後になされる内閣の承認（追認）であると解されるが、このことは天皇の行為を中間にはさんで、その前と後に、必らず助言と承認（すなわちそれぞれ別個の二つの閣議決定）が必要であるということではない。天皇の行為が内閣の意思に反するものではないこと(天皇の行為は実質的には内閣の意思に基くもの以外の何ものでもないこと)が明らかであると認められるならば、必らずしも助言と承認の両者を要せず、その一方のみであっても本条の要求は満たされるものと解すべきである。………

従つて、ここにいう「承認」を事前の天皇の発議に対する事後の承認と解することは妥当ではない。そうとすればこの「承認」は事前の内閣の助言によつて行われた天皇の行為に対して事後に重ねて行われる承認と解することになるが、もしそうであるとすれば、前に述べた理由から、それは必らずしも必要ではない。すなわち事前の助言どおりに天皇の行為がなされたことが明らかであるならば、重ねてそれを承認する必要はない。

天皇は内閣の助言と承認に絶対に拘束される。天皇がそれを拒否するということはおよそ法的には考えられない。」

(二三頁~二七頁)

「旧憲法においては召集と開会とを区別してともに天皇の大権とし(旧七)、議会は召集されただけでは直ちに活動能力を取得せず、各議院のいわゆる成立の後に更に天皇の開会の命令(開院式における勅語)により活動能力を取得した(旧議院法四・五)。これに反してこの憲法においては召集により集会した以上はそれが活動能力を取得するために更に国会以外の何らかの機関の行為は必要でないとの考え方がとられる。………いずれにせよ召集・成立・開会は観念的にも時間的にも区別し得るものではあるが、憲法及び国会法はこの三者を特に区別する必要はないとし、いわば召集即成立即開会と認めているといい得よう(国会法一四条は「国会の会期は召集の当日からこれを起算する」と定めている)。」

(三〇〇頁~三〇一頁)

「四(一) 公布とはすでに国法として成立し国民に対して拘束力を有しているものを国民に公知せしめるための表示行為をいう。公布以前においても国法はすでに確定成立しており(憲法改正は九六条、法律は五九条、政令は七三条六号、条約は七三条三号及び六一条の定める手続によつてすでに成立している)、旧憲法におけるとは異なり天皇は裁可権を有せずこれら国法の成立には関与し得ない。ただ公布以前においては国法の効力は未発動の状態にあり、公布によつて、期限附きもしくは即日、その効力が発動することになる。その意味で公布は国法の効力発生要件であるといい得る。

㈡　ここで公布の対象とされているのは、憲法改正、法律、政令、条約の四つであるが、国民の権利義務に関係ある国法は公布されるべきであるという観点からすれば、公布の対象たるべきものはこの四つに限らない。すなわち衆参両議院規則、最高裁判所規則、下級裁判所規則、総理府令・省令・各種委員会の規則、告示、会計検査院規則、人事院規則等も公布を要するといわねばならない（天皇の詔書についても公布が予定されている。国会法一条参照）。ただしそれらの公布は本条によつて憲法上天皇の国事行為として要求されているのではない。実際においてはそれぞれの制定機関によつて公布されている。旧憲法下においても憲法上公布が明文で要求されていたのは法律だけであつた（旧六）が、公式令によつて、憲法改正、皇室典範以下諸法令、条約、予算等の公布が定められていた。日本国憲法の施行に伴う公式令の廃止（昭二二政四）以後、これに代る公式法はいまだ制定されていないので、すべて公布の方法・手続・形式等は実際上の慣行として行われているのである。

㈢　公布が天皇の「行為」とされているが、公布の事実行為を天皇が行うものでないことはもとよりである。公布は官報に登載することによつて行われる（旧公式令一二参照）。従つて天皇の行為としての公布とは、実質的には公布を命ずる行為である。」（四一頁〜四三頁）

△行政法総論　田中二郎（二四〇頁〜二四一頁）

「(3)　期間の定め方は、法令によつて区々で、例えば、「三日前に」………すべきことを定める例（国会法一条）もあれば、………「の日前三日までに」………すべきことを定める例（自治法一〇一条二項・一四五条）もある。前者の場合には、中間に三日の期間を要するとするのが判例の解釈であり（一）（大正一二年一〇月三〇日行判録九一

六頁）、後者の場合には、中間に二日の期間を要するとするのが普通の解釈である（長野士郎・逐条地方自治法二六八頁）

(二)　普通の用語の慣習からいえば、一日前といえば前日を意味し、二日前といえば中間一日をへだてた意味に用いるのが普通であるが、行政裁判所が、この普通の用語の慣習に反する解釈をしたため、市制町村制等は、大正一五年の改正により、「開会ノ日前三日目迄ニ」と改め、中間に二日をへだてる趣旨を明らかにし、行政裁判所もこの趣旨を承認した（昭和三年七月一二日行判録九〇三頁）。最近の法令では、この趣旨を示すために、「前三日までに」と規定している。」

△逐条解説公職選挙法　大林勝臣・土居利忠（一七二頁、一七四頁〜一七五頁）

「三　「総選挙の期日は、少くとも二十日前に公示しなければならない。」ものとされているが(4)、衆議院議員の総選挙及び参議院議員の通常選挙の施行の公示については、憲法第七条において天皇の国事行為として規定され、その期日を定めて天皇の詔書をもつて公示される。……

「少くとも二十日前」とは、「選挙の期日の前日を第一日として逆算して二十日目に当たる日以前」と解されている（昭三四、六、二六最高裁判例参照）。法律は、少くとも二十日前に公示することを要求しているものであるから、それ以前に公示することもさしつかえない。」（一七四頁〜一七五頁）

「(一)　任期満了による総選挙は、任期が終る日の前三十日以内に行なうことが原則である(1)。衆議院議員の任期は憲法第四十五条に四年と定められており、その任期は、一般に総選挙の期日から起算するが、任期満了による総選挙が議員の任期満了の前に行なわれたときは、その前任者の任期満了の日の翌日から起算される（法二五六）。したがつて、任期が終る日は、総選挙の日から、又は前任者の任期満了の日の翌日から起算して四年目の応当日の前日であるから、この任期満了の日の前日を第一日として逆算して三十日目に当たる日から、任期の終る日の前日までの間において、任期満了による総選挙を行なうこととなるのである。」（一七二頁）

△逐条地方自治法　長野士郎（三〇一頁）

「五　招集は告示により行なうが、告示は、開会の日の一定の期日前に行なうことを要する。すなわち、都道府県及び市にあつては開会の日前七日（町村にあつては三日）までである。開会の日の前日を第一日とし第七（三）日の終りまで（中六（二）日）である。」

○その他

△判例

一　内閣の助言と承認

(1)　内閣の助言と承認との関係

○　天皇の国事に関する行為については、常に必ず内閣の助言と承認との二つを要する。

（昭和二七年（行）一五六号・同二八年一〇月一九日東地判、行政事件裁判例集四巻一〇号二五四〇頁）

(2)　内閣の助言の方法

○　内閣の助言は、全閣僚の一致による閣議決定に基づかなければならない。

（昭和二七年（行）一五六号・同二八年一〇月一九日東地判、行政事件裁判例集四巻一〇号二五四〇頁）

(3)　内閣の助言と承認の有無

(イ)　内閣の助言と承認があつたとする例

○　衆議院の解散に関する上奏のときに全閣僚の意見の一致と署名がなく、解散詔書が発布されても、その後これが持廻り閣議の方法により追完され、かつ、解散詔書の伝達に関し閣議で全員が可決したときは、内閣の助言と承認があつたものと解してよい。

（昭和二八年（ネ）二〇一〇号・同二九年九月二二日東高民二判、判例時報三五号八頁）

(ロ) 内閣の助言がなかつたとする例

○ 衆議院解散に関する閣議決定が、一部閣僚の賛成署名によつてのみ行われこれに基づく閣議決定書が天皇に呈上された場合は、内閣の助言があつたとはいえない。

（昭和二七年（行）一五六号・同二八年一〇月一九日東地判、行政事件裁判例集四巻一〇号二五四〇頁）

二 法令の公布の方法

○ 法令の公布は、官報による以外の方法でされることを絶対に認めえないとまでいえないが、とくに国家がこれに代わる他の適当な方法で行なうものであることが明らかな場合でないかぎり、公式令廃止後も、通常官報をもつてされると解するのが相当である。

（最高裁昭和三二年一二月二八日大法廷判・昭和三〇年（れ）三号、最高裁判所刑事判例集一一巻一四号三四六一頁）

三 「何日前まで」、「前何日目まで」等の意義

○ 町村制四七条三項（大正一五年法律七五号による改正前）にいう「三日前」とは、町村会開会の日の前日から起算して三日前、すなわち告知の日と開会の日との中間に少くとも三日の期間を要する意味である。

（大正一二年一一六号・同年一〇月三〇日行政二判、行政裁判所判決録三四輯九一六頁）

○ 公職選挙法八六条一項にいう「その選挙の期日前四日」とは、選挙期日を第一日として逆算して四日目にあたる日をさす。

（最高裁昭和三四年二月一六日三小判・昭和三三年（オ）七七八号、最高裁判所民事判例集一三巻二号一五二頁）

○ 公職選挙法三四条六項五号にいう「少くとも七日前」とは、選挙期日の前日を第一日として逆算して七日目

にあたる日以前をさす。
（最高裁昭和三四年六月二六日二小判、昭和三三年（オ）一〇〇二号、最高裁判所民事判例集一三巻六号八六二頁）

【参考】

常会、臨時会、特別会における召集詔書の形式

○常会

第八十七回国会
昭和五十三年十二月二十二日召集
（総理大臣の場合）
○詔書（昭和五十三年十二月二日官報号外）
日本国憲法第七条及び第五十二条並びに国会法第一条及び第二条によつて、昭和五十三年十二月二十二日に、国会の常会を東京に召集する。

御　名　御　璽

昭和五十三年十二月二日

内閣総理大臣　福　田　赳　夫

第四十回国会
昭和三十六年十二月九日召集
（総理大臣臨時代理の場合）
○詔書（昭和三十六年十一月十八日官報号外）

日本国憲法第七条及び第五十二条並びに国会法第一条及び第二条によつて、昭和三十六年十二月九日に、国会の常会を東京に召集する。

御名御璽

昭和三十六年十一月十八日

内閣総理大臣臨時代理
国務大臣　佐藤榮作

○臨時会

第八十六回国会

昭和五十三年十二月六日召集

○詔書（昭和五十三年十二月二日官報号外）

日本国憲法第七条及び国会法第一条によつて、昭和五十三年十二月六日に、国会の臨時会を東京に召集する。

御名御璽

昭和五十三年十二月二日

内閣総理大臣　福田赳夫

第八十三回国会

昭和五十二年十二月七日召集

（議員から臨時会召集要求があつた場合）

○詔書（昭和五十二年十二月三日官報号外）

日本国憲法第七条及び国会法第一条によつて、昭和五十二年十二月七日に、国会の臨時会を東京に召集する。

御　名　御　璽

昭和五十二年十二月三日

内閣総理大臣　福　田　赳　夫

第七十九回国会

昭和五十一年十二月二十四日召集

（任期満了による総選挙の後）

○詔書（昭和五十一年十二月十七日官報号外）

日本国憲法第七条並びに国会法第一条及び第二条の三によって、昭和五十一年十二月二十四日に、国会の臨時会を東京に召集する。

御　名　御　璽

昭和五十一年十二月十七日

内閣総理大臣　三　木　武　夫

第八十一回国会

昭和五十二年七月二十七日召集

（参議院通常選挙の後）

○詔書（昭和五十二年七月二十三日官報号外）

日本国憲法第七条並びに国会法第一条及び第二条の三によって、昭和五十二年七月二十七日に、国会の臨時会を東京に召集する。

御　名　御　璽

昭和五十二年七月二十三日

内閣総理大臣　福田赳夫

○特別会

第一回特別国会

昭和二十二年五月二十日召集

○詔書

朕は、日本国憲法第七条及び第五十四条並びに国会法第一条によつて、昭和二十二年五月二十日に、国会の特別会を東京に召集する。

御名　御璽

昭和二十二年五月六日

内閣総理大臣　吉田　茂

第七十一回特別国会

昭和四十七年十二月二十二日召集

（第一回以後の特別会の場合）

○詔書（昭和四十七年十二月十四日官報）

日本国憲法第七条及び第五十四条並びに国会法第一条によつて、昭和四十七年十二月二十二日に、国会の特別会を東京に召集する。

御名　御璽

昭和四十七年十二月十四日

内閣総理大臣　田中角栄

第七回帝国議会
明治二十七年十月十五日召集
○詔勅
朕惟フニ国家今日ノ急ハ軍旅ニ在リ既ニ大纛ヲ進メ親ク其ノ事ヲ視ル唯立法ノ要務早ヲ趁ヒ議会ノ協賛ヲ望ムモノアリ乃チ期ニ先チ帝国議会ヲ召集スルノ必要ヲ認メ玆ニ来ル十月十五日ヲ以テ臨時議会ヲ広島ニ召集シ七日ヲ以テ会期ト為スヘキコトヲ命ス百僚臣庶其レ朕カ意ヲ体セヨ

御名　御璽

明治二十七年九月二十二日於広島大本営

内閣総理大臣　伯爵　伊藤博文
逓信大臣　伯爵　黒田清隆
海軍大臣　伯爵　西郷従道
内務大臣　伯爵　井上馨
陸軍大臣　伯爵　大山巌
農商務大臣　子爵　榎本武揚
外務大臣　子爵　陸奥宗光
大蔵大臣　渡辺国武
司法大臣兼文部大臣　芳川顕正

第二条　常会は、毎年十二月中に召集するのを常例とする。

（第二一回国会　昭三〇法三号本条改正）

○制定趣旨・改正経過

第二条　常会は、毎年十二月上旬にこれを召集する。但し、その会期中に議員の任期が満限に達しないようにこれを召集しなければならない。

（制定趣旨）

通常会の召集の時期を十二月の上旬と規定されましたのは、議院法規調査委員会において相当議論もあつたのでありますが、かくの如く十二月上旬と決定しておくことは、議員のためにも便宜だという点と、またかくすることによつて予算案を早く内閣から提出させ、翌年の三月までの間にみつちりと予算の内容について審査し得るようになるというのであります。ただ十二月の上旬ということにしますと、会期中に議員の任期が満了する場合もあり得るので、その場合に備えて、会期中に議員の任期が満限に達しないようにこれを召集しなければならないと規定したのでありますす。すなわち繰り上げて召集することも考えられますし、場合によりますれば、繰り下げて召集することも考えられるのであります。

（国会法と旧議院法との比較対照）

《改正理由》（第二一回国会昭三〇法三号本条改正）

常会の召集の時期が十二月上旬と限定されていたのを、「十二月中に召集するのを常例とする。」と改めてゆとりを持たせた。また、従来の但書の規定によると、第十四回国会のように八月に繰り上げて召集しなければならないことにもなるのでこれを削除し、第十条に但書を設けることにした。

（議会制度七十年史）

○関係法規

△日本国憲法

第五十二条　国会の常会は、毎年一回これを召集する。

▲大日本帝国憲法

第四十一条　帝国議会ハ毎年之ヲ召集ス

△国会法

第一条　（召集詔書）

第二条の二　（特別会・常会の併合）

第十条　（常会の会期）

第十二条　（会期の延長）

〔参考〕

△財政法

第三十七条　内閣は、毎会計年度の予算を、前年度の十二月中に、国会に提出するのを常例とする。

△地方自治法

第百二条第二項　定例会は、毎年、四回以内において条例で定める回数これを招集しなければならない。

○先例

△衆議院先例集

一二　常会は、毎年十二月中に召集されるのを例とする。

一三　常会の召集詔書が公布されたが、常会が開会に至らない。

△参議院先例録

三　常会は、毎年十二月中に召集されるのを常例とする。

四　常会の召集詔書が公布されたが、衆議院の解散により常会が開かれなかつた例

常会の召集詔書が公布されたが、衆議院が解散されたため、常会が開かれなかつたことがある。その例は次のとおりである。

昭和四十四年十一月二十九日（第六十二回国会開会中）に常会の召集詔書（昭和四十四年十二月二十七日召集）が公布されたが、同年十二月二日衆議院が解散されたため常会は開かれなかつた（昭和四十四年十二月二十七日総選挙が行われ、昭和四十五年一月十四日第六十三回国会（特別会）が召集された）。

昭和四十七年十一月十一日（第七十回国会開会中）に常会の召集詔書（昭和四十七年十二月九日召集）が公布されたが、同月十三日衆議院が解散されたため常会は開かれなかつた（昭和四十七年十二月十日総選挙が行われ、同月二十二日第七十一回国会（特別会）が召集された）。

○会議録抜粋

△第一九回国会　昭二九、三、一六

衆議院議院運営委員会議録第二九号（二一頁）

○大西邦敏参考人（早稲田大学教授）　それでは国会法の改正について私が重要な点と思いますところを順次、ごく簡単に披瀝して行きたいと思います。

まず、常会でございます。これはわが国では年に一回というのでございますが、今日外国の憲法を調べてみますと、実に二十二箇国の多きに及びまして、憲法で常会は年に二回ということを規定しております。おそらくこの二十二箇国以外にも、国会法なりでやはりこの二回制をとつているところで相当数あるのではないかと思いますが、少くとも憲法で常会の二回制を規定しているのが二十二箇国、しかもこれは最近の世界の一般的な傾向のようであります。どうしてこの常会の二回制が多くとられているか、その理由を考えますと、おそらくこの常会が一回で、従つて常会の

会期が百五十日とか六箇月とかいうことになりますと、やはり人間ですから、議員の人もいろ〳〵スランプの状態に陥ることがある、あるいは議員が個人的な事情にどうしても関心をとられざるを得なくなつて、議員としての職務を全うすることができない、そういう考慮から、おそらく常会の二回制というものが採用されることが多いのではないかと思います。私は、門外漢でよくわかりませんが、こういう点、国会議員の方々におかれまして十分この実情を御考慮願いたいと思います。

△第三九回国会　昭三六、一〇、一八

衆議院議院運営委員会国会法改正等に関する小委員会議録第一号（三頁〜六頁）

○中正雄参考人（毎日新聞社論説委員）　次に、国会の会期の問題であります。会期は今まで通りで私はけつこうだと思うのでありますが、ただ、通常国会というものが、百五十日間の会期をとりながら、年末年始でもつて、途中で三十日、多いときは四十日ぐらい自然休会になつてしまう、そうすると、百五十日間という会期がありながら、実際には百十日間か百二十日間くらいの会期になつてしまつて、百五十日間絶えず審議が行なわれるということはないのであります。これは私はやはり何か考えなくてはならないと思う。そういう点から何するならば、一月に入つて、早ければ十五日、あるいは二十日くらいから通常国会を召集して、そうして百五十日間をぶつ通しでもつてやるということをおやりになつた方が、国会の能率を上げるためにいいじやないかと思うのであります。ただ、それには、当然政府が予算案を十二月中にこしらえてしまうということを守らなくては困るのであります。それによつて、そのほかの予算の上に乗つかる法律案ができてくるのでありますから、どうしても十二月中には政府が予算案を決定してしまうということを守つていくならば、私は、正月から百五十日間ぶつ通しでやるということがいいのではないかと思うのであります。

○宮崎吉政参考人（読売新聞社論説委員）　……それから会期の問題です。今日の国会の召集が十二月中というのは、

別に特別の意義があつたものじゃないようです。ただ慣習的に、ばく然と、予算審議に十分時間をとるという意味合いできめたものでありますが、そういつておきながら、日本の議会におきましては、いまだかつて予算案が十二月に提出されたことがないんですから、これは無意味でしよう。従つて、国会の召集日は、一月という、ほんとうに予算が出るという時期に見合つてきめられた方がいいんじゃないか、そういうふうに思います。それから、その会期でありますが、明治憲法は三ヵ月で、現在は五ヵ月になつておりますが、私は、むしろ百五十日という会期は長過ぎるのではないかという気がいたします。会期は幾ら多くても同じだと思います。やはり三ヵ月の範囲内で、その会期内でやる。清瀬議長なんかの言われました年中会期制というのは、どうも納得ができないのであります。

△第三九回国会　昭三六、一一、九

衆議院議院運営委員会国会法改正等に関する小委員会議録第二号（閉会中審査）（五頁）

○長谷部忠参考人（評論家）　……それから会期については、私、今の実際の議事の運営のことをよく知りませんから、何とも申し上げられませんけれども、審議のやり方をもう少し能率化するということによつて、今の百五十日の会期でやれないことはないんじゃないか。あるいは年末年始の休暇で一ヵ月くらい休むわけですが、あれを一月の二十日ごろに召集するということにでもすれば、百五十日で十分ではないだろうかという、ばく然とした考えを持つております。

しかしまた、年中国会といいますか、もちろん憲法の関係で、一月に開いて十二月に終わるというふうな区切りをつけることは必要でありますけれども、実質的な年中国会ということも研究に値することではないか。これは今会期を百五十日と区切つておるために、法案や何かについて相当無理をなさつておるという事情があるのではないか、そのために、未熟な、あるいは欠陥だらけの法案が出てくるというふうなこともあるのではないか、これは私は実情をよく知りませんけれども、そういう気がするわけであります。

△第六三回国会　昭四五、二、二三

衆議院予算委員会議録第三号（二六頁〜二八頁）

○北山愛郎委員　……第一にお伺いしたいことは、昨年の十一月の二十九日に通常国会、いわゆる常会を召集した。召集の日は、十二月の二十七日に東京に召集するという詔書が出たわけであります。ところが、それから三日たつて十二月の二日には国会を解散をしたわけであります。どうしてそういうことになるのか。政府としては十二月の二十七日に常会を開くという召集手続をしておきながら、それからすぐに、三日たつてなぜ国会を解散しなければならぬのか、召集する対象をなくするような解散行為をしなければならなかつたのか、私は非常に疑問に思つておるわけであります。それから同時に、そういたしますと、同じ政府が、一方においては常会を召集し、続いて国会を解散したわけでございますから、したがつて、召集行為そのものは、言うならば、事実上無効になつたと考えるべきだと思うのであります。その結果として、本年の通常国会、常会はついに成立開会を見なかつた、召集をされなかつたと考えるべきであると思うのでありますが、その点について、その間の理由並びに法律的な根拠等を承りたいのであります。総理、いかがでございますか。

○佐藤榮作内閣総理大臣　御承知のように、早く国会を開くという御要望が、社会党からも出ておりました。ことにその理由が、私の誤解でなければ、私の理解したところでは、アメリカへ出かける前にどういう外交交渉をするか、早く国会を開いて説明しろ、こういうことであつたと思います。私は、外交問題ですから、やはり政府が責任を持つて処置する、どうも国会で公式に議論することが必ずしも外交を進めるゆえんでもないように思う、こういうように思つて、なかなか開会の要求にも応じなかつた。しかし、アメリカへ参りまして帰つてくると、これは一日も早くその結果を国民に知らしたい、かように考えることにもなつたわけであります。したがいまして、先に召集をしたこと、これは私が出かける前にもうすでにただいまのような事態で、皆さん方もいろいろ心配しておられる、そこでどうし

てもやはり早く国民に結果を知らすことが本筋ではないか、かように思っていたのであります。すぐ解散をしたからそれでけしからぬと、いまおしかりを受けても、これはどうもあのときの情勢では解散はやむを得ないように思っております。また解散後の国会、これは特別国会であるということは憲法できまっておりますから、その辺は手続上別に不都合はないんじゃないか、かように私は思っております。

○北山委員　総理は臨時国会のことを言っておられると思うのですが、臨時国会が十一月の二十九日から開かれた。これにも私は問題があると思うのですが、その十一月の二十九日、臨時国会が開かれておるときに、通常国会の召集の詔書が出たわけであります。それが十二月の二十七日に召集するという詔書が出た。そうしておいてその前に、いわゆる国会が召集される前に国会を解散したのでありますから、そこで、本年の常会は開催されない、召集されなかった、こういう結果になったと思うのでありますが、その点を確認しておきたいのであります。

○高辻正巳政府委員　憲法解釈に関連する問題でございますので、私から御説明をさせていただきます。御指摘のように、憲法の規定によりますと、憲法五十二条に常会の召集のことが規定してございます。「毎年一回これを召集する。」それからまた御存じのように、憲法の規定には、天皇の国事行為として、解散のことがございます。もとよりこれは内閣の助言と承認によってでございますが、解散のことがございます。そこで、一つは常会の召集をしたこと、これはまあこの憲法の規定に従って常会があるという、このきわめて端的に事務的な観点から、開くことになっておる通常会を召集するような手続をしたわけでございます。ところが、いま御指摘のように、ただいまの憲法の規定に基づく解散行為ということがありましたために、その常会の召集行為は実際問題として昨年はなかったわけでございますが、これは憲法がこの五十二条で規定しておりますのは、召集が可能な場合の規定でございまして、解散をされた場合には、先ほども総理がお話し申し上げましたように、特別会を召集するということになっておりますので、昨年の常会は召集されないで、この会期の特別会が召集されたということに相なるわけでございます。

○北山委員　しかし、政府がこれは決定して、まあ天皇の国事行為としてやるわけでありますが、一方においては、常会の召集を十二月二十七日にやるんだ、こういう行為をしておきながら、三日たつてすぐ解散をする、いわゆる召集する対象をなくしてしまう行為をしておるのでありますから、これはむしろその召集するという手続、その行為を撤回する、あるいは無効にするということに結果としてはなる。ですから、あらためて私は常会を召集すべきじやないか、そういうことが可能だと考えるのであります。それでなければおかしいじやないですか。それでないと、憲法第五十二条によつて召集するということは、ただ召集手続をすればいいというのではなくて、現実に常会が毎年一回開かれる。成立し、開会されるということを私は意味すると思うのです。召集の詔書を出しました。それだから憲法五十二条に適合している、こういうことにはならないと思うのです。私は、憲法第五十二条というのは、現実に毎年一回は常会が開かれるのだ、こういう規定だと思うのです。旧憲法では、いわゆる召集する行為と、国会が成立するあるいは開会するということを分けて考えておつたんですが、現在の憲法の召集は、現実にいわゆる十二月の二十七日なら二十七日に召集される、それがなかつたのでありますから、結局常会がなかつた。そこで、あらためて召集することができるわけです。これはすでに国会法の第二条の二に、総選挙後の特別会は、常会とあわせて召集することができると書いてある。そういう手続をすればいいのであつて、こういう措置をしたために、現実に本年の常会はなかつた。これは憲法第五十二条違反ではないか、どうですか。

○高辻政府委員　確かに憲法五十二条の常会を召集するというのは、召集詔書だけ出せばあとはどうでもいいというわけではむろんございませんでしよう。しかし、先ほど申し上げましたように、常会というのは年一回召集する。国会法の御引用もありましたが、これは十二月に召集するのを常例とするという規定がございます。通常、常会を召集することができる場合であれば、それは特別会と常会を召集して年一回の召集にこたえるということもありましようが、解散という行為がそのことによつて制限をされるかどうかという、逆にいえば、そういう問題になると思いますけれども、解散はやはり、先ほども申し上げましたとおりに、天皇の国事行為として、内閣の助言と承認による行為として行なわれるわけでございまして、それが行なわれれば、年一回の召集というものは当然できなくなる。これは憲法上そうなるということにならざるを得ないわけです。

そこで、国会法の規定を御引用のことでございますが、むろん、十二月にもしも特別国会を召集することになりますような事態になれば、それは常会とあわせて召集するということもありましょうが、翌年にわたつて――解散の時期に関連をして十二月中にこの特別会を召集することにならなかつたわけでございますから、今回の特別会だけを召集したということになるわけでございます。それは会期の点からいいましても、常会であれば百五十日は確保しなければなりませんが、この会期の点も必ずしも百五十日にとらわれないようなお考えがあつたように思いますが、それは常会を召集するということではなくて、やはり特別会を召集するというお考えに基づいてのことではなかつたかと思いますが、これはよけいな推測かもしれません。理屈はいま申し上げたとおりでございます。

○北山委員　私が聞いておるのは、憲法第五十二条で毎年一回常会を召集するというのは、現実に召集しなければならぬ、こういう意味だと思うのです。召集手続をしておいて解散したならば、召集した人も解散した人も同じなんですから、召集行為をしておきながら三日たつて解散するということは、もう召集を取り消したと同じことでありますから、総選挙後においてあらためて常会を召集すべきなんです。そのために国会法の第二条の二というのはあるのです。そうすれば、この特別国会が十二月の三十日に召集行為をされた、詔書が出たでしよう、あのときに、あわせて常会として召集したらよかつたんじやないですか。そのほうが合法的なんです。そうでないと、今度のは常会はなかつたということになるのです。これは憲法第五十二条違反ですよ。どうですか。

○高辻政府委員　当時この常会の召集についての憲法の規定があるために、解散はできないのではないかというような議論がございました、現に。しかし、その点は十分に検討の上、解散がその規定によつて制限を受けるというのはおかしい、やはり解散というものは国会の、衆議院の構成の基本に関することであるから、解散は、これはやることは妨げられない。解散をすれば、十二月中に国会を開くということができなくなりますから、そうなれば、そのときに常会が開かれるものであれば、御指摘のような特別会と常会をあわせて召集することもできますが、翌年にわたつてのことでございますので、憲法の命ずるところに従い、特別会として召集をした。これは決して憲法に違反するということはあり得ないということだと思つております。

○北山委員　私は解散ができるとかできないとか言つているんじゃないですよ、現実に解散はしたんだから。したということは、自分で召集行為をしておきながら解散をしたんですから、取り消したと同じことですよ。そうして選挙後において常会を召集したらいいじゃないですか、特別会とあわせて。そのために国会法第二条の二があるのですから。ただ、その時期として、十二月中に召集することを常例とするというのですから、一月だつてかまわないのですよ。わざわざ何も十一月の二十九日に常会の召集をするというのはおかしいのですよ、どだい。初めから腹の中では解散する気がまえでおりながら、わざわざその三日前に常会を召集するなんという行為が私は政治的に見ておかしいと思う。また、法律的に見ても、いま申し上げたとおり、憲法五十二条というのは、常会というのは毎年一回開くんだというたてまえ、これが五十二条なんだ。解散しようがしまいが――してからでもいいじゃないですか、開いたつて。できるのですから。特別会と――特別会というのは常会とあわせて召集する。十二月の三十日に召集詔書を出したでしよう。そのときに、この国会は特別会であると同時に、常会であるということを書いて、そして召集すべきなんです。それが正しいやり方なんです。そうでないと、ことしは常会が開かれないことになつて、憲法五十二条の違反になるんですよ。どうなんです。そのことを私は聞いているのです。解散できるとかできない、そんな議論じゃないのです。

○高辻政府委員　おっしゃる議論はよくわかります。十分にその点を検討したあげくのことで、ああいう措置を講じたわけでございますが、その理屈は、いま申し上げたとおりで、解散があれば、解散があった後の国会は特別会だ。それがもしもその年に、十二月中に常会を開くような時期に一緒になれば、それは別でございますが、解散が行なわれれば、これは当然特別会が召集されなければならない。この規定に従って今回の特別会を召集した。それから、前段の常会の召集詔書が出たが実際には行なわれなかった。そのことはどうなるのかというような関連でのお尋ねもございましたが、それは確かに常会が召集されなかった、されるに至るような事態ではなくなったという意味では、詔書の効力はなくなったということはむろんいえると思いますが、そのために詔書を出したからもうそれでいいのだと私は申し上げているわけではなくて、衆議院の構成の基本に関する解散というものがまず行なわれれば、その後は、憲法の五十二条だったと思いますが、あの規定はそのままには動かない、こういう考え方をとったわけでございます。これは十分に――いま御指摘の問題ではございますが、そのときにわれわれはむろん問題を十分に意識して検討の結果、いま申し上げた理由によって措置をしたわけでございます。

○北山委員　憲法論を長々とやっていると時間がたちますので、私は問題はあとに留保いたします。ということは、やはり毎年一回常会を開かれるということを前提にしておるという証拠は、たとえば財政法の三十六条なり四十条で、次の常会において国会に提出をする、いわゆる予備費の調書あるいは決算ですね、これを次の常会にと書いているのですから、当然毎年一回は常会は開かれるということを財政法は前提にしているのです。憲法五十二条もそうなんです。いまのお話しのとおりに、解散行為によって召集手続を無効にしたのですから、あらためて十二月の三十日に特別会を召集する行為をするときに、あわせて常会を召集すればよかったのです。それが国会法第二条の二に、そのためにそういう法律があるのです。私はその私の考えが正しいと思っておりますが、問題は、非常に議論をたくさんしなければならない問題ですから、私は問題を留保しまして、先へ進みたいと思うのであります。

△第二七回国会閉会中　昭三二、一二、一九
参議院議院運営委員会（第二七回国会継続）会議録一号（二頁〜三頁）

○光村甚助君　国会法の二条に「常会は、毎年十二月中に召集するのを常例とする。」となつているのですね。これは総長にお聞きしますが、「常例とする。」ということは、必ず十二月に開かなければならないということですか、それとも一月でもいいということですか。

○事務総長（河野義克君）「常例とする。」とございますから、十二月に開くのを常の例とすると、こういう意味であると存じております。

○光村甚助君　一月開いたら効力はないというのですか。

○事務総長（河野義克君）　その点につきましては、国会法は、十二月に開くのを常例とするとございますが、憲法において、常会は毎年一回これを開くという規定がございます。従いまして、その憲法の規定の関係におきまして、やはり本年度において、本年度と言いますか、本年中に召集せられることがしかるべきことであろうと存じております。

○光村甚助君　百五十日開けばいいのですから、私は政府の方でそういう準備が整わなければ、一月召集してもいいと思うのです。さつき阿部君からも質問がありましたように、形式的に二十日に開いておいて、一ヵ月も休むということは、実際これは国費の乱用ですよ。そうして、憲法の六十条を見てごらんなさい。衆議院が予算を参議院に送つて、三十日したら、こつちが議決しなければ衆議院のが通つてしまうのですよ。三月の二十日ごろになれば、晩の十二時、十一時ごろまで、審議期間がないからやれやれといつて、十二月の二十一日から一月の二十一日か二十日まで休む、こういう矛盾したことは、官房長官どう思いますか。

○説明員（愛知揆一君）　申すまでもございませんが、予算は政府が提出しなければならない義務を負うておるわけ

でありまして、これを両院の審議期間とにらみ合せまして、また会計年度から申しまして、四月の一日から適正に執行ができるようにというだけのゆとりは十分に考えまして、例年の例によりまして、予算につきましては、できるだけ早く準備をする、一月中旬までには成案を得まして、膨大なものでございますから、印刷等の手続にも若干の日数がかかるわけでございますが、そうして例年の例によりまして、一月下旬に提出をする。そうして、そのときにこれに関連する諸般の案件を、政府としては具体的な方針が固まるわけでございますから、それをあわせて御審議を御開始願いたい、こういうふうに考えておるわけでございます。

○光村甚助君　例年の例とおつしやいますが、例年十二月二十一日から休んでいたから、必ず今度も休まなければならないということは、どういうことなんですか。

○説明員（愛知揆一君）　私のいま例年の例によつてと申しましたことは、予算についての手続について例年の例によると申したのであります。

○光村甚助君　それなら、政府の方で百五十日ときめられて、三十日も休むのだつたら、憲法で百五十日ときまつているのだから仕方がないようなものだが、国会法を改正して、一月二十一日召集するということにすれば、ほとんど百五十日というのが審議期間になるわけなんです。そういうことをやらずに、形式上十二月の二十日に召集しておいて、一ヵ月は休んで下さい。実際上審議するのは百二十日ぐらいです。結局は参議院で予算を審議するというときには、いつも、今年度もそうです。二十日ぐらいしかなかつたはずです。三十一日の日曜も審議期間がないというのでかり出したはずなんです。そういうことをやるから、往々にして参議院なんか必要がないと言われるようになつてくるのです。そういう点、官房長官はどうですか、参議院なんというのはそれでもいいから、審議期間がなくてもいいとお考えですか。

○説明員（愛知揆一君）　とんでもないことでございまして、われわれ政府として、参議院を軽視するというような気持は毛頭ございません。

△第二八回国会　昭三三、二、三

参議院議院運営委員会議録第八号（一頁〜二頁）

○光村甚助君　大臣が来るまで……。去年の八月でしたか、この国会は十二月に召集するのを常例とするということをこの前第二条で議論したのです――聞いていますか――ところが事務総長は、「常例とする。」だからやはり十二月に召集しなければならないと、こう言ったのです。事務総長は。そうしたら、この前総理大臣は、予算案は十二月に出すのが常例になっているけれども、あれは常例だから出さなくてもいいんだ。一月でもいいんだ。こういうことを言っておる。そうすると、事務総長が去年私に答弁したのと大分違うのですが、事務総長、どうですか。

○事務総長（河野義克君）　「十二月中に召集するのを常例とする」と規定してありますから、十二月に、通常の場合においては召集すべきものだということを申し上げ、特に来年の一月でもいいじゃないかと、予算案ができてから、したらいいじゃないか、こういう御趣旨でありましたから、その点につきましては、憲法に、常会は、毎年一回召集するという規定がありますから、昨年の状態でいえば、まだ召集されてないわけですから、十二月に召集されなければならないと思いますということを申し上げたわけで、常例の意味は通常言われる常例、それが行われるのが、通常の場合ならば、それは当然だという意味に申し上げ、そうしなければならないという点については、憲法の規定を引用してお答え申し上げたと承知しております。

○光村甚助君　それじゃ、毎年一回開いたらいいんだったら、十二月に開かなくてもいいんですね。臨時国会か何か、特別国会でも、一ぺん開けば、その年の十二月に召集しなくてもいいんですね。

○事務総長（河野義克君）　憲法の毎年一回召集することを要求しておる規定は、臨時会なり特別会を加えてのことじやなくて、常会について要請しておりますから、臨時会がありましても、常会を召集しなければならぬことははつきりしておると思います。ただ特別会は、特別規定で優先しますので、状態によつては常会の規定で召集できなかつたら、特別会の規定で召集することはあり得ますけれども、臨時会を開いたから、その年は常会を開かなくてもいいということは、憲法の規定からはあり得ないと思います。

○光村甚助君　かりにことしの五月かに解散をやつて、召集しますね。そうすると、ことしの十二月は召集しなくてもいいんですか、常会を。

○事務総長（河野義克君）　ことしの五月あたりに解散があれば、憲法の規定によつて当然特別会を召集しなければならぬわけでありますが、そういう場合には、十二月に常会が召集さるべきものと存じます。それで、たとえば十一月ごろに解散をするということで、十二月の下旬あたりに特別会を召集し得る場合には、その格好で召集されるわけであります。五月あたりに解散されて、特別会が召集されれば、別個に、常会は十二月に召集さるべきものと考えます。

○光村甚助君　十一月ごろ解散になつて、すぐ特別国会が開かれた場合は、それを常会とみなすのですか、十二月のを。

○事務総長（河野義克君）　私が申し上げました十一月ごろ解散をしまして、十二月ごろ特別会の形で召集できる場合におきましては、国会法の第二条の二に「特別会は、常会と併せてこれを召集することができる。」という規定がございますので、この場合は特別会であるとともに常会である。常会であるという法律的な効果は、国会の会期が法定されて参ります、百五十日間。従つてその場合においては、特別会であり、かつ常会と、こういう格好になるのであります。

○光村甚助君　一年一回常会を開かなけりやならない。そうすると、今開いているのは、去年の十二月に召集したやつの延長なんですが、それは昭和三十三年に開いているということにはならないのですか。もう一ぺんことしの十二月は召集しないのか。今やっているのは去年のものですか。去年度のものですか。

○事務総長（河野義克君）　召集の期日が、暦年としては三十二年に属しますから、一応おつしやつた通りだと思います。それで、私が終始毎年一回開かなければならぬと思うというふうに言っておりますのは、憲法学説上少数説だと思いますが、要するに、内閣がその恣意によつていつまでも国会を召集しないという事態をなからしむる意味において常会を毎年必ず開かなければならぬということを要求しておるのであつて、常会が一年のいずれかの期間に入つているならば、それでいいのであつて、その暦年の中に必ずしも召集がなくてもいいという説もあるわけであります。実体的に常会が開会されておれば、この憲法の要請は充足されておるのだという考え方もあるようであり、立法の沿革的の趣旨には、そういうふうに考えられる節もございますが、やはり暦年のいずれかの期日に召集日があるということが要請されておるというふうに解する方が国会の立場からいつても、より多く常会の召集が保障されるという格好になつて望ましいのではないか。私は一応そう考えております。

△憲法調査会第二十三回総会議事録　昭三三、一二、一七　（二〇頁〜二三頁）

○大西邦敏委員　次は、常会があるわけですから、臨時会というものは、やはり常会を待つことができない程の重要な案件が生じたときに召集さるべき性質のものだと思うんですね。そうしますと、他方において常会が百五十日で長過ぎる。そのために多くの会期が空費される。そして他方においては、臨時会の召集要求権が相当乱用されていると思うんですが、この乱用を避けるという意味におきましても、常会の二回制ということを考えたらどうか。そうしてまあ、年間の会期は五カ月なら五カ月でもよろしゆうございますが、それを二回に分けて一回の常会を二カ月半毎にする。そうすれば常会がない期間が継続七カ月はないわけですから、従つて、臨時会の必要もそれだけ少くなる。

それから一回の常会の会期が短うございますから、議員の心理にも常会の先は短いんだ、すぐに会期が終了してしまうというような点から、議員が審議に熱意を持つて来るという効果があるんじやないかと思うんですが、常会の二回制はいかがでございましようか。

○小沢佐重喜委員　御承知の通り、国会で一番重要な問題は言うまでもなく予算案の審議であります。従つて、常会は翌年度の予算を成立させること、これに関係する附属の法案を成立させること、これで殆んど普通の場合における国会の仕事は終つてしまうのですね。いま府県会の方では三回も四回も組んでやつておりますが、これはいわゆる補正予算的なものを、その月その月で四分の一半期ぐらいに審議する必要があるのでありますけれども、国会の場合には翌年度の予算という通常予算を出しますというと、あるいは災害とかというような意味で予備費百億円も使つてしまつても、なお足りないような大きな災害がでたという以外には臨時国会の効用が殆んど認められていないわけなんであります。そういうような意味からも二つに分けましても、一番中心になるのは予算関係の法案でありますから、その法案が済んでしまうというと殆んど意味のないような姿になりまして、その二つに分けた国会では、あるいは何も問題がないというような場合もあり得る。そういうような意味から常会を二つに分けるという点は、現状から見ましたらどういうものかと思つております。むしろ臨時緊急な議案ができた場合、たとえば災害が起きて、どうしても速やかに復旧しなければならぬ、当初予算には金がないという場合に――補正予算を組んで出すというような場合に――まず政府の方としては臨時国会を開くと。また政府が開かぬような場合においては、議院のただいまの権能に基いて、そうしたものを速やかに復旧すべしという議論のもとに臨時国会を招集するというようなことがよろしいんではないかと思つて、この点については現行法でそう差し支えないんではないかというふうに考えております。

○大西委員　ただ御参考までに申し上げたいと思いますが、いま世界の傾向としますと、なにか常会の一回制というのはいろいろの弊害があるというので、常会の二回制をとることが非常にいい制度であるとされ、今度のフランスの第五共和国の憲法を含めて二十六カ国がこの制度をとつております。参考までに……。

……………………………………

○小沢委員　……………………………………………………………………………………。

それからさきほどの常会を二回という問題ですが、これはこういうような考え方をすればよろしいんではないかと思うんであります。たとえば年度の終りにおきまする常会は、もつぱら予算案の審議あるいは予算に関係した法令の審議を中心として常会をやる。それからその次の常会は予算案に関係しない、あるいは講和条約の批准とか、あるいは警職法案なら警職法案の審議というような、予算に関係のない問題だけを一つの常会でやつて、片一方は予算にだけ重点を置くという行き方にすれば、二つあつた方がよろしいと思います。

△憲法調査会第二委員会第五回会議議事録

昭三四、三、二五　（二頁～四頁）

○西澤哲四郎参考人（衆議院法制局長）　………次に常会の召集の時期の問題でございます。御承知のように帝国議会は十二月に召集されまして、そうして約ひと月休会いたし、毎年一月二十日頃再開されるというのが例でございましたがために、国会法を立案いたしまする最初の間は、これはいつそのこと一月にこれを召集するようにしてはどうかという考え方で進んでいたのでございまするが、そういたしますと結局第一回の国会を開きます年の前年には通常国会がない、開き得ないというようなことになるおそれがある、そうするとそれは憲法の規定に反するのではないかというので、やむを得ずに第三次案でございますが、そこになりまして十二月上旬これを召集するというふうに案を改めたのでございます。これはいまの憲法で毎年常会を一回召集しなければならないという規定がある以上やむを得なかつたのではないかと考えております。」この「十二月上旬これを召集し……」という案に対しまして、十二月の六日にウイリアムズが訪ねて参りましたとき、すなわち第三回目のときでございますが、このときに「十二月上旬召集し」となっているが、そうなると会期内、すなわち常会の百五十日の会期内に議員の任期が満限に達する場合にはどうなるのか、その点を研究せよということをいわれたのでありますが、これはもっともなことでありましたがために、私どもといたしましては第四次案で「常会は毎年十二月上旬にこれを召集する。但し、その会期中に衆議院議員の任期が満限に達する場合は、この限りでない」というただし書をつけて、別に「国会の会期中に衆議院議員の任期が満限に達したときは、国会は閉会とする」という規定を設けたのでございます。

この案に対しまして十二月の十四日にウィリアムズがまた参りましての意見といたしまして、この案によると常会の会期が内閣によって故意に短縮されるおそれがあるから、その点を何とか避けるようにしたらどうだろうかということであります。つまり十二月上旬に召集はするけれども、衆議院議員の任期が満限に達するときは国会は閉会となるわけでありますから、一月の二十日に衆議院議員の任期が満限に達すれば結局実質的審議は何もやれないじゃないか、それでは意味をなさない、だからその場合をもう少し何とか方法を考えたらどうか、それでまたそういうことが内閣によって意識的にやられることは困るではないか、こういう話があったわけであります。そこで最終案といたしましては「常会は、毎年十二月上旬にこれを召集する。但し、その会期中に議員の任期が満限に達しないようにこれを召集しなければならない」こういう案になって、そしてとにかく百五十日の会期を保証する、こういう建前をとったわけであります。そこでこれを実際にその後運用していきますというと、先日も申しましたように十四回国会は昭和二十七年の八月二十六日に召集された、こういう事態が生じたのであります。申すまでもなく通常会というものはやはり翌年度の予算を審議することを最大の眼目としておると私は推察いたしますが、そうしますと八月に召集いたしまして、そうして百五十日の会期の期間内に予算をあげよということは、これは経済の著しい変転を目の前にして半年も前に予算をきめるということはとうてい可能なことではないような気がいたしたのでございますが、とにかく十四回国会にこういう事例が出たわけであります。このときは御承知のようにすぐに解散にはなりましたけれども、一応とにかく召集はされたのであります。これは――こういうと実際なんですが――面白くないことだという考え方は至るところに起つたわけであります。それがため二十一回国会すなわち昭和三十年の改正でこの条文を改めまして、現在のように「常会は、毎年十二月中に召集するのを常例とする」といたしまして、第十条に「常会の会期は、百五十日間とする」ところにただし書を加えまして「但し、会期中に議員の任期が満限に達する場合には、その満限の日をもつて、会期は終了するものとする」こういうことにいたしたわけであります。この場合の議員の任期という、議員という字は、最初の立案の過程におきましては衆議院議員の任期が、というふうに限定されていたのでありますが、参議院側の御意向によりまして、これは参議院の議員の任期の満限の場合も含める方がよかろうという考え方がありましたがために「衆議院」を取りまして、議員という字を用いることになりました。従いましてこれは両方の議員を当然に意味しているものだと私どもは考えておるわけであります。これが召集の問題でございますが、問題は要するに衆議院議員の任期中であれば百五十日間の通常会を四回保証するかどうか、参議院の議員でありますればやはり参議院の議員の任期中に通常会を六回保証するかどうか、こういう問題だとかように考えております。議員の活動を十分ならしめるためには当然に百五十日間という会期を保証するのがいいようにも思いますし、そうかといつて先ほどの十四回のような事例もまた実際にそぐわないものだとも考えているわけであります。この点調和点をどこに認めるかという問題ではなかろうかと、かように私としては考えておるわけでございます。

△憲法調査会第二委員会第九回会議議事録

昭三四、七、二二　（二五頁）

○山崎高参考人（衆議院事務次長）　これは事務局で作つた国会法と旧議院法との比較対照という印刷物なんですが、十二月上旬ときめた理由としては、そうとうやはり議論があつたんですね。通常国会の召集の時期を十二月中に召集する。しかし十二月上旬と決定しておくことは、議員のためにも便利であるということと、またかくすることによつて予算案を早く内閣から提出させ、翌年の三月までの間に予算の内容について審議が終了するようになるというのであります。というようにいろいろと議論はあるんです。常会の開催時期については、これは根本問題なんでございますね。

ただ実際として、今十二月に開いて、十二月にすぐやればいいじゃないかということもあるんですが、慣例的にどうしても予算が出てくるのが一月になりまして、一月に予算が出なければ施政方針もできない……。

○学説

△註解日本国憲法　法学協会（八一三頁〜八一四頁）

「『国会が毎年一回開かれる』ということ一般については、あまり説明を要しない。即ちそれは、国会は常時活動している機関ではなく、一定の限られた期間（この期間を会期という）だけ活動能力をもつものであること、及び予算の一年制度などにかんがみ、毎年一回はそのような活動能力を与えられなければならないことを意味する。しかし本条で重要な問題は、この憲法が、国権の最高機関にしてそれ自体立法権をもつ（即ち天皇の立法に協賛するが如きものでない）ところの国会について、常会の制度をとつたということである。国会のこの地位を尊重するならば、一定の時期（例えば特定の暦日、或いは総選挙後特定日数後）に活動能力を当然に取得せしめ、休会、閉会或いはさらに次の集会期日の決定などを、国会の自律に委ねる主義をとる方が徹底した態度であつたということもできる。そこでは常会、臨時会及び特別会の区別は考えられない。又会期の定めも必要でない。いわば無休国会主義である。この憲法はしかし、かかる主義をとらなかつた。(1)国会は最高機関であるが、内閣の決定するところにもとづき、天皇によつて召集されてはじめて活動能力を取得する。又常会、臨時会及び特別会の区別がおかれ、国会は原則として予め定められた（即ち常会の会期の）期間だけ毎年定期的に活動状態に入る、という建前がとられているのである。(2)しかし他方、常会の会期の長さを憲法自ら規定せず、又天皇の開会・閉会・停会及び会期の延長を命ずるの権を排除し、これらのうち必要な事項は、これを国会の自律に委ね、さらに国会議員の側よりする臨時会召集決定要求権を認めることにより（五三条後段）、自律的集会主義を実質的に保障しようとしている。これが国会の活動能力得喪に関してこの憲法のとつた建前である。」

△全訂日本国憲法　宮澤俊義著　芦部信喜補訂（三九二頁〜三九三頁）

「〔2〕「毎年一回」とは、各暦年ごとに一回の意である。

(イ)　国会法は、本条の趣旨にしたがつて、「常会は、毎年十二月中に召集するのを常例とする」（国会法二条）と定める。

国会法ははじめ「常会は、毎年十二月上旬にこれを召集する。但し、その会期中に議員の任期が満限に達しないようにこれを召集しなければならない」（改正前同法二条）と定めた。この但書のために、一九五二年（昭和二七年）には、その時の衆議院議員の任期がその翌年の一月二二日に満限に達するので、その年の常会を、繰りあげて、八月二六日に開くのやむなきに至つた（第一四回国会）。これは不便なので、一九五五年（昭和三〇年）一月の改正で、その但書を削り、同時に本文を、右に引かれたように、改めた。

(ロ)　憲法は、国会が毎年すくなくとも一回その会期を開き、国会としての活動をなすべきことを要求する。憲法が国会に与えている権限（法律の制定、ことに予算の制定）から見て、一年以上国会の会期を開かずにすますことは、実際問題としても、不可能である。憲法は特に「毎年一回」国会の会期を開くべきことを本条で要求しているのである。

(ハ)　憲法は、かならずしも文字どおり国会の召集が、各暦年ごとに一回、行われるべきことを要求しているのではなく、むしろ、議会の会期の開かれていない時期、すなわち、国会の活動能力を欠く時期が、一か年におよんではならないことを要求している、と解すべきであるから、特別の事情がある場合（たとえば、一二月上旬に臨時会が開かれているとき、衆議院が解散されたため、その年内に常会を召集することが不能になつた場合など）に、常会の召集が翌年の一月に行われることになつたとしても、かならずしもそれをもつて本条に違反すると見るべきではあるまい。」

△憲法　清宮四郎（一七九頁～一八〇頁）

「わが現行法は、活動できる状態にある国会の形態（国会の会）として、常会・臨時会及び特別会の三種を認めている。会の種類は、国会の召集及び会期を異にするのにもとづく。

一　常会　国会は、予算の議決その他の事由から、毎年一回はかならず召集される必要がある。毎年一回定期に召集される国会の会を「常会」（俗に通常会または通常国会）という（憲法五二条）。常会は、毎年一二月中に召集するのを常例とする（国会法二条）。常会の会期は一五〇日とする。ただし、会期中に議員の任期が満限に達する場合には、その満限の日をもつて、会期は終了するものとする（国会法一〇条）。常会の会期は、両議院の一致の議決で、これを延長することができる（国会法一二条）。両議院の議決が一致しないとき、または参議院が議決しないときは、衆議院の議決したところによる（国会法一三条）。」

△国会法　黒田　覚（六八頁～六九頁）

「一　常会・臨時会・特別会　憲法は、国会について、常会・臨時会・特別会を区別している。常会は「毎年一回これを召集する」（憲法五二条）。……………………………………………

二　召集

(1)　………

(2)　常会の召集日　常会の召集日については、国会法に特別の定めがある。「常会は、毎年十二月中に召集するのを常例とする」（国会法二条）。昭和三〇年の国会法改正以前は、この規定は「常会は、毎年十二月上旬にこれを召集する。但し、その会期中に議員の任期が満限に達しないようにこれを召集しなければならない」とされていた。その結果、昭和二七年の常会は、翌年一月二二日に衆議院議員の任期が満限に達するので、繰りあげて八月二六日に召集されたことがある（衆議院先例集八）。これでは翌年度の予算を審議するのを主たる目的とする常会の意味をもち得ないので、現在のように改められた。それと同時に国会法一〇条の常会の会期に関する規定に但書が附加され、「会期中に議員の任期が満限に達する場合には、その満限の日をもつて、会期は終了するものとする」ことになつた。

なお、特別会を召集すべき時期が常会召集時期と合致する場合には、特別会と常会を別々に召集せずに、単一の会期の国会において、特別会と常会を兼ねさせることができる。「特別会は、常会と併せてこれを召集することができる」（国会法二条の二）。」

△憲法（ポケット註釈全書）　佐藤　功（二九八頁〜三〇〇頁）

「一　通常会または定例会というに同じ（地方自治法一〇二条では定例会の語を用いる。憲法が常会と呼んでいるのは旧憲法四三条の用法に従ったものである）。一般に議会は常時活動するものではなく一定の期間（すなわち会期）を以て開かれたときにのみ活動能力を有するのであるが、長きにわたつて開かれないことが認められないことはもとよりであり、定期的に、特に予算の一年制度との関連からも、毎年少くとも一回は開かれねばならないとされているのが近代議会政治の通則である。そこに、毎年一回の常会の制度が生じ、常会において議会の権能が通常的・定期的に行われるものとされ、臨時にまたは特別に議会の権能を行う必要が生じた場合には、常会以外に臨時会が開かれるものとされる。本条が常会を、五三条・五四条が臨時会、特別会を定めているのもこの通則を示すものである。

……………………………………

二　「毎年一回」の意味については本条註一参照。召集の時期は国会法により「毎年一二月中に召集するのを常例とする」。この国会法の規定は第二一回国会における改正（昭三〇法三）によるものであり、その以前においては「常会は毎年一二月上旬にこれを召集する。但しその会期中に議員の任期が満限に達しないようにこれを召集しなければならない」とあつたために、常会の会期が一五〇日であることとの関係上、たとえば昭和二七年の常会（第一四回国会）は翌年一月二二日に衆議院議員の任期が満限に達するのでこの但書により繰り上げて八月二六日に召集されたごとき事態が生じていたのにかんがみたものである。すなわちこの改正により常会は毎年一二月中に召集することを常例とし、あわせて「但し会期中に議員の任期が満限に達する場合にはその満限の日をもつて会期は終了するものとする」（一〇但書）との規定を加えた。

国会法の定める一二月中という要件の下で具体的に召集の期日は内閣の助言と承認による天皇の召集詔書（七2）により定められる。詔書の形式については七条註五参照。」

△憲法講義　下　小林直樹（五七八頁）

「a　常会（通常国会）——常会（ordinary session）は、「毎年一回これを召集する」（憲五二条）ことになつている。明治憲法は、その長さを三カ月と定めていた（四二条）が、現行憲法は会期の長さを国会法に委ね、これによつて一五〇日とされている。ただし、「会期中に議員の任期が満限に達する場合には」、その満限の日に会期は終了するものとする（国一〇条）。常会は「毎年一二月中に召集するのを常例とする」[3]（国二条）が、特別の事情のために、「常会の召集が翌年の一月に行われることになつたとしても、かならずしもそれをもつて本条に違反すると見るべきではあるまい」[4]。

3）常会召集が一二月におこなわれるようになつたのは、沿革的に憲法解釈の問題が絡んでいたことからくるといわれる。「国会法草案を立案する最初には、国会は一月に召集することになつていたが、そうすると第一回国会を召集する前年には常会がないこととなり、憲法上の疑義があったので、第三次草案では一二月上旬に召集ということになった」のだという。（憲調『運用の実際』、国会に関する報告書、第七章、参照）

4）宮沢『コメ』、三八一頁。たとえば、宮沢のいうように、一二月上旬に臨時会が開かれているときとか、あるいは衆議院解散のため年内の常会召集が不可能になったとき、などは、事の性質上、国会法違反のかどで追及さるべき必要はないであろう。」

△憲法講説（地方行政全書）　高辻正巳（二四三頁〜二四四頁）

「(1)　国会は、毎年一回は召集されなければならない（五二条）。それは、予算の成立をはかるうえからも欠くことのできないものであり、とくに予算を審議する便宜から、国法上、毎年一二月中に召集するのが常例とされる（国会法二条）。この種の態様で召集される国会の姿は、常会の名でよばれる。年末にいたり、常会の召集前に衆議院の解散が行なわれるとすると、常会の年一回の召集を事実上行なうことができず、憲法の明文に反する結果をきたすことになるが、解散があると、つぎに述べるように、憲法の要請として、一定期間内に特別会が召集されることになり、常会の機能をいとなむこともできることになるわけだから、その容認するところと解してさまたげなかろう。」

△ジュリスト　七四号（一九五五、一、一五）　田上穣治

「特集・憲法改正問題(II)――国会制度」（一五頁）

「憲法第五二条は、毎年一回常会を召集するものと定めるが、その結果は常会の会期が長くなり、又臨時会の必要を生ずることが多い。会期が長いことは、議事の運営を非能率的にするから、外国の立法例のように、毎年二回とし、各会期を現行の二分の一より短くし、憲法に規定すべきである。」

△ジュリスト　七四号（一九五五、一、一五）

「憲法改正問題（下）――自由党・改正案要綱を中心に――（座談会）」（三八頁）

「一〇　国会の召集は国会（議長）の権限にする
田中二郎　根本にさかのぼつて、国会を内閣が召集するという形をとるか、それとも、通常国会の場合には定期に集まるということにするし、臨時国会は、議員又は内閣の要求で、議長がこれを召集するという形をとるか、こういう点を考えてみたらどうでしよう。国会がほんとうに国権の最高機関だという趣旨を表わして行くとすれば、あとの方のやり方を考えてもいいのじやないかと思うのです。内閣が、議題にするものがないから召集しないとか、請求があつてもそれに応じないということは、少くとも今の憲法の建前からするとおかしいですね。召集は、正式の請求があれば、議長の名においてするというような案とは逆の考え方を徹底したらいいのじやないかという見方があると思うのです。」

△ジュリスト　七八号（一九五五、三、一五）　奥野健一

「改正された国会法 ── 解説と問題点」（五頁）

「(1)　常会の召集について、現行法第二条本文は毎年十二月上旬に召集するものと規定しているが、これを十二月中と改めてその期限に幅をもたせ、同時に本条但書を削除した。この但書は、会期中に議員の任期が満限に達しないように召集しなければならないものとする規定であるが、ために、かつて第十四国会の召集が昭和二十七年八月二十六日になされたが実質的に常会召集の意義をなさなかつたことに鑑み、今回の改正となつた。そして、但書の削除に対応して第十条の常会の会期の規定について但書を加え、百五十日と法定した常会の期間中に議員の任期が満限に達する場合には、その満限の日をもつて会期は終了するものとした。これは、衆議院議員の任期が満限に達した場合のみならず、参議院議員の半数議員の任期満限の場合も同様と解する。」

△ジュリスト　二四一号（一九六二、一、一）　小島和司

「憲法改正の問題点 ── 第四章国会」（六八頁〜六九頁）

「(6)　会期の制度は、現行のままでよいか。」

会期の制度にかんして問題は多い。まず、常会は年二回召集すべきものとせよとの意見がある（田上、大西・講演）。年一回の常会制は会期を長期化し議事を非能率にするというのであるが、これは問題を直接的に解決することをせず、あらぬ方法によろうとするもので、制度いじり好みの憾みなしとしない。年一回常会制であれば、常会には、予算議決のような定例的議案もある。が、年二回制では、かならずしも議案が予想されない。現在の地方議会の定例会は必ずしも一回とされていないが、国会の処理すべき案件は地方議会のように行政上の雑多な処分（たとえば契約締結への同意）にまでおよぼさるべきでないし、処理に時間を要する性質のものも多い。とくに第二院の存在は会期短期化をおのずから限定するであろう。このような提案には賛成しがたい。

常会は毎年一定の月日を固定して自律的に集会することが、国会活動の開始を他機関に依存せぬ点で望ましいという意見がある（鵜飼）。これは天皇による国会「召集制」を廃止せよというものであるが、筆者は、現行憲法下においても、国会法をもつて常会召集時期を固定することを可能と考えている（公法研究一〇号参照）。したがつて、その趣旨を実現するために憲法改正を必要とするかどうかはともかく、事柄じしんは望ましい提案といえる。」

△日本法学　第三四巻第四号（昭四四、二、二五）　松沢浩一

「国会法の改正過程と問題点」（一一四頁〜一一七頁）

「(1)　常会の召集時期

常会の召集時期について、制定当初国会法第二条は、十二月上旬に召集するものとし、但しその会期中に議員の任期が満限に達しないように召集しなければならないと定めていた。そこで昭和二七年において召集すべき常会は、翌昭和二八年一月二二日に衆議院議員の任期が満限に達することになるので、同条但書の規定にしたがい、その一五〇日前の昭和二七年八月二六日に召集された。第一四回国会がそれである。しかしながら、何等の審議も行なわ

れぬまま召集日の二日後の同月二八日、世にいわゆる〝抜打ち解散〟によつて衆議院は解散され、常会の意味をなさなかつた。この経験にかんがみ、昭和三〇年第二一回国会における国会法第五次改正では、第二条は「常会は毎年十二月中に召集するのを常例とする」と改められ（但書は削除）、他方第一〇条に但書として「会期中に議員の任期が満限に達する場合には、その満限の日をもつて会期は終了するものとする」との規定を加え、現行のとおりとなつた。

常会の召集時期に関する規定の改正経過は右のとおりであるが、国会の会期との関連でその実際についてみると次のような問題がある。すなわち、常会は毎年一二月に召集されるが、ほとんどの場合直ちに年末年始のいわゆる自然休会に入つてしまうのである。この期間は約一ヶ月前後であつて、この間に実質的な審議等は全く行なわれることがない。通常の場合、翌年の一月中旬から下旬にかけて予算が提出され、これと前後して開会式が行なわれる。そしてその直後に内閣総理大臣の施政方針演説を始めとする外交・財政・経済等に関する各国務大臣の演説が行なわれ、ここで国会としての活動が開始されることになるのである。したがつて、常会の会期は一五〇日と法定されてはいても、その実質は年末年始の自然休会期間を除いた約四ヶ月前後のものでしかないのである。

このような運用がなされている原因の一つとして考えられることに、予算の提出時期の問題がある。前述のように予算は一月中旬ないし下旬に提出されるが、そもそも財政法第二七条によれば、予算は前年度の一二月中に提出するのを常例とすべきものである。しかるに一二月中に提出されたことは未だかつてないのであるから、同条は空文化された規定となつている。ところが、もし同条の規定のとおり一二月中に提出されれば、重要な予算審議をいつまでも放置し得ないから、年末年始の休会をとつたとしてもその期間は現状よりはるかに短くなつて、遅くとも一月中旬ごろから予算委員会での審議が開始されることになり、現在における空白期間がある程度うめられることになる筈である。

しかし、以上のような論は、周知のごとく予算編成の実態からは程遠い空論に近いといわねばならない。さりとて、一五〇日の法定会期内ですべての審議を完了しているかといえば、そうではなくて、ほとんどの場合会期の延長をしなければ済まなくなつているのであるから、少くとも、このような実情は放置されるべきではないといいうるであろうし、何等かの改善の措置を講ずる必要があるのではなかろうか。ただここでは、この問題に深く立ち入つて論議するといとまがないから、単に問題を提起するに止めるが、この際一つ指摘しておきたいことは、常会の召集時期を一二月とする現行規定を、例えば一月に改めるというようにこれを変更しうるかどうかである。この点に関しては、すでに国会法制定の際論議がつくされて、その結果一二月でなくてはならぬとされているのである(1)。すなわち、憲法第五三条に規定する毎年一回とは、常会召集の期日が各暦年に必ず一回あることを要するとの意であり、もしもこれを一月とした場合は、召集期日のない年が生じて違憲の事態となるから、一二月召集は動かし得ないというのがその理由であつた。そしてその後、参議院の議院運営委員会においても、あらためて右の憲法解釈について確認がなされている(2)。

(1)　憲法調査会第二委員会第五回会議議事録二頁。

(2)　第二八回国会参議院議院運営委員会会議録第八号二頁。」

△自治研究　（昭二九、二、一〇）　佐藤達夫

「国会法覚書」（三頁～一〇頁）

「一　常会の繰上召集

昭和二七年には八月に常会が召集された。これは国会法第二条「常会は、毎年十二月上旬にこれを召集する。但し、その会期中に議員の任期が満限に達しないようにこれを召集しなければならない。」の但書の規定によるもので、当時の衆議院議員の任期が昭和二八年一月二二日に満了するために、そのときから常会の会期一五〇日を逆算して、

八月二六日の召集となったわけである。

この但書の規定は、いうまでもなく毎年の常会に一五〇日の会期を確保するためのものである(*)。旧帝国議会時代は、会期中衆議院議員の任期が切れる場合には任期の方を延長することによって、それが調節されていたのであるが、新憲法では議員の任期が憲法で直接定められている結果、法律による調整としては召集時期を動かす外には方法がないということから、こういう規定が設けられたものと思われる(**)。

ただこの方式はいくらかの不自然さを伴う。国会法で一二月上旬に常会を召集する原則を立て、且つその会期を一五〇日と定めたことは、次年度の総予算の審議ということをその前提に含んでいるにちがいないが(***)、この総予算の審議という面から見ると、第二条但書による繰上召集は場合によってはあまり意味のないことになる。……

………………………………………………

この問題に関連して思われることは、もう少し根本に遡って、国会法第二条そのものと憲法との関係である。国会の召集について、憲法は、第七条第二号（天皇の国事行為としての召集）、第五二条（毎年一回の常会召集）、第五三条（臨時会の召集）及び第五四条（解散後の特別会の召集）の規定を設けているが、第五四条で、解散後の特別会は総選挙の日から三〇日以内に召集されるべきことが定められている外は、常会・臨時会の召集の時期については何も規定していない。したがって、常会・臨時会の召集日をいつにするかということについては、憲法上無条件に内閣の責任ある判断に委ねられていると見なければならないであろう。しかるに、国会法第二条は常会の召集時期について内閣に拘束を加えているが、その適憲性如何ということが考えられるわけである。そしてその疑問の中心は憲法の定めている三権間の牽制均衡の原則から見てどうであろうかということである。

これに似た規定は、他にも国会法の中にある。たとえば、常会の召集詔書は少くとも二〇日前に公布しなければならない・という第一条の規定や、法律は奏上の日から三〇日以内に公布しなければならない・とする第六六条の規定などがそれである。しかし、これらは内閣（形式的には天皇）の能権に対する制約というよりも、むしろ憲法の施行細則的性格のものと見る方が自然であろうから、さきにあげたような角度からの疑問に対しての弁護は容易であろう。

これに対して、たとえば、国会が法律をもつて衆議院の解散権を制約することができるか・という問題を仮に提起して見よう。この場合はまさしく牽制均衡の原則に対する実質的な干渉になることは明らかであろう。したがつてその適憲性についての疑は極めて濃厚であると思われるのであるが、こういう角度から現在の国会法第二条を考えて見ると、これがいまの解散権の例そのままとはいえないにしても、先にあげた召集詔書の公布に関する第一条の規定などにくらべれば、いくらかこの方に近い性格を含んでいるのではないか・と見ることもできそうに思うのである。このことは、かりに国会法第二条で「十二月一日に召集しなければならない。」と定めた場合を考えるともつとはつきりする。それは、国会の自律集会主義を採つていない憲法の下において、法律をもつて自律集会主義を採つたのと実質的には同じ結果になるからである。

* 国会法案が審議された第九一回帝国議会における衆議院の国会法案委員会で、大池説明員はこの第二条について「通常会の召集の時期を十二月の上旬と規定されましたのは、議院法規調査委員会において相当議論もあつたのでありますが、かくのごとく十二月上旬と決定しておくことは、議員のためにも便宜だという点と、また、かくすることによつて予算案を早く内閣から提出させ、翌年の三月までの間にみつちりと予算の内容について審査し得るようになるというのであります。ただ十二月の上旬ということにしますと、今期中に議員の任期が満了する場合もあり得るので、その場合に備えて、今期中に議員の任期が満限に達しないようにこれを召集しなければならないと規定したのであります。すなわち繰り上げて召集することも考えられますし、場合によりますれば、繰り下げて召集することも考えられるのであります。」（会議録第一回）

** 衆議院議員選挙法第七八条は「議員ノ任期ハ四年トシ総選挙ノ日ヨリ之ヲ起算ス但シ議会開会中ニ任期終ルモ閉会ニ至ル迄在任ス」と定めていた。

明治憲法では、常会の会期が憲法に定められていて、議員の任期は法律に委ねられていたが、新憲法では逆に、議員の任期が憲法で定められて、常会の会期は法律に委ねられるという興味ある対照をなしているわけである。

*** 財政法第二七条に「内閣は、毎会計年度の予算を、前年度の十二月中に、国会に提出するのを常例とする。」とあるのもこれに関係のあることと思われる。

第二条の二　特別会は、常会と併せてこれを召集することができる。

（第二一回国会　昭三〇法三号本条追加）

○制定趣旨・改正経過

《改正理由》（第二一回国会　昭三〇法三号本条追加）

常会が召集される時期に特別会を召集する必要が生じたときは、便宜上、常会と併せて特別会を召集できることにした。

（議会制度七十年史）

○関係法規

△日本国憲法

第七条　天皇は、内閣の助言と承認により、国民のために、左の国事に関する行為を行ふ。

二　国会を召集すること。（第一号及び第三号以下略）

第五十二条　国会の常会は、毎年一回これを召集する。

第五十四条第一項　衆議院が解散されたときは、解散の日から四十日以内に、衆議院議員の総選挙を行ひ、その選挙の日から三十日以内に、国会を召集しなければならない。

▲大日本帝国憲法

第七条　天皇ハ帝国議会ヲ召集シ其ノ開会閉会停会及衆議院ノ解散ヲ命ス

第四十一条　帝国議会ハ毎年之ヲ召集ス

第四十五条　衆議院解散ヲ命セラレタルトキハ勅命ヲ以テ新ニ議員ヲ選挙セシメ解散ノ日ヨリ五箇月以内ニ之ヲ召集スヘシ

（第四十二条　帝国議会ハ三箇月ヲ以テ会期トス必要アル場合ニ於テハ勅命ヲ以テ之ヲ延長スルコトアルヘシ）

▲議院法

第一条　帝国議会召集ノ勅諭ハ集会ノ期日ヲ定メ少クトモ四十日前ニ之ヲ発布スヘシ

▲衆議院議員選挙法

第三十条　選挙ノ投票ハ通常七月一日ニ之ヲ行フ但シ衆議院解散ヲ命セラレタルトキハ勅命ヲ以テ臨時選挙ノ期日ヲ定メ少クトモ三十日以前ニ公布スヘシ

△国会法

第一条　（召集詔書）

第二条　（常会の召集）

第十条　（常会の会期）

第十一条　（臨時会・特別会の会期）

第十二条　（会期の延長）

○先例

△衆議院先例集

一二　常会は、毎年十二月中に召集されるのを例とする。

一四　特別会の召集詔書は、おおむね十四日前に公布される。

一五　特別会は、総選挙の日から十六日以後三十日以内に召集される。

△参議院先例録

三　常会は、毎年十二月中に召集されるのを常例とする

五　特別会は、総選挙の日から三十日以内に召集される

〔参考〕

▲衆議院先例彙纂（昭和十七年十二月改訂）

二　憲法第四十五条ニ依ル議会ハ特別議会ト称ス

六　解散後臨時議会召集セラルルトキハ特別議会ハ召集セラレス

七　特別議会ト通常議会ト併セテ召集セラル
衆議院解散ヲ命セラレタルトキ特別議会ト通常議会ト併セテ召集セラレタルコトアリ此ノ場合ニ於テハ憲法第七条、第四十一条及第四十五条ニ依リ召集セラルル旨詔書ヲ以テ公布セラレタリ第十三回議会ノ例是ナリ

八　特別議会召集ノ詔書ハ四十日以前ニ公布セラル

九　臨時議会召集ノ詔書ハ四十日以前ニ公布セラルルコトヲ要セス

○会議録抜粋

△第二一回国会　昭三〇、一、二一

衆議院議院運営委員会議録第八号（五頁）

○大池眞事務総長　……一番最初に第二条の二でございます。本院の方では、臨時会または特別会を常会とあわせて召集できることに御決定願つておつたのでございますが、参議院との打ち合せによりまして、特別会の方は常会とあわせてこれを召集することができるという規定はけつこうでございますけれども、臨時会は場合によりますと、政府の方で臨時会の召集の御決定がおくれますと、それをおくらせたために臨時会がなくなつて常会と一緒になつてしまうということは、憲法上、臨時会の召集権を持つておる議院側としては困るから、臨時会だけは除いてもらいたいというお話で、臨時会は常会とあわせて召集することができない、臨時会だけはどうしても召集しなければならない、こういうことで御決定を願つておるわけであります。従つて本院のかつての御決議の中から、第二条の二の中の「臨時会又は」というところをむしつていただくようにお願いいたしたい。

△第二八回国会　昭三三、二、三

参議院議院運営委員会会議録第八号（一頁）

○光村甚助君　十一月ごろ解散になつて、すぐ特別国会が開かれた場合は、それを常会とみなすのですか、十二月のを。

○事務総長（河野義克君）　私が申し上げました十一月ごろ解散をしまして、十二月ごろ特別会の形で召集できる場合におきましては、国会法の第二条の二に「特別会は、常会と併せてこれを召集することができる。」という規定がございますので、この場合は特別会であるとともに常会である。常会であるという法律的な効果は、国会の会期が法定されて参ります、百五十日間。従つてその場合においては、特別会であり、かつ常会と、こういう格好になるのであります。

△第六三回国会　昭四五、二、二三

衆議院予算委員会議録第三号（二六頁～二八頁）

○北山愛郎委員　……第一にお伺いしたいことは、昨年の十一月の二十九日に通常国会、いわゆる常会を召集した。召集の日は、十二月の二十七日に東京に召集するという詔書が出たわけであります。ところが、それから三日たつて十二月の二日には国会を解散をしたわけであります。どうしてそういうことになるのか。政府としては十二月の二十七日に常会を開くという召集手続をしておきながら、それからすぐに、三日たつてなぜ国会を解散しなければならぬのか、召集する対象をなくするような解散行為をしなければならなかつたのか、私は非常に疑問に思つておるわけであります。それから同時に、そういたしますというと、同じ政府が、一方においては常会を召集し、続いて国会を解散したわけでございますから、したがつて、召集行為そのものは、言うならば、事実上無効になつたと考えるべきだと思うのであります。その結果として、本年の通常国会、常会はついに成立開会を見なかつた、召集をされなかつたと考えるべきであると思うのでありますが、その点について、その間の理由並びに法律的な根拠等を承りたいのであります。総理、いかがでございますか。

○佐藤榮作内閣総理大臣　御承知のように、早く国会を開くという御要望が、社会党からも出ておりました。ことにその理由が、私の誤解でなければ、私の理解したところでは、アメリカへ出かける前にどういう外交交渉をするか、早く国会を開いて説明しろ、こういうことであつたと思います。私は、外交問題ですから、やはり政府が責任を持つて処置する、どうも国会で公式に議論することが必ずしも外交を進めるゆえんでもないように思う、こういうように思つて、なかなか開会の要求にも応じなかつた。しかし、アメリカへ参りまして帰つてくると、これは一日も早くその結果を国民に知らしたい、かように考えることにもなつたわけであります。したがいまして、先に召集をしたこと、これは私が出かける前にもうすでにただいまのような事態で、皆さん方もいろいろ心配しておられる、そこでどうしてもやはり早く国民に結果を知らすことが本筋ではないか、かように思つていたのであります。すぐ解散をしたからそれでけしからぬと、いまおしかりを受けても、これはどうもあのときの情勢では解散はやむを得ないように思っております。また解散後の国会、これは特別国会であるということは憲法できまっておりますから、その辺は手続上別に不都合はないんじゃないか、かように私は思っております。

○北山委員　総理は臨時国会のことを言っておられると思うのですが、臨時国会が十一月の二十九日から開かれた。これにも私は問題があると思うのですが、その十一月の二十九日、臨時国会が開かれておるときに、通常国会の召集の詔書が出たわけであります。それが十二月の二十七日に召集するという詔書が出た。そうしておいてその前に、いわゆる国会が召集される前に国会を解散したのでありますから、そこで、本年の常会は開催されない、召集されなかつた、こういう結果になつたと思うのでありますが、その点を確認しておきたいのであります。

○高辻正巳政府委員　憲法解釈に関連する問題でございますので、私から御説明をさせていただきます。御指摘のように、憲法の規定によりますと、憲法五十二条に常会の召集のことが規定してございます。「毎年一回これを召集する。」それからまた御存じのように、憲法の規定には、天皇の国事行為として、解散のことがございます。もとよりこれは内閣の助言と承認によってでございますが、解散のことがございます。

そこで、一つは常会の召集をしたこと、これはまあこの憲法の規定に従って常会があるという、このきわめて端的に事務的な観点から、開くことになつておる通常会を召集するような手続をしたわけでございます。ところが、いま御指摘のように、ただいまの憲法の規定に基づく解散行為ということがありましたために、その常会の召集行為は実際問題として昨年はなかつたわけでございますが、これは憲法がこの五十二条で規定しておりますのは、召集が可能な場合の規定でございまして、解散をされた場合には、先ほども総理がお話し申し上げましたように、特別会を召集するということになつておりますので、昨年の常会は召集されないで、この会期の特別会が召集されたということに相なるわけでございます。

○北山委員　しかし、政府がこれは決定して、まあ天皇の国事行為としてやるわけでありますが、一方においては、常会の召集を十二月二十七日にやるんだ、こういう行為をしておきながら、三日たつてすぐ解散をする、いわゆる召集する対象をなくしてしまう行為をしておるのでありますから、これはむしろその召集するという手続、その行為を撤回する、あるいは無効にするということに結果としてはなる。ですから、あらためて私は常会を召集すべきじやないか、そういうことが可能だと考えるのであります。それでなければおかしいじやないですか。それでないと、憲法第五十二条によつて召集するということは、ただ召集手続をすればいいというのではなくて、現実に常会が毎年一回開かれる。成立し、開会されるということを私は意味すると思うのです。召集の詔書を出しました。それだから憲法五十二条に適合している、こういうことにはならないと思うのです。私は、憲法第五十二条というのは、現実に毎年一回は常会が開かれるのだ、こういう規定だと思うのです。旧憲法では、いわゆる召集する行為と、国会が成立するあるいは開会するということを分けて考えておつたんですが、現在の憲法の召集は、現実にいわゆる十二月の二十七日なら二十七日に召集される、それがなかつたのでありますから、結局常会がなかつた。そこで、あらためて召集することができるわけです。これはすでに国会法の第二条の二に、総選挙後の特別会は、常会とあわせて召集することができると書いてある。そういう手続をすればいいのであつて、こういう措置をしたために、現実に本年の常会はなかつた。これは憲法第五十二条違反ではないか、どうですか。

○高辻政府委員　確かに憲法五十二条の常会を召集するというのは、召集詔書だけ出せばあとはどうでもいいというわけではむろんございませんでしよう。しかし、先ほど申し上げましたように、常会というのは年一回召集する。国会法の御引用もありましたが、これは十二月に召集するのを常例とするという規定がございます。通常、常会を召集することができる場合であれば、それは特別会と常会を召集して年一回の召集にこたえるということもありましようが、解散という行為がそのことによつて制限をされるかどうかという、逆にいえば、そういう問題になると思いますけれども、解散はやはり、先ほども申し上げましたとおりに、天皇の国事行為として、内閣の助言と承認による行為として行なわれるわけでございまして、それが行なわれれば、年一回の召集というものは当然できなくなる。これは憲法上そうなるということにならざるを得ないわけです。

そこで、国会法の規定を御引用のことでございますが、むろん、十二月にもしも特別国会を召集することになりますような事態になれば、それは常会とあわせて召集するということもありましょうが、翌年にわたつて――解散の時期に関連をして十二月中にこの特別会を召集することにならなかつたわけでございますから、今回の特別会だけを召集したということになるわけでございます。それは会期の点からいいましても、常会であれば百五十日は確保しなければなりませんが、この会期の点も必ずしも百五十日にとらわれないようなお考えがあつたように思いますが、それは常会を召集するということではなくて、やはり特別会を召集するというお考えに基づいてのことではなかつたかと思いますが、これはよけいな推測かもしれません。理屈はいま申し上げたとおりでございます。

○北山委員　私が聞いておるのは、憲法第五十二条で毎年一回常会を召集するというのは、現実に召集しなければならぬ、こういう意味だと思うのです。召集手続をしておいて解散したならば、召集した人も解散した人も同じなんですから、召集行為をしておきながら三日たつて解散するということは、もう召集を取り消したと同じことでありますから、総選挙後においてあらためて常会を召集すべきなんです。そのために国会法の第二条の二というのはあるのです。そうすれば、この特別国会が十二月の三十日に召集行為をされた、詔書が出たでしよう、あのときに、あわせて常会として召集したらよかつたんじやないですか。そのほうが合法的なんです。そうでないと、今度のは常会はなかつたということになるのです。これは憲法第五十二条違反ですよ、どうですか。

○高辻政府委員　当時この常会の召集についての憲法の規定があるために、解散はできないのではないかというような議論がございました、現に。しかし、その点は十分に検討の上、解散がその規定によつて制限を受けるというのはおかしい、やはり解散というものは国会の、衆議院の構成の基本に関することであるから、解散は、これはやることは妨げられない。解散をすれば、十二月中に国会を開くということができなくなりますから、そうなれば、そのときに常会が開かれるものであれば、御指摘のような特別会と常会をあわせて召集することもできますが、翌年にわたってのことでございますので、憲法の命ずるところに従い、特別会として召集をした。これは決して憲法に違反するということはあり得ないということだと思っております。

○北山委員　私は解散ができるとかできないとか言っているんじゃないですよ、現実に解散はしたんだから。したということは、自分で召集行為をしておきながら解散をしたんですから、取り消したと同じことですよ。そうして選挙後において常会を召集したらいいじゃないですか、特別会とあわせて。そのために国会法第二条の二があるのですから。ただ、その時期として、十二月中に召集することを常例とするというのですから、一月だってかまわないのですよ。わざわざ何も十一月の二十九日に常会の召集をするというのはおかしいのですよ、どだい。初めから腹の中では解散する気がまえでおりながら、わざわざその三日前に常会を召集するなんという行為が私は政治的に見ておかしいと思う。また、法律的に見ても、いま申し上げたとおり、憲法五十二条というのは、常会というのは毎年一回開くんだというたてまえ、これが五十二条なんだ。解散しようがしまいが――してからでもいいじゃないですか、開いたって。できるのですから。特別会と――特別会というのは常会とあわせて召集する。十二月の三十日に召集詔書を出したでしょう。そのときに、この国会は特別会であると同時に、常会であるということを書いて、そして召集すべきなんです。それが正しいやり方なんです。そうでないと、ことしは常会が開かれないことになって、憲法五十二条の違反になるんですよ。どうなんです。そのことを私は聞いているのです。解散できるとかできない、そんな議論じゃないのです。

○高辻政府委員　おつしゃる議論はよくわかります。十分にその点を検討したあげくのことで、ああいう措置を講じたわけでございますが、その理屈は、いま申し上げたとおりで、解散があれば、解散があつた後の国会は特別会だ。それがもしもその年に、十二月中に常会を開くような時期に一緒になれば、それは別でございますが、解散が行なわれれば、これは当然特別会が召集されなければならない。この規定に従つて今回の特別会を召集した。それから、前段の常会の召集詔書が出たが実際には行なわれなかつた。そのことはどうなるのかというような関連でのお尋ねもございましたが、それは確かに常会が召集されなかつた、されるに至るような事態ではなくなつたという意味では、詔書の効力はなくなつたということはむろんいえると思いますが、そのために詔書を出したからもうそれでいいのだと私は申し上げているわけではなくて、衆議院の構成の基本に関する解散というものがまず行なわれれば、その後は、憲法の五十二条だつたと思いますが、あの規定はそのままには動かない、こういう考え方をとつたわけでございます。これは十分に――いま御指摘の問題ではございますが、そのときにわれわれはむろん問題を十分に意識して検討の結果、いま申し上げた理由によつて措置をしたわけでございます。

○北山委員　憲法論を長々とやつていると時間がたちますので、私は問題はあとに留保いたします。ということは、やはり毎年一回常会を開かれるということを前提にしておるという証拠は、たとえば財政法の三十六条なり四十条で、次の常会において国会に提出をする、いわゆる予備費の調書あるいは決算ですね、これを次の常会にと書いているのですから、当然毎年一回は常会は開かれるということを財政法は前提にしているのです。憲法五十二条もそうなんです。いまのお話しのとおりに、解散行為によつて召集手続を無効にしたのですから、あらためて十二月の三十日に特別会を召集する行為をするときに、あわせて常会を召集すればよかつたのです。それが国会法第二条の二に、そのためにそういう法律があるのです。私はその私の考えが正しいと思つておりますが、問題は、非常に議論をたくさんしなければならない問題ですから、私は問題を留保しまして、先へ進みたいと思うのであります。

○学説

△新憲法概論　美濃部達吉（一三二頁）

「三　国会の会期

(ハ)　衆議院解散後の新国会は、解散せられた衆議院に代はるべきものとして新に総選挙に依り成立した衆議院を始めて召集するのであるから、解散後成るべく速に召集する必要が有る。旧憲法には解散の日より五カ月以内に召集すべきもの（四五条）と定められて居たが、新憲法は著しく其の期間を短縮して解散の日から四十日以内に総選挙を行ひ、総選挙の日から三十日以内に召集せねばならぬものと定めて居る（五四条）。それは臨時の必要に基づくのではなく憲法上の当然の必要とせられて居るのであるから勿論臨時会ではなく、従来普通に特別会と称せられた居る。若し其の召集の時期が毎年の常会召集の時期と一致して居れば、之を以て常会と為し、即ち新憲法第五十二条及び第五十四条に依り召集せらるる形式を取つても敢て違法ではない。従来の実例に於いては其の外に解散に因る総選挙の施行後臨時の必要ありとして短期間の臨時会を召集し、解散後の新議会としては別に之を召集しなかつた例が有るけれども、それは旧憲法の下に於いても適法とは認め難く、新憲法の下に於いても許されない所であると信ずる。」

△全訂日本国憲法　宮澤俊義著　芦部信喜補訂（四〇三頁～四〇五頁）

「(6)　本条によつて召集される国会の会期を、国会法は「特別会」と呼ぶ（国会法一条三項）。

明治憲法時代には、衆議院解散の後に行われる衆議院議員総選挙の後に召集される議会の会期について、成文法上別段の名称はなかつたが、慣行上これを特別議会と呼んでいた。国会法は、その例にならつて、これを「特別会」と呼ぶことにしたのであろう。

(イ)　ここにいう特別会は、その性質において、臨時会と同じと考えていい。衆議院が解散になり、衆議院議員の総選挙が行われたときは、臨時に国会を召集する必要のある場合と考えられる。ただこの場合は、臨時会の召集が本条により義務づけられている点に特色がある。

ここにいう特別会をもつて特に臨時会と性質を異にするものと見、これをそれとはちがつた名称で呼ぶことは、したがつて、かならずしも本条の要求するところではないと解される。明治憲法時代には、特別会については、常会の場合と同じように、召集の詔書を発するにつき何日前に公布しなければならないという制限があり、臨時会についてはその制限がなかつた点において、特別会と臨時会とを区別することに多少の意味があつたともいえるが、日本国憲法は、そういうことを要求せず、また、国会法もこの点について臨時会と特別会のあいだに区別をみとめていないから、本条によつて召集される国会の会期を特に特別会と呼ばず、臨時会と呼ぶことにしても、実際上は、少しもさしつかえないだろう。

(ロ)　明治憲法時代には、特別会を召集する前に臨時会を召集することができるか、が問題とされ、先例はこれを可能と解していた。しかし、現行法では、右にのべたように、臨時会と特別会のあいだになんらの区別がないから、特別会を召集する前に臨時会を召集することが必要になる場合は、問題になり得ない（急いで国会を召集する必要があれば、その特別会の召集を早めればいい）。

(ハ)　本条によつて召集される国会の会期は、常会であることが許されるか、または、本条によつて召集される国会の会期は常会を兼ねることができるか。

明治憲法時代には、衆議院解散の後、特別会を召集すべき時期がたまたま常会を召集すべき時期と一致する場合には、特別会と常会を別々に召集せずに、単一の会期を召集し、これに常会と特別会とを兼ねさせるのが例であつた。

本条についても、同様に解することができるであろう。本条の趣旨は、衆議院が解散され、新たに総選挙が行われ、最近の国民の意志がそれによつて明確に表示された以上は、ただちに新たに選出された衆議院議員を構成要素とする国会を召集することを要求するにあるから、そこで召集された国会の会期が常会の性質を併せもつことは、少しも本条の趣旨に反するところはない。さきにのべたように、常会といい、特別会といい、臨時会といい、国会としての権能には少しもちがいはないのであるから、本条の場合に、常会を召集すべき時期であるならば、常会と特別会とをあわせて召集すること、言葉をかえていえば、そこで召集される会期に特別会と常会との性質を兼ねさせることは、もちろん許されると解すべきであろう。

かように、本条によつて特別会を召集すべき時期がたまたま常会を召集すべき時期であるときは、特別会と常会とをあわせて召集する（その国会に両者の性質を兼ねさせる）ことができると解されるが、そう説明せずに、そういう場合には、常会だけを召集し、本条による特別会は召集しなくてもいい、と説明しても、まつたく同じことに帰する。」

△憲法　清宮四郎（一八〇頁）

「三　特別会　衆議院が解散されたのちに、憲法第五四条により召集される国会の会を、法律は「特別会」という（国会法一条三項）。衆議院の解散の日から四〇日以内に総選挙が行われ、その総選挙の日から三〇日以内に特別会が召集される（憲法五四条一項）。特別会は、解散後かならず召集されることを要するものであるから、臨時会と異なり、また、常会と異なることはいうまでもない。ただ、その召集の時期が、常会を召集すべき時期に相当するときは、常会と併せて召集することができる（国会法二条の二）。この場合は、憲法第五四条第一項及び同第五二条によつて召集される。特別会の会期の決定及び延長については、臨時会の場合と同様の規定がある（国会法一一〜一三条）。」

△憲法講話　佐藤達夫（一二九頁）

「特別会が、ちようど常会の召集期（一二月）に当るようなときは、常会と兼ねたものとして召集することができる（国会法二条の二）。この場合、その会期は常会によるべきことは当然である。」

△憲法要説　田上穰治（一六一頁）

「常会は、予算が毎年議決を要するために必要なのであつて、会計年度開始前、予算審議のために相当な余裕をおいて召集さるべきであるから、国会法は毎年十二月にこれを召集するのを常例としている。特別会は、衆議院解散の後四〇日以内に行われる総選挙の日から三〇日以内に召集されるもので、次の内閣総理大臣を指名するための国会である。特別会を召集すべきとき臨時会の必要がある場合にも、憲法第七条及び第五四条の特別会の形式で召集すれば足り、また常会を召集する時期と特別会の時期が一致すれば、憲法第七条および第五二条によつて常会を召集すれば足りる。けだし、これらの会期は、常会が国会法で一五〇日と定められるほかは、おのおの召集された会期において、両議院一致の議決で定めるのであり、会期の延長もまた常会を含めて一般に両議院の議決で定まり、さらに会期中における活動能力は会期の種類によつて異ならないからである。」

△憲法（ポケット註釈全書）　佐藤　功（三一一頁〜三一二頁）

「三　この国会を国会法では特別会と称する（国会法一Ⅲ・憲法上は単に「国会」とあり、常会及び臨時会のいずれでもない国会であるというより他はない）。特別会召集の詔書の文言は次のごとし。

日本国憲法第七条及び第四五条並びに国会第一条によつて、昭和　年　月　日に、国会の特別会を東京に召集する。

特別会召集の詔書の公布期日については期日の少くとも二〇日前という制限はない。従来の例は期日の一四日ないし一六日前に公布されている（衆議院先例集九）。

なおこの特別会と常会とを兼ねしめることもできる。また特別会の権能も常会と何ら異ならないことはいうまでもない。」

△ジユリスト　七八号（一九五五、三、一五）　奥野健一

「改正された国会法 ── 解説と問題点」（五頁）

「なお、第二条の二において、特別会は常会と併せて召集することができる旨規定したが、これは第二条で「常会は、毎年十二月中に召集するのを常例とする」と規定したので、憲法の規定による特別会の召集期限の最終日が十二月中又は十二月に近いときは、特別会を召集してまた直ぐ常会を召集するという手続の煩を避けるための規定である。なお、特別会と常会を併せて召集した場合においては会期は常会の会期によるものと解せられよう。」

△ジュリスト　二一六号（一九六〇、一二、一五）　長谷川喜博

「特別国会の性格」（四三頁）

「なお、今回は、具体的な問題にはならなかったが、この特別会は、国会法第二条の二の規定によって「常会と併せてこれを召集することができる」ことになっている。その場合、明文の規定はないが、あらためてその会期を議決する必要はなく、当然に、常会の会期（百五十日）によるべきであり、会期の延長も一回に限って許される（特別会の場合は、臨時会と同じに二回までその会期を延長することができる。国会法第一二条二項）ものと解すべきであろう。」

△時の法令　三六七号（昭三五、一〇、二三）

「特別国会と通常国会の競合（法令の話題）」（四二頁～四三頁）

「この記事が世間に出るころにはもう本ぎまりになっているであろうが、一〇月の中旬ころには、臨時国会（第三六回国会）が召集されることになっているようである（実際は、一〇月一七日召集）。そして、この臨時国会では、池田内閣の施政方針演説とこれに対する質疑応答が一応行なわれたのち、衆議院解散という段どりになることは、いまや世間の常識になっている。

憲法第五四条第一項によると、衆議院が解散されたときは、解散の日から四〇日以内に、衆議院議員の総選挙を行なわなければならないことになっているから、この総選挙は、おそらく一一月の下旬、二〇日から月末にかけての間に行なわれるであろうと、これまた予想されている。衆議院議員の総選挙が行なわれると、同じく憲法第五四条第一項

によつて、その選挙の日から三〇日以内に国会を召集しなければならない（国会法では、この総選挙後に召集される国会を「特別会」と呼んでいる。）（同法一条三項）ことになつているから、おそくとも一二月中旬には、これによつて特別（国）会を召集する必要が出てくるわけである。

ところで、憲法は、一方、第五二条で、「国会の常会は、毎年一回これを召集する。」と定め、国会法第二条は、これを受けて、「常会（通常国会のこと）は、毎年十二月中に召集するのを常例とする。」と定めている。

そこで、この一二月には、総選挙後の特別国会と、毎年の恒例の通常国会との二つの国会を召集しなければならないことになるわけである。もちろん、この場合、通常国会は、一二月中に召集すればいいのだから、一二月の中旬にまず特別国会を開き、首班指名、衆議院議長以下の役員の選挙等当面の必要問題だけを片づけて閉会し、次に、一二月三一日までに通常国会を開くという段どりにすることは可能であり、かつ、常道であろうが、国会法第二条の二は、こういう場合にそなえての便法として、「特別会は、常会と併せてこれを召集することができる。」と定めている。

つまり、一つの国会で、特別会の役割りと常会の役割りとをあわせ兼ねさせることを認めているのである。

憲法は、前にも示したように、総選挙後には三〇日以内に国会を開けといつているだけで、毎年一回の常会をもつてこれにあててはいけないとはいつていないのだから、かような国会法の定める便法も、別に違憲ということにはならないわけである。

ただ、こういう特別会兼常会の召集された例は新憲法になつてからはないから、もし、この一二月にこういう国会が召集されれば、はじめての例になるわけである。はじめての例であるから、いろいろ疑問の出てくる点もある。たとえば、国会の性格は、特別国会兼通常国会と両者併存なのか、それとも、通常国会であつて、特別国会の役割りをもあわせてもつものなのかということなどである。現行の国会法には、通常国会と特別国会では適用を異にする規定が若干あるだけにそういう問題が出てくるのである。

たとえば、会期について、特別会ならば、両院の議決できめる必要があるが（国会法一一条）、通常会については、法律で一五〇日と法定されている（同法一〇条）のであって、こういう国会の会期はどうなるのかということや、会期の延長回数が通常会なら一回、特別会なら二回までということ（同法一二条）などが出てくるのである。国会法の規定だけではちょっとはっきりしない点もあるが、結論からいうと、ものごとの性質上、こういう場合は、通常国会の規定によるということになるのがすじであろうかと思われる。」

△ジュリスト　七四号（一九五五、一、一五）　田上穣治

「特集・憲法改正問題(II)――国会制度」（一五頁）

「これに反して、憲法第五四条が衆議院の解散の場合にのみ特別会の召集を規定することは、狭きに過ぎる。衆議院議員の任期満了による総選挙の場合にも、既に内閣は総理大臣を指名した国会がその構成を一変したのであるから、当然に更迭すべきことは第七〇条の示す通りであって、臨時会を召集しない限り、次の常会に至るまで従来の内閣が存続することは、民主政の原理に反する。このほか第五四条で、総選挙を解散の日から四十日以内に行うものとすることは、従来の衆議院議員選挙法が三十日以内とあるより長く、また総選挙の日から三十日以内に特別会を召集すべきことは、国会法第一条で特別会召集の詔書の公布が二十日前たるを要しないことに徴すれば、短くする余地がある。衆議院の解散後は選挙管理内閣に過ぎないから、できる限り速かに特別会を召集して新な内閣総理大臣を指名しなければ、国民から遊離した従来の内閣がその間独裁政治を行う可能性が生ずる。この点で第五四条の定める期間を短縮しなければならない。」

第二条の三　衆議院議員の任期満了による総選挙が行われたときは、その任期が始まる日から三十日以内に臨時会を召集しなければならない。但し、その期間内に常会が召集された場合又はその期間が参議院議員の通常選挙を行うべき期間にかかる場合は、この限りでない。

参議院議員の通常選挙が行われたときは、その任期が始まる日から三十日以内に臨時会を召集しなければならない。但し、その期間内に常会若しくは特別会が召集された場合又はその期間が衆議院議員の任期満了による総選挙を行うべき期間にかかる場合は、この限りでない。

（第二八回国会　昭三三法六五号本条追加）

○制定趣旨・改正経過

《改正理由》（第二八回国会　昭三三法六五号本条追加）

衆議院議員の任期満了による総選挙の後は、内閣総理大臣の指名及び衆議院の構成を、また参議院議員の通常選挙の後は、同院の構成を完了する必要があるので、これらの場合に臨時会を召集すべき旨の規定を設けた。

（議会制度七十年史）

○関係法規

△日本国憲法

第五十三条　内閣は、国会の臨時会の召集を決定することができる。いずれかの議院の総議員の四分の一以上の要求があれば、内閣は、その召集を決定しなければならない。

第四十五条　衆議院議員の任期は、四年とする。但し、衆議院解散の場合には、その期間満了前に終了する。

第四十六条　参議院議員の任期は、六年とし、三年ごとに議員の半数を改選する。
第五十二条　国会の常会は、毎年一回これを召集する。
第五十四条第一項　衆議院が解散されたときは、解散の日から四十日以内に、衆議院議員の総選挙を行ひ、その選挙の日から三十日以内に、国会を召集しなければならない。

▲大日本帝国憲法

第三十四条　貴族院ハ貴族院令ノ定ムル所ニ依リ皇族華族及勅任セラレタル議員ヲ以テ組織ス
第三十五条　衆議院ハ選挙法ノ定ムル所ニ依リ公選セラレタル議員ヲ以テ組織ス
第四十三条　臨時緊急ノ必要アル場合ニ於テ常会ノ外臨時会ヲ召集スヘシ臨時会ノ会期ヲ定ムルハ勅命ニ依リ

▲衆議院議員選挙法

第七十八条　議員ノ任期ハ四年トシ総選挙ノ期日ヨリ之ヲ起算ス但シ議会開会中ニ任期終ルモ閉会ニ至ル迄在任ス

△国会法

第一条　（召集詔書）
第二条　（常会の召集）
第二条の二　（特別会・常会の併合）
第十条　（常会の会期）
第十一条　（臨時会・特別会の会期）
第十二条　（会期の延長）
第百三十三条　（期間の計算）

△公職選挙法

（総選挙）
第三十一条　衆議院議員の任期満了に因る総選挙は、議員の任期が終る日の前三十日以内に行う。
2　前項の規定により総選挙を行うべき期間が国会開会中又は国会閉会の日から三十日以内にかかる場合においては、その総選挙は、国会閉会の日から三十一日以後三十五日以内に行う。
（第三項及び第五項略）
4　総選挙の期日は、少くとも二十日前に公示しなければならない。
（通常選挙）
第三十二条　参議院議員の通常選挙は、議員の任期が終る日の前三十日以内に行う。
2　前項の規定により通常選挙を行うべき期間が参議院開会中又は参議院閉会の日から三十日以内にかかる場合においては、通常選挙は、参議院閉会の日から三十一日以後三十五日以内に行う。
3　通常選挙の期日は、少くとも二十三日前に公示しなければならない。
（衆議院議員の任期の起算）
第二百五十六条　衆議院議員の任期は、総選挙の期日から起算する。但し、任期満了に因る総選挙が衆議院議員の任期満了の日前に行われたときは、前任者の任期満了の日の翌日から起算する。
（参議院議員の任期の起算）
第二百五十七条　参議院議員の任期は、前の通常選挙による参議院議員の任期満了の日の翌日から起算する。但し、通常選挙が前の通常選挙による参議院議員の任期満了の日の翌日後に行われたときは、通常選挙の期日から起算する。

○先例

△衆議院先例集

一七　衆議院議員の任期満了による総選挙後、臨時会が召集される。

衆議院議員の任期満了による総選挙後には、国会法第二条の三（第二十八回国会における国会法の改正により追加された。）の規定により、その任期が始まる日から三十日以内に臨時会が召集される。

第七十八回（臨時）国会閉会後の昭和五十一年十二月九日に衆議院議員の任期が満限に達するため、同月五日に総選挙が施行され、この総選挙後、国会法第二条の三の規定により、第七十九回（臨時）国会が議員の任期開始の日（十二月十日）から十五日目の同月二十四日に召集された（十二月十七日召集詔書公布）。

なお、常会（第八十回国会）は、同月三十日に召集された（十二月十日召集詔書公布）。

一八　参議院議員の通常選挙後の臨時会は、任期が始まる日から三十日以内に召集される。

参議院議員の通常選挙後には、国会法第二条の三（第二十八回国会における国会法の改正により追加された。）の規定により、その任期が始まる日から三十日以内に臨時会が召集される。

△参議院先例録

六　衆議院議員の任期満了による総選挙後の臨時会は、その任期の始まる日から三十日以内に召集される

七　参議院議員の通常選挙後の臨時会は、その任期が始まる日から三十日以内に召集される

〔参考〕

▲衆議院先例集（昭和三十年二月版）

七八　議員の任期は、総選挙の期日から起算する。

○会議録抜粋

△第三八回国会閉会中　昭三六、七、四

衆議院議院運営委員会国会法等改正関係委員研究会（第三回）速記録（六頁～七頁、四七頁）

○黒田覚君（東京都立大学教授）　……いろいろな意味で会期不継続という観念はだんだん相対化されてきておる。とすると、会期という問題をもう少しゆとりを持って考えてみることができるのじゃないか、こういう点が一つの問題点であります。たとえば、現在の国会法の中には、必ず召集しなければならない臨時会というものをお考えになっておりますが、ああいう問題も、憲法、国会法で臨時会、特別会というものをあまり厳重に区別なさつた結果、ああいう形になつた。臨時会というものは、憲法では、内閣が召集を決定するか、あるいは議院側の要請に基づいて召集を決定しなければならない、こういうことになっておりますが、議員の任期満了後の総選挙に基づくあとの国会ですとか、あるいは参議院の通常選挙後の国会ですとか、そういうものを必ず召集しなければならないということは、今までの臨時会の概念にははまらないものですが、しかし、どうしてもほかに持っていきようがないものですから、臨時会という名前をおつけになる、こういうことになるので、もう少しゆとりを持って考えてみる点がたくさんあるのじゃないかというふうに思います。言いかえますと、現在の日本の会期制度というものは非常に十九世紀的である、こう申し上げることができるように考えます。（六頁〜七頁）

○田上穣治君（一橋大学教授）　……参議院におきまして通常選挙があつた、その場合には、憲法の規定では特別会と申せませんから、そこで勢い臨時会ということになっておりますが、通常選挙後三十日以内に臨時会を召集しなければならないという建前になっております。これが、臨時会につきまして、いつまでにという定義をしておるものだと考えられると思いますが、この場合は、衆議院の議員の任期満了による総選挙の場合とは少し事情が違うのでございまして、衆議院議員の方の任期満了による総選挙の場合でありますと、これは当然にその内閣の存立の基礎が示されて、そして、次の新しい内閣総理大臣をできるだけすみやかに指名しなければならない。だから、これは、本来特別会の場合が類推されるのでございます。ところが、そうではなしに、参議院の通常選挙の場合では、そういうような、それほどまでの必要はないけれども、参議院の組織が新しくなつて、議長その他が選挙されることになります

から、そういう意味において臨時会を召集する必要がかなり明確である。（四七頁）

△憲法調査会第二委員会第五回会議議事録

昭三四、三、二五（四頁～五頁、三〇頁～三一頁）

○西澤哲四郎参考人（衆議院法制局長）……、第二十八回国会で第二条の三という規定を加えまして、そうして、衆議院議員の任期満了による総選挙または参議院議員の通常選挙があった後は三十日以内に臨時会を召集しなければならないという規定を設けたのであります。この臨時会の召集を義務づけた意味につきましてはこれは衆議院議員の場合と参議院議員の場合とはちょっとニュアンスが違っているように思います。それは衆議院議員の場合におきましては、御承知のように憲法の七十条の規定によりまして、衆議院の総選挙が行なわれたときは内閣は総辞職しなければならないという規定がございます。その意味からいって、新しい国民の意思表示のあった衆議院議員の総選挙の直後に臨時国会が開かれて、そうしてその意思によって内閣総理大臣が選ばれるということは、これは憲法の条章から考えても好ましいことであり、またその必要もあるのではないかと考えられるのでありますが、参議院の場合には憲法上のそういったことはないわけでありまして、これはいつに参議院における構成を早くするためにこの規定が設けられたと考えられます。つまりニュアンスは全然違っているものだというふうに理解いたしております。

（四頁～五頁）

……………………………………………………………………………………

○大西邦敏委員　それから憲法の五十四条の場合、すなわち衆議院の解散による総選挙後、開かれる国会は特別会という。ところが衆議院議員の任期満了による総選挙後、行われる国会の集会は、国会法の第二条の三によりますと、臨時会という名称がつけられているのですが、これは国会法の改正の場合に、その場合も特別会としたらどうかというような、名称は問題にならなかったのですか。

○西澤参考人　前者は憲法の規定があるのであり、昔からの特別会という言葉を他の意味に使うことには、問題もあるのです。

○大西委員　そうですか。それでは、もしも憲法に任期満了後の総選挙後も三十日以内に国会を召集しなければならぬという規定が、仮りにあるとすれば、その場合は特別会という名称を用いてもよいということですか。

○西澤参考人　その場合はそういうことですね。（三〇頁〜三一頁）

△憲法調査会第二委員会第九回会議議事録

昭三四、七、二二（二九頁〜三〇頁）

○廣瀬久忠委員　……。それからもう一つは、僕はこういう考えを持っておるんですが、今度の国会でもそうですが、参議院の通常選挙をやつた。それで参議院の構成をどうしてもきめ直さなければならない。通常選挙をやつたんですが、半分改選。これはどうしても参議院は国会を開いてもらわなければ、議長もきめられないし、その他常任委員長もきめられない。これはどうしても参議院は開かなければならない。しかしこのために衆議院まで開くということは、まあ必要のある場合もあるし、必要のない場合もある。

私は参議院の半数改選ということは、たとえ将来どんな改正があつても行われると思うのだが、今まで私はどうも参議院の通常選挙があつたときは、衆議院とは関係なく、憲法の上に自律国会を参議院だけでとれるという制度が必要だと思うのですが、そうしたら衆議院と独立にやれる。そうして参議院はそのときに議長その他の構成だけをきめる。自分だけのことをきめるということは、自律的にやれるようにするのが、ほんとうに妥当性があるんじやないか。今度の国会でも衆議院の方はまあ常任委員なんか動かしたけれども、必要最小限度から言えば、通常選挙をやつた参議院の自律国会というものを召集できれば非常に都合がいいと思うのです。

△憲法調査会第二委員会第十回会議議事録

昭三四、九、二三（一〇頁〜一一頁）

○海保勇三参考人（参議院議事部長）　………。次に第四番目といたしまして、参議院議員の通常選挙後に召集される臨時国会について申し上げます。
参議院議員の通常選挙後の臨時会召集につきましては、昭和三十三年四月、第二十八回国会において国会法の一部改正により立法的に解決をみたのでありますが、その趣旨といたしますところは、参議院議員の半数もの議員が改選された暁におきましては、可及的速かに参議院の構成を完了すべきであるとの考え方に基くものであります。

既に充分御存知の如く、衆議院の解散による総選挙後の国会召集については憲法第五十四条に規定がございますが、同じ衆議院議員の任期満了による総選挙後の国会召集及び参議院議員の半数の任期満了による通常選挙後の国会召集については、従来、憲法、国会法を通じて何ら規定するところがなかつたのであります。

改正前におきます過去四回の参議院議員の通常選挙と国会召集との関係についてみますと、第一回通常選挙の昭和二十二年と第三回通常選挙の昭和二十八年は何れも特別会が召集されました結果特段に問題はありませんが、第二回通常選挙の昭和二十五年は、選挙が六月四日で臨時会召集は三十八日後の七月十二日でございます。また、第四回通常選挙の昭和三十一年は、選挙が七月八日で臨時会召集は百二十七日後の十一月十二日でございます。

新たに設けました参議院議員の通常選挙後の臨時会召集義務に関する国会法第二条の三第二項の事例といたしましては、本年五月二日を以て任期満了となつた半数の参議院議員についての通常選挙に関するものがあります。この選挙は六月二日に行われましたが、規定によりますと、「参議院議員の通常選挙が行われたときは、その任期が始まる日から三十日以内に臨時会を召集しなければならない。（以下略します）」となつておりまして、公職選挙法第二百五十七条但書により任期開始日は六月二日ですから、それから二十日後の二十二日に臨時会が召集されたのであります。

（会期は七月三日まで十二日間であつた）

……………………………………………………………………………………………………

この度の臨時会が右の様な内容であつたことは只今申し上げた通りでございますが、国会法第二条の三第二項による臨時会が召集された国会が、他の臨時会、特別会及び常会と国会としての権能において変るものではないことは申すまでもありません。

……………………………………………………………………

○学説

△時の法令（法令の話題）　三一九号（昭三四、七、一三）

参議院議員の通常選挙後に召集される国会（四五頁〜四七頁）

――国会法第二条の三について――

「参議院議員の半数改選を行ういわゆる参議院議員の通常選挙は、去る六月二日に行われたが、この選挙に引き続いて、六月二十二日には臨時国会が召集される。この臨時国会は、いかなる根拠に基いて召集されるものか。

国会法をみると、第二条の三第三項に、「参議院議員の通常選挙が行われたときは、その任期が始まる日から三十日以内に臨時会を召集しなければならない。但し、その期間内に常会若しくは特別会が召集された場合又はその期間が衆議院議員の任期満了による総選挙を行うべき期間にかかる場合は、この限りでない。」という規定があり、今度の臨時国会は、この第二条の三第二項本文の規定に基いて召集されたのである。

この第二条の三という規定は、昨昭和三三年の第二九回通常国会で成立した国会法の一部を改正する法律（昭和三三年法律第六五号）によつて挿入されたものであつて、二項に分かれており、その第二項は前掲のとおりのものであるが、第一項は、「衆議院議員の任期満了による総選挙が行われたときは、その任期が始まる日から三十日以内に臨時会を召集しなければならない。但し、その期間内に常会が召集された場合又はその期間が参議院議員の通常選挙を行うべき期間にかかる場合は、この限りでない。」という、参議院議員の任期満了による総選挙後の臨時国会の召集に関するものである。

この第二条の三の規定はもとはなかつたものであるが、これが挿入されるに至つた理由、特に、そのうちの第二項の参議院議員の通常選挙終了後の臨時国会の召集に関する規定が設けられるに至つた理由は、この前の参議院議員の通常選挙、すなわち、昭和三一年の通常選挙のさいの経験によるものである。

すなわち、このときは、七月上旬に選挙が行われたが、その選挙後、しばしば参議院側から半数改選に伴う院の構成の欠陥を補充するために早期臨時国会を召集してもらいたいという要望があつたにかかわらず、政府は、政局の都合もあつて、なかなか国会を召集せず、とうとう、次の国会（第二五回臨時国会）の召集は、一一月になつたが、この間、参議院は、院の構成がきまらず、半身不随の状態のままでおかれ、委員会の閉会中審査もできず、非常に困つたという事情があつたので（参議院議員の通常選挙は、その前に昭和二五年と二八年に行われているが、二八年は衆議院解散による総選挙がほとんど同時にあつたので、通常選挙後間もなく特別国会が召集されており、二五年のさいは、当時の占領軍当局の要請で、選挙後間もなく臨時国会が召集されたので、ともに、三一年のような問題は起らなかつたのである。）、これにかんがみ、昨三三年の国会法の改正で、はじめに掲げたような参議院議員の通常選挙があつた場合の臨時国会の召集の規定および、これとの権衡上、衆議院議員の任期満了による総選挙があつた場合の臨時国会召集の規定を入れることになつたわけである。

憲法には、第五二条から第五四条までに国会召集のことが規定されているが、これによると、常会（通常国会）は毎年一回召集すべきこと、衆議院の解散があつたときは総選挙後三〇日以内に国会（これは、特別国会といわれている。）を召集すべきこと、および内閣は臨時会（臨時国会）の召集を決定できることの三つのことがうたわれているだけで、衆議院議員の任期満了による総選挙および参議院議員の半数の任期満了による通常選挙の後に国会を召集すべきかどうかの点については全然規定されていない。

そこで、前述のような国会法第二条の三の規定が設けられるに至つたわけであるが、さて別の面からみると、憲法第七条第二号は、国会の召集を、内閣の助言と承認によつて行う天皇の国事行為の一つとしており、また、第五三条は、臨時国会の召集の決定を内閣の権限としているのに、国会法という法律で、一定の場合には、一定の期間内に、臨時国会を召集しなければならないとして、この内閣の権限のわくをしばつてしまうのは、はたして憲法の規定の趣旨に適合するものだろうかどうだろうかという疑いを生ずる余地がないわけではないが（憲法第五三条後段は、衆参いずれかの議院の総議員の四分の一以上の要求があれば、内閣は、臨時会の召集を決定しなければならない旨を規定しているが、この要求に基いて臨時会をいつ召集すべきかは、内閣がみずからの判断で決定できるものと解釈されている。一時、その場合における召集の時期のわくを国会法でかぶせるようにしたらどうかという論があつたが、それは、憲法の趣旨からみて必ずしも適当ではなかろうとして、見送られたいきさつがある。こういういきさつとの対比において若干問題点があるわけである。）、この国会法第二条の三で規定されているような事態の場合は、両院とも、それぞれ院の構成をはつきりきめなければ、折角選挙は行われても、半身不随の状態にあるわけであり、憲法にこの場合の規定がないのはむしろその不備というべきであるから、内閣が相当の期間内に臨時国会を召集するよう法律で義務づけても、そこには合理的理由があり、あえて違憲というほどのことはあるまいということで、この規定が設けられることになつたもののようである。

そこで、参議院議員の通常選挙が終れば、この国会法第二条の三第二項本文の規定に従つて、臨時国会を召集しなければならないわけであるが（今回は、近く通常国会や特別国会を召集するような事態にはなく、衆議院議員の任期満了ということもないから、同条ただし書の召集免除の規定の適用がないことはいうまでもない。）、その召集期限は、前掲の条文によると、参議院議員の任期開始の日から三〇日以内というわけである。ところで、今度改選された参議院議員の任期は、公職選挙法第二五七条ただし書の規定によつて、通常選挙の日の六月二日から起算されるから、六月二日から計算して三〇日以内、つまり七月一日までに召集しなければならないことになる。そこで、準備の都合等を考えて、六月二二日という日が出てきたわけである。

なお、この臨時国会は、右に説明した国会法第二条の三の規定の立法趣旨からいつて、参議院の院の構成に欠陥を生じた点を補足するという点が主であるわけであるが（今度の臨時国会は、その意味で会期もきわめて短期間の予定になつている。）、もちろん、法律上、審議事項がそれに限定されるわけではなく、いかなる議案を提出し、また、いかなる案件を審査してもよいわけで、そこに一般の臨時国会とちがつた何らかの制限があるわけではない。」

△註解日本国憲法　法学協会（七六五頁、七七〇頁）

「(1)「任期」とは、字義通りには、議員としての資格を有する期間であるが、本条の解釈としては、各個の議員の任期を意味するのでなく、全体としての衆議院議員の任期を意味するものであると考えられる。即ちわが国法はすでに憲法が「総選挙」なる概念を用い（七条・五四条・七〇条・七九条）、選挙法によつて、議員の全部交替制なることを明らかにしている。従つて任期の終始は各議員について同一であつて、四年の任期は全体としての衆議院議員の任期であり、諸外国の立法例にある「選挙期間」とその意味を同じくする。故に、その期間中ある議員が欠けて補欠議員となつた者は、当然前任者の残任期間のみ在任する（公職選挙法二六〇条）のであり、本条によつて四年の任期を得るのではない。

(2)　本条は四年の任期を憲法上に定めた。従つて前掲旧衆議院議員選挙法第七八条の任期を四年とする規定は不要となり改正され（昭和二二法律四三）、公職選挙法には何等の規定もない。また憲法上四年と定められているのであるから、旧憲法下で行われた法律による議員の任期の延長（昭和一六法律四）は認められず、また前掲旧衆議院議員選挙法第七八条但書のごとき規定は許されない。……　（七六五頁）

(1)　任期の意義は前条に述べたところと同様である。従つて六年の任期は、半数交替の制をとつているから、半数の議員の全体についての定であつて、その各議員の任期の終始は同一であり、個々の議員が欠けた場合の補欠議員は、前任者の残任期間在任することになる（公職選挙法二六〇条）。

(2)　半数改選の選挙を通常選挙と言い、原則として議員の任期終了日の前三〇日以内に行われる（同法三二条）。任期は、前の通常選挙による議員の任期満了日の翌日から起算されるが、通常選挙が前の通常選挙による議員の任期満了日の翌日後に行われたときは、通常選挙の期日から起算される（同法二五七条）。但し、第一期の参議院議員については、本憲法施行の日から起算されることとされた（旧参議院議員選挙法附則一二条、公職選挙法の施行及びこれに伴う関係法律の整理等に関する法律一二条二項）

(3)　本条は半数改選の制をとるので、第一期の議員のうち半数の任期を三年にする必要が生ずるが、これは六年の憲法上の任期の特例になるので、憲法自身によつて定められた（憲法補則一〇二条）。従つて第一回の通常選挙は、任期六年の議員と任期三年の議員とを合併して行われ（旧参議院議員選挙法附則一〇条）、得票の多い者を任期六年の議員と定めた（同法五六条二項。なお公職選挙法一一五条二項三項参照）。………（七七〇頁）

△全訂日本国憲法　宮澤俊義著　芦部信喜補訂（三六四頁、三六七頁）

(2)　「任期」とは、公務員（または、一般職員）に就任した者がその任にある一定のかぎられた期間をいう。議会の議員はすべてかような任期を有する。そして、任期満了とともに議員たる地位を失う。（三六四頁）

(5)　……………………………………………………………………………

明治憲法時代は、憲法では衆議院議員の任期を定めず、これを法律にゆずり、法律がそれを定めたから、したがつて、法律でこれを変えることも可能だとされた。現に一九四一年（昭和一六年）には、法律によつて在任中の衆議院議員の任期を延長したこともあり（昭和一六年法四号）、また、当時の衆議院議員選挙法は、議会開会中に衆議院議員の任期が終わる場合には、その議会閉会までその任期が延びるものとしていた（同法七八条）。

これに反して、日本国憲法では、四年という衆議院議員の任期を憲法で定めたのであるから、明治憲法時代のように、法律でその長さを変更することは許されないと解される。したがつて、今日は、国会開会中に任期が満了するからといつて、法律で、その会期終了まで任期を延ばすと定めることは許されない。また、法律により、または国会の議決によつて、もしくは、衆議院の議決によつて衆議院を解散することができるという説があるが（七条(13)を見よ）、それは、憲法で定めた衆議院議員の任期を、憲法の定めている手続以外の手続によつて、短縮することにほかならないという意味でも、おそらく本条に違反するというべきであろう。」（三六七頁）

△**憲法**　清宮四郎（一七一頁）

「　第三款　議員の任期

国会議員の任期とは、議員が議員として在任することができる、あらかじめ限られた、一定の期間をいう。衆議院議員の任期は四年で、解散によつて短縮され、参議院議員の任期は六年で、議員は三年ごとに半数改選されることが、憲法によつて規定されていることは、さきに述べた通りである。衆議院議員の任期は、原則として、総選挙の期日から起算し（公職選挙法二五六条）、参議院議員の任期は、前の通常選挙による議員の任期満了の日の翌日から起算する（公職選挙法二五七条）。議員の任期は、各個の議員について個別的に終始するのではなく、衆議院議員のそれは半数の議員について、同時に始まり、同時に終るとするのが憲法の趣旨である。したがつて、この意を受けて、補欠議員は、その前任者の残任期間だけ在任することになつている（公職選挙法二六〇条一項）。」

△**憲法**（ポケット註釈全書）　佐藤　功（二八三頁〜二八四頁）

「一　任期とはいうまでもなく議員としての地位・資格を有する期間であるが、ここで衆議院議員の任期が四年（四年と定めたことには特別の理由はないというべきであろう。諸国の下院の任期に四年というのが比較的に多く、また旧衆議院議員の任期も四年であつたのを踏襲したものといい得る）であるということは、各個の議員についてその任期が四年であるということを意味するのではなく、およそ制度上、衆議院議員は四年の任期を有するものであることを意味する。従つてその期間中において補欠議員となつた者はその議員となつたときから四年の任期が始まるのではなく当然、前任議員の残任期間のみ在任することとなる（公選二六〇）。更に、いうまでもなく、任期が満了した場合に新たに四年の任期中在任する議員を創造することが総選挙（七・五四・七〇・七九）なのであるから、任期が四年であるということは四年ごとに総選挙が行われねばならぬことを意味する（すなわち、「衆議院議員は四年ごとに選挙される」と規定することと同じ）。

なお衆議院議員の任期は総選挙の期日から起算する。ただし任期満了による総選挙が議員の任期満了の日前に行われたときは前任者の任期満了の日の翌日から起算する（公選二五六・三一。また議員の歳費についても選挙の行われた当月分から支給する。「国会議員の歳費、旅費及び手当等に関する法律」三参照）。

二　衆議院の解散とは本来、任期前に衆議院議員の地位を失わしめること（制度としての衆議院は解散によつてもとより消滅するのではないがその構成員を失うことになる）なのであるから、解散によつて衆議院議員の任期がその満了前に終了することは規定を要しない当然のことである。

任期はもとより国会の会期中に満了する場合もあり、会期外に満了することもある。特に常会の会期中に任期が満限に達することがあることを予想して（臨時会の会期中にも同様のことがあり得ることはもとよりである）、国会法は常会を毎年一二月上旬に召集することを常例とし（二）、ただしその会期中に議員の任期が満限に達する場合にはその満限の日を以て会期は終了する（一〇）と定めている（昭和三〇法三による改正以前においては二条で「常会は毎年一二月上旬に召集する。ただしその会期中に議員の任期が満限に達しないように召集しなければならない」と定めていた。五二条註二参照）。」

△ジュリスト　七四号（昭三〇、一、一五）　田上穰治

「特集・憲法改正問題 ― 国会制度」（一五頁）

「憲法第五四条が衆議院の解散の場合にのみ特別会の召集を規定することは、狭きに過ぎる。衆議院議員の任期満了による総選挙の場合にもすでに総理大臣を指名した国会がその構成を一変したのであるから、内閣は当然に更迭すべきことは第七〇条の示す通りであつて、臨時会を召集しない限り、次の常会に至るまで従来の内閣が存続することは、民主政の原理に反する。」

△日本法学　第三四巻第四号（昭四四、二、二五）　松沢浩一

「国会法の改正過程と問題点」（一一七頁～一一九頁）

「㈡　臨時会召集の特例

衆議院の解散による総選挙後の特別会の召集については、憲法第五四条第一項にその規定があるが、衆議院議員の任期満了によつて総選挙が行なわれても、その後の国会召集に関しては憲法は何等定めるところがない。総選挙及び総選挙後の内閣総辞職、首班指名等を行なうことについては彼此相異るところがないにもかかわらず、一は三〇日以内の国会召集が定められ、他は何等規定されるところがないのは適当ではないとして、第七次改正において現行第二条の三の規定が設けられた。すなわち、衆議院議員の任期満了による総選挙が行なわれたときは、その任期の始まる日から三〇日以内に臨時会を召集すべきものとし、また参議院議員の通常選挙が行なわれたときも同様とした。

この規定は、衆議院の場合よりも参議院の場合により多く機能を発揮するものと考えられる。すなわち、衆議院議員の任期満了による総選挙は現行憲法下においてその例がなく、また実際にも、任期満了を近くにひかえたときは、おそらく任期の終ることをまたずにその以前に解散が行なわれると考える方が、政治の実態に近いものであろうからである。しかるに参議院議員については、時の政治情勢にかかわりなく、必ず三年ごとに議員の半数を改選する

ための通常選挙が行なわれるが、衆議院の場合のように政権の移動を伴うことになるというものではないから、ある通常選挙において各政党間で重大な政策の争いがなされているというような、特殊な場合は別として、必ず国会を召集しなければならぬという必要があるとは限らぬのである。したがつてもし本条の規定がなければ、通常選挙において国政に重大な影響を及ぼすような結果が表われたとしても、直ちにそれを国政に生かして行く途を閉ざした状況に放置することになり、議会制民主々義における選挙の意義と機能を大巾に減殺することになるわけである。通常選挙後における国会は、新内閣の組織という国政の根本に関係するような目的を持つものではないが、しかし通常選挙がいわゆる中間選挙的性格を持つものであり、そこに表わされた民意が速やかに国政に反映され、国政の方向を修正する必要があれば直ちに修正される等、表明された国民の意思に基づく国政の運用が図られねばならぬという点において、総選挙の場合と少しも異るところはない筈なのである。その意味で、通常選挙後の臨時会召集を内閣の裁量に委ねることなく、明確に法定したことは重要な意味を持つといえよう。

さらにはまた、より実際的な問題として考えた場合に、本条がなければ、参議院は半数の議員の改選を終えても、時には議員の任期が満了した議長・副議長がその地位を失ない、その後任を選挙し得ないまま、そして常に新しく選出された議員は常任委員にも選任されぬまま、次の国会が召集されるまでの間、その期間の長短は別として、議院としての機能を果すために必要な組織を持たないでいなければならぬことになる。近時の国会は、閉会中の審査調査がごく普通のこととなり、また他の国家機関や外国議会との交渉等、閉会中の場合は限られているとはいいながらいわば常時活動する状態にあるから、右のような事態はそうした実情に即したものではないといいうるのである。事実、昭和三一年七月八日に施行された第四回通常選挙のときは、その後に続く第二五回国会が同年一一月一二日に召集されたので、通常選挙からその後の国会召集まで約四ケ月の期間があり、その間新議員は閉会中における審査等の議院活動に参加することができなかつたのである。」

△ジュリスト　二四一号（一九六二、一、一）　小島和司

「憲法改正の問題点 ― 第四章　国会」（六八頁〜六九頁）

「(3)　議員の任期は、現行のままでよいか」

衆議院議員の任期については、現行維持説（多数）のほか、二年説（亀井勝一郎・文芸春秋二九・八）、五年説（大西・講演七五八号）がある。二年説の根拠は屢々選挙をおこない民意との一致を常に確保しようというにあるが、しかし、これをあまりに短くすることは議員活動をして選挙目当てのみに狂奔せしむる弊なしとしない。のみならず、衆議院議員総選挙の度に内閣の総辞職を要求する現行制度のもとでは、それは不要な政権不安定をもたらし、長期計画を不能とするおそれとともに実質的な官僚支配を帰結するであろう。解散制度さえ適当に活用されるならば、世論との遊離の弊は或る程度是正される筈で、賛成できない。五年説に対しては、いまこの任期を一年延長することによつて、どのような好結果がもたらされるのであろうか。これを詳らかにすることが出来ないので、何とも答えがたい。

衆議院の解散権については、現行憲法の規定に欠缺があるというのが筆者年来の持論である（公法研究七号、法セ四五号、同旨、田中二郎・法協六七巻一号、佐藤功・時法一二一号）。これは明確にされるを要するが、この場合注意すべきは、これは「国民による」政治実現の一方法として構想すべきことである。したがつて、内閣に無制限な解散権をみとむべきかにも問題があるし、また、衆議院意思による解散（入江俊郎・法時二二巻二号、中村哲・国会）や国民意思による解散（同上）制度をも検討すべきであろう。

参議院議員の任期については、三年説（金森徳次郎・文芸春秋二九・八）、四年説（鵜飼、牧野、入江、改進党案・読売二九・九・一四、広瀬久忠・時法一六九号）、五年説（土橋、憲法研究会・自主憲法試案）、衆議院議員と同任期説（大西・講演）と、その短縮説が圧倒的に多い。けれども、これらの諸論は、現行両院制について前述の

ような把握を前提とするより、参議院もまた平凡に「国会の一院」たることを前提としての提言にすぎない。筆者は、ここでの審議は可能なかぎり選挙への思惑を避けることが必要とおもう。その意味では、これが選挙ぎらいの人の活動場所、老練政治家の最後の御奉公場所となることなど望ましいありかたで、これを期待しつつ、あえて現行またはその延長を支持したい。

……………………………………………………

特別会に関連しては、興味ぶかい提言（田上）がある。衆議院議員総選挙後初めて召集される会期は、内閣の総辞職、新首相の指名が要求される点で、現行政治制度下、第一級に重要な政治的役割をはたすものである。けれども、この会期の召集について、憲法は、衆議院解散による総選挙後のもののみ「三十日以内」と期日を指定して、衆議院議員任期満了による総選挙後のものについては期日の指定がない。これは如何にも均衡を失する。後者についても期日を指定して特別会召集を義務づけるべきであるというのが提案の趣旨である。これは、憲法の定める政治機構原理（小島・法時二五巻一二号参照）を厳格に貫くもので、現憲法の欠陥を指示した卓見である。」

第三条　臨時会の召集の決定を要求するには、いずれかの議院の総議員の四分の一以上の議員が連名で、議長を経由して内閣に要求書を提出しなければならない。

○制定趣旨・改正経過

（制定趣旨）

本条は、憲法第五十三条の臨時議会召集要求の手続きを規定したもので、その手続きとしては、書面で議長を経由して内閣に要求することを定めたものであります。

（国会法と旧議院法との比較対照）

○関係法規

△日本国憲法

第五十三条　内閣は、国会の臨時会の召集を決定することができる。いづれかの議院の総議員の四分の一以上の要求があれば、内閣は、その召集を決定しなければならない。

▲大日本帝国憲法

第四十三条　臨時緊急ノ必要アル場合ニ於テ常会ノ外臨時会ヲ召集スヘシ

臨時会ノ会期ヲ定ムルハ勅命ニ依ル

△国会法

第一条　（召集詔書）

第二条の三　（任期満了による選挙後の臨時会の召集）

〔参考〕

△地方自治法

第百一条第一項　普通地方公共団体の議会は、普通地方公共団体の長がこれを招集する。議員定数の四分の一以上の者から会議に付議すべき事件を示して臨時会の招集の請求があるときは、当該普通地方公共団体の長は、これを招集しなければならない。

第百二条
3　臨時会は、必要がある場合において、その事件に限りこれを招集する。
4　臨時会に付議すべき事件は、普通地方公共団体の長が予めこれを告示しなければならない。
5　臨時会の開会中に急施を要する事件があるときは、前二項の規定にかかわらず、直ちにこれを会議に付議することができる。
（第一項、第二項及び第六項省略）

○先例

△衆議院先例集

一九　議院の総議員の四分の一以上の要求又は内閣の必要に基づき、臨時会が召集される。
いずれかの議院の総議員の四分の一以上の要求又は内閣の必要に基づいて、臨時会が召集される。

なお、議院の総議員の四分の一以上から臨時会の召集を要求し、内閣が臨時会の召集を決定したときは、内閣総理大臣からその旨を議長宛に通知し、また、内閣官房長官からその旨を臨時会の召集を要求した議員の代表者宛に通知するのが例である。


二〇　臨時会召集要求書は、即日内閣に送付するのを例とする。

本院の総議員の四分の一以上の議員から、内閣総理大臣宛の臨時会召集要求書が提出されたときは、議長は、即日これを内閣に送付するのが例である。ただし、第二回国会閉会中及び第五回（特別）国会閉会中には翌日に送付した。

また、臨時会に付議すべき案件等の補充書が提出されたときも、議長は、即日これを内閣に送付する。

なお、これらの場合、その旨を事務総長から参議院事務総長に通知する。

△参議院先例録

八　議員の要求に基づき臨時会が召集された例

参議院又は衆議院の総議員の四分の一以上の議員から議長を経由して内閣に臨時会の召集を要求したときは、内閣は、その召集を決定することを要する。

議員の要求に基づき内閣が召集を決定した臨時会は、次のとおりである。

㈠　参議院議員及び衆議院議員の双方の要求に基づくもの（二十回）

第六回国会、第九回国会、第十一回国会、第二十回国会、第二十五回国会、第二十七回国会、第三十回国会、第三十三回国会、第三十六回国会、第三十九回国会、第四十二回国会、第四十四回国会、第四十七回国会、第五十三回国会、第五十七回国会、第六十回国会、第六十二回国会、第六十四回国会、第七十回国会、第七十四回国会

㈡　衆議院議員のみの要求に基づくもの（五回）

第三回国会、第十七回国会、第十八回国会、第二十三回国会、第八十三回国会

（注）　議員の要求によらないで召集された臨時会（国会法第二条の三に基づくものを除く）は、第八回国会、第十二回国会、第三十五回国会、第五十回国会、第五十二回国会、第五十六回国会、第六十七回国会、第六十九回国会、第七十六回国会、第七十八回国会及び第八十二回国会の十一回である。

九　臨時会召集要求の手続に関する例

議員が臨時会の召集要求をするには、召集要求の理由を記し、議院の総議員の四分の一以上の議員が連名（代表者は記名押印）で提出するのを例とする。

臨時会召集要求書が提出されたときは、議長は、即日、これを内閣に送付する。なお、事務総長は、その旨を衆議院事務総長に通知する。

臨時会召集の要求に基づき内閣が臨時会の召集を決定したときは、即日、内閣から議長及び要求した議員の代表者

にその旨の通知があるのを例とする。

○会議録抜粋

△第一九回国会　昭二九、三、一六

衆議院議院運営委員会議録　第二九号（二一頁）

○大西邦敏参考人（早稲田大学教授）……今日世界で、憲法で、臨時会の議事はその召集を必要ならめた事項に限定する、それ以外のことは臨時会では議さないときめているが二十七箇国ございます。これまた、おそらく国会法あたりで、臨時会の議事は召集を必要ならしめた事項に限定する、このように限定したのはその他にも多いと思いますが、憲法でこういうふうに定めたのが二十七箇国の多きに上つているという、この点は慎重に御考慮願いたいと思います。それから、中には、臨時会の議事は召集を必要ならしめた事項に限定するのだが、しかし総議員の三分の二以上が賛成した場合には、その他の事項にも及び得るという規定を持つているところがあります。しかしこの規定はわが国では憲法を改正しなければなりません。……

△第三八回国会閉会中　昭三六、七、四

衆議院議院運営委員会国会法等改正関係委員研究会（第三回）速記録（二一頁、二二頁、二九頁〜四四頁）

○下平正一委員　たとえば、政府に今度要求しても、政府がすぐは開かぬと言えば、政府としては常会の召集直前の十二月ごろまではほおかぶりできる。だから、その面では、国会の独自性とか最高機関としての権限というのは全然ゼロのような気がするわけです。

○黒田覚君（東京都立大学教授）　それも今申し上げた運営の面で……。

○下平正一委員　僕は運営の問題ではないと思うのですがね。

○福永健司座長　政府のために弁ずるわけではないが、そういうことでしばしば官房長官時代にいじめられたことが

あるから言うが、たとえば、災害なら災害と関連して国会を開けと言われても、政府でも予算措置などある程度してから召集しないと、用意ができていないうちに国会を召集するということになると、やはり国会にとっても政府にとっても、相ともに都合の悪いことになるということがあるから、ゼロではないが、条文の上からいうと、あなたの言われるような傾向はややありますね。国によっては、国会それ自体が、議長が召集するという方法をとっているところもあるが……。

○下平正一委員　僕は、憲法上規定があるからどうということは言わないが、大筋の方向としては、議会の議長が召集するということでいくことが筋道のような気がするのです。内閣の助言と承認がなければできないという形になっている関係で、実際は大きな面で議会というものは政府に制約を受けておる。

……

○大西邦敏君（早稲田大学教授）　それから、先ほど臨時会の話が出ましたが、これは、私は、国会法でやはり改正する必要があるのじゃないかと思います。各院において議員の四分の一以上が連署で要求した場合は、大体三十日以内にこれを召集しなければならぬという義務を内閣に課する。ただし、それには、議員は四分の一以上の連署で臨時会の召集を要求する場合には、必ず臨時会において議せられるべき案件を明示し、しかも、それが法律案であるならば、法律案を作りまして、それをあわせて提出して臨時会の要求をする、こういうことにする必要があると思います。これは、今一つの世界的な傾向がありますが、どこを見ても、大多数の国が常会、臨時会の二つをとっております。中には、日本のように特別会を認めている国もありますが、常会があるのだから、できるだけ常会を活用して、臨時会というのは、やはり臨時に必要がある場合に開会する、従って、臨時会において何を議するかということを、臨時会を要求するには当然これを明示する、そして、臨時会においては、その要求した案件だけを議する。また、内閣が臨時会を召集する場合には、召集の詔書の中に、臨時会においては一体何を議するかということを明確にして、そして、その案件だけを臨時会において議する、こういうふうに、臨時会の議事を列記するということが必要だと思います。世の中が非常に複雑になりましたので、同時に能率が必要になつてくるわけで、能率化のためにそういうことが必要じゃないかと思います。……………………

○田上穣治君（一橋大学教授）……参議院におきまして通常選挙があつた、その場合には、憲法の規定では特別会と申せませんから、そこで勢い臨時会ということになつておりますが、通常選挙後三十日以内に臨時会を召集しなければならないという建前になつております。これが、臨時会につきまして、いつまでにという定義をしておるものだと考えられると思いますが、この場合は、衆議院の議員の任期満了による総選挙の場合とは少し事情が違うのでございまして、衆議院議員の方の任期満了による総選挙の場合でありますと、これは当然にその内閣の存立の基礎が示されて、そして、次の新しい内閣総理大臣をできるだけすみやかに指名しなければならない。だから、これは、本来特別会の場合が類推されるのでございます。ところが、そうではなしに、参議院の通常選挙の場合では、そういうような、それほどまでの必要はないけれども、参議院の組織が新しくなつて、議長その他が選挙されることになりますから、そういう意味において臨時会を召集する必要がかなり明確である。だから、こういう規定を類推いたしますと、いつまでに——三十日ということが、今の四分の一以上の要求があつた場合に適当であるかどうかはしばらくおきまして、三十日があるいは短くなるかもわかりませんが、法律に明らかに何日以内というふうに期限を付することもできるのではないかと考えております。…………国会法の改正によつて、適当に何日以内ということをお入れになるのは、私は、不可能というか、間違いでないと思います。ただ、しかし、繰り返し申し上げますけれども、それは訴訟で争うような意味の厳格なものではなく、むしろ、これは政治に直接関係いたしますから、裁判官の判断ではなくて、やはり国会の良識によつてその規定の運用をはかるべきである、そういうお含みならば、一応の目安として、何日以内ということをお入れになることも不適当ではないというふうに私は考えておるものであります。

△憲法調査会第二十回総会議事録

昭三三、一一、一一（七頁、八頁、一五頁）

○大池眞参考人（前衆議院事務総長）　旧憲法では、臨時会はすべて内閣の必要とする場合のみに限られておりましたが、新憲法では内閣自身が必要と認めて召集する場合に加えまして、議員側にも要求権を認めて、各院の総員の四分の一以上の要求があれば、内閣は臨時会の召集をしなければならないことになつたのでございます。しかして、この議員の要求に基づく臨時会については要求から召集までの法定期間はございません。従つて議員側からいえば、いやしくも要求権を認められながら、内閣の都合でいつまでも召集決定をしないのはけしからんから、一定期間を国会法できめようという論議が起つております。これに対し一方では、その濫用を防止する方法を考えなければならないとの議もあるようでございます。

（七頁、八頁）

……

ただ臨時会召集決定要求権と、内閣のこれが決定権との関係につきましては、今日のままでよいかどうか考慮の余地があるように考えます。特に会期延長回数に制限を設けられた趣旨からすれば、会期終了から要求するまでにある期間を設ける要がないだろうかどうか、また要求から内閣の決定までに、期間的な制限がなくてよいものかどうかという点が考えられるのであります。これは要求権の濫用を防止するという狙いと、政府の都合により、要求権の本質を失わせないようにするという見合いが、重要な要素となるものと考えます。

（一五頁）

△憲法調査会第二十三回総会議事録

昭三三、一二、一七（六頁、七頁）

○小沢佐重喜委員　………実はこの規定に基づいて、はじめて昭和二十三年、当時の日本自由党でありました政党から芦田内閣に対しまして臨時国会の召集要求がなされたのであります。これに対して内閣の方では、この憲法の解釈上からしてどういう考えどこの要求に対処したらよろしいかということを相当研究されたようでありました。……その内閣決定になりました趣旨を申し上げますというと、臨時国会の召集請求があつた場合、内閣はもちろん、これに応じて召集を決定しなければならないが、期日を指定して召集の請求があつても、憲法及び国会法上召集期日の指定に関しては何らの規定がなく、請求者に期日の指定権が与えられているとは認められないので、内閣はその期日に拘束されるのではない。従つて、内閣は召集請求者の希望する期日を考慮に加えた上、諸般の条件を勘案して合理的に判断して、その最も適当と認める召集時期を決定すべきものと考えられる。まあ、こういう理由で当時の要求というものには速かには応じられなかつたんであります。これが先例になりまして、その後第二次吉田内閣、第三次吉田内閣、第四次吉田内閣になりましても、毎年のようにいわゆる臨時国会の召集要求が出されておる実情であります。しかし、これでは臨時国会の召集要求というものの規定がありましても、すなわちただいまの憲法第五十三条の規定がありましても、こういう解釈をしておりましたのでは、結局空文になつてしまうのではないか、こういうふうに考えられるのであります。しかしながら、これが空文になるといいまして、野党の攻勢の手段として常にこれを乱用するというようなことがあつては、憲政の円満な進展がもちろん困難なのでありますから、この点につきましては、私の考えでは、臨時国会の召集要求があつた場合においては、ある特定の場合に限り――あるいはその審議すべき議案というものが緊急を要するものであるとか、あるいは国民全般から見てもこの際臨時国会の召集が適当であつて、しかもそうした議案を審議することが適切な政治措置であるというような場合には、やはり一定の期間内に臨時国会を召集しなければならない一つの義務を認めるような制度、すなわちただいまの解釈と憲法の条文の中間的なものを考えることが必要ではないかと思うのであります。

△憲法調査会第二委員会第五回会議議事録

昭三四、三、二五（五頁、二九頁）

○西澤哲四郎参考人（衆議院法制局長） 臨時会の召集要求の問題に関連いたしまして、……召集期日を指定して臨時国会召集の要求があつた場合、内閣はこれに拘束されるかという問題と、それからもう一つは、私は議員の側から臨時会の召集を要求する以上は何が故に要求するかということを明らかにする必要もあるのではないかとも考えております。つまり臨時会を開いて案を出してくれ、これが果して臨時会の召集要求の理由になるだろうか、むしろ議員の側から開いてくれというならば議員の側で、こういう案を準備しているから臨時会を召集してくれ、こういう方が何か理論的に一貫しているような気もいたすわけであります。この点について問題は残つております。そうして従来の国会法の改正の経過の中におきまして、これらの二点はしばしば論争されておりますが、今日ではまだ結論に達しておりません。召集の要求があつたときには何日以内に臨時会を召集しなければならないというような規定を設けるということはほぼ一致いたしておりますけれども、一方の考え方からいきますと、そういうふうにきちんときめられても困る、内閣がこの期間内に召集できないときは召集のできる期日を明示して、要求書を提出した議院の議長にその旨を通知しなければならないというような緩和規定を入れてもらいたいというような話も出ていたことを記憶いたしておりますが、いずれにしてもこの二つの点はまだ結論に達しておりませんことを申し上げておきたいと考えます。

（五頁）

七、八月に出た要求に対し、また通常会が終つた直後に出た臨時国会召集要求に対して、十月の終りから十一月に召集されるということは、ある意味ではザラだともいえます。半面、また通常会が終つた翌日に臨時会の召集要求を出すということもあるわけですけれども、何と申しましようか、非常に幅が広くなつている。後に申し上げたような事例であれば、むしろそれならば、私どもの考え方とすれば、会期延長をすれば足りる問題じやないか、こう思うのですね。それをしないで、臨時国会の召集要求を出す。この点において、ある意味において召集要求が濫用されているというような傾向もあるように思います。

（二九頁）

それらの点についても、実はこういう場合には召集要求を出せないというような制限規定を設けたらどうかというようなことも一方にはございます。

○大西邦敏委員　それから、いまの状態では、召集の要求があつて二ヵ月後に初めて召集されるというようなことでは、実際は総議員の四分の一以上のものに臨時会の召集の要求権というものを与えておくことが無意味になるのではないか。だから要求があつた場合には、準備期間を置いて、遅くとも三十日とかあるいは四十日以内に召集するということでなければ、意味がないのではないかと考えるのですが……。

○西澤哲四郎参考人　そういった事務的な案は出ていないわけでございます。

○学説

△註解日本国憲法　法学協会（八二八頁〜八三〇頁）

「(2)　議員の召集決定の要求　議員においても、内閣が臨時会の召集を決定すべきことを要求できる。それには、いずれかの議院の総議員の四分の一以上の議員が連名で、議長を経由して、内閣に要求書を提出しなければならない（国会法三条）。要求事項を示すべきであろう。四分の一という数字には、厳密な理論的根拠があるわけではなく、議員側に集会したいという意向がある場合には、なるべくひろくそれに実現の機会を興えようとする趣旨であると考えられる。本来国会における少数者の権利を保障しようとして創設された制度とはみなしがたいが、議院内閣制をとるこの憲法の下では、国会の（多数者の）意思は、常に内閣の売思として発現しうるように制度的に保障されているのであるから、実際には、国会一般の立場というよりは、少数党（野党）の立場か、或いは参議院独自の立場において行使されることが多いであろう。従つてこれは、機能的には、少数者の権利の保障たる実質をもつていることは否定できない。又総議員数のうちには欠員数は最入されないと解するの当然である。この要求があると、内閣は必ず召集の決定をしなければならない拘束をうける。法定の要件がみたされている以上、政治上の不適当その他を理由としてこれを拒むことはできない。

問題は、この要求に期日乃至期限が附されている場合である。かかる要求は一般に「一定の期日乃至期限内に」という趣旨を内容として当然に含むものであるから（何時でもよいから召集せよという要求は無意味である）、その期日乃至期限が著しく合理性を欠くものでない以上、内閣としては、それに従わなければならないと考えられる。要求の期日乃至期限が合理的であるか否かは、結局社会通念に従つて決定するよりほかない。例えば、数日中に召集せよなどという要求は不合理であつて、そのままの履行は不可能でもある。このような不合理性・不可能性のない以上は、内閣の側において、法案提出準備が整わないとか、臨時会召集の必要性が乏しいとかの理由でこれを拒け、自からの立場において適当と判断する期日を主張することは許されない。立法を行うのは、むしろまさに国会であつて、国会が自らその職責を果すべき必要性を感じて、召集決定を要求しているからであり、また、その必要性の認識において、内閣と国会との見解がことなるときに、後者の意向を尊重して、国会の自律集会主義を実質的に保障しようというのが、本条の趣旨とするところだからである。召集決定要求が、実は、充分の根拠を欠く政府に対する単なるいやがらせであつたとしても、それによつて、国会が国民により充分に批判されれば足りるのであつて、内閣が事前に、自己の判断で、召集を拒否しうべきものではない。それ故他方、国会が、内閣の職権とされている事項（例えば予算案の提出）を理由として、召集決定要求をしても、内閣としては、拘束されないと解すべきである。要するに、国会の権限内の事項について、合理的な要求があつた以上は、内閣としては、独自の見解にもとづいて、要求とことなる期日を主張しうるものではなく、要求の趣旨を忠実に（というのは、一日も違わずに厳格にという意味ではない。要求の趣旨を損わぬよう誠実に、という意味である）履行すべきである、と解せられるのである。

もし内閣がこの要求に従わぬ場合はどうなるか。現在のわが国法の建前では、このような義務履行を強制する法律的方法は存在しない。国民の権利義務に直接関係しない限り、これらの公法上の義務履行は、国家機関の自律に任されているといってよいであろう。むしろ、国家機関の、この種の憲法実施履行義務は、憲法がつくられる以上、はじめから予定されているのである。

⑸　権能　すでに召集せられた以上は、国会の権能は常会と全く異ならない。目的となつた議題だけしか審議しえぬとする主義（臨時会は、召集のときに公示せられた議題以外を審議しえぬとする憲法例がある。例えば、一九二八年アルバニヤ憲法第三七条、一九三六年エストニヤ憲法第七一条、一九三五年ポーランド蓋法第三六条等。）は、わが国法のとるところではない。」

△全訂日本国憲法　宮澤俊義著　芦部信喜補訂（三九八頁〜四〇一頁）

「⑵　「臨時会」とは、常会のほかに、臨時の必要により召集される国会の会期をいう。

議会の会期については、どこの国でも、常会のほかに、臨時会をみとめるのが例である。議会を召集する必要は、常会以外においても、生ずる可能性が大いにあるからである。明治憲法時代においても、当然臨時会の制度がみとめられた。日本国憲法のもとにおいては、国会の権能が大幅に増大し、内閣がその日常の仕事を果たして行くうえに国会の関与を必要とする場合がきわめて多くなつているから、臨時会の制度は、ここでは、明治憲法時代よりもいつそう必要になつていると考えられる。

臨時会が常会とちがうところは、かようにその召集の原因だけであり、その権能は、まつたく常会と同じである。

⑸　「いづれかの議院」とは、衆議院または参議院をいう。

⑹　「総議員」の意味については、(a)その議院の議員の法律で定められた定数と解する説と、(b)現にその任にある議員の総数（欠員は含まない）と解する説とがある。

本条の文字からは、むしろ前説のように解すべきもののようにおもわれ、また、実例はそう解しているようである。しかし、そう解すると、本来どのような意見をもつことのできないはずの欠員の議員が、一定の意見をもち、それによつて一定の態度をとつたのは同様に取り扱われる結果になることがあつて、不合理である。おそらく後説を正当とすべきであろう(九六条〔4〕を見よ)。

〔7〕「四分の一以上」とは、総議員数の四分の一または四分の一を超える数をいう。

臨時会召集の要求に必要な議員数は、マッカーサー草案では、議員の「二〇パーセント」となつていたが、内閣要綱以来、「四分の一」となつたのである。

〔8〕いずれかの議院の総議員の四分の一以上から、臨時会の召集の決定を要求する(単に召集を要求するといつても同じことである)には、いずれかの議院の総議員の四分の一以上の議員が連名で、議長を経由して、内閣に要求書を提出しなければならない(国会法三条)。

〔9〕本条によつて定数の議員から要求があつた場合には、内閣は、国会の臨時会の召集を決定すべき法的拘束を受ける。ただ、この場合の拘束の内容は、かならずしも明確でない。

(イ)議員から、一定の期日に召集せよとの要求があつた場合に、内閣はその期日に拘束されるか。

内閣は、要求者たる議員が指定する期日に召集すべき拘束を受けるものでない、と解すべきである。先例もそう解する。議員が期日を指定して召集を要求した場合は、内閣はその期日に法律上拘束されると解すべき根拠はどこにも見出されない。

(ロ)内閣は、召集の時期をいつと決定しなくてはならないか。

この点については、別段の規定がない。先例では、要求する議員がその要求において召集の期日を指定しても、その指定は、右にのべたように、内閣を法律的には拘束しないと解釈されているが、それならば、内閣はいつ召集することに決定してもいいかといえば、そう解することは、正当ではない。いやしくも、議員から本条によつて要求がなされた場合には、内閣は、国会召集の手続を行うために、通例必要とされる期間を経た後に、国会を召集することを決定すべきであり、それ以上に、その召集をおくらせるべきではあるまい。先例では、そうした要求があつてから、二か月またはそれ以上たつてから召集している例があるが、これは不当である。本条による要求があつた場合、内閣はいくらおそく召集してもいいということになれば、本条が議員に召集の要求権をみとめたことが無意味になつてしまうのであろう。

先例では、召集されるべき国会に内閣が提出すべき案件の準備ができていないことをもつて、すぐに召集しないことの理由としているが、これは不当である。議員から召集を要求される国会の臨時会の権能は、内閣が提出する案件の審議にかぎられるものでないことはもちろんであるから、内閣がそこに案件を提出する準備ができたかどうかは、召集の時期の決定に少しも影響をおよぼすべき事情ではない。内閣としては、右にのべられたような相当な期間（せいぜい二、三週間でよかろう）のうち臨時会の召集を決定すべきものである。

(ハ)　相当の期間内に、内閣が臨時会の召集を決定しなくてはならないということは、当然に相当の期間内に、天皇による臨時会の召集が行われなくてはならないことを意味することは、もちろんである。

(ニ)　先例に示されたような、本条による召集の要求に対する内閣の不当な態度を直すために、法律で、本条による召集の要求があつたときは何日以内に内閣は召集を決定すべき旨を定めよとの主張がある。もし、その期間が本条の趣旨にそう相当な期間であるならば、それを法律で定めることも、かならずしも違憲と見るべきではあるまい。

(ホ)　本条による臨時会の召集の要求のあつた場合に、内閣はかならず臨時会の召集を決定しなくてはならないか。その要求から相当の期間内に常会または特別会が召集される事情にある場合は、かならずしも臨時会を召実する必要はなく、常会でも、特別会でもさしつかえない、と解すべきである。本条の趣旨は、いずれかの議院の総議員の四分の一以上の要求があつた場合には、国会を召集しなくてはならないとするにあるのであつて、その国会が常会であるか、臨時会であるか、または特別会であるかは、そのいずれであつても、国会としての権能がまつたく同じである以上、本条のあえて問題とするところではない。
その結果として、相当の期間後に、国会の召集がすでに天皇によつてなされている場合（総選挙の後、特別会召集の詔書が出た後など）は、本条による要求はそもそも拘束力をもたないと解すべきことになる。

㈠ 本条によつて、議員が臨時会の召集を要求できる期間を法律で限定することが許されるか。

実際には、ある国会の会期が終わると、すぐその翌日に、野党の議員が本条によつて臨時会の召集を要求する例がある。そこで、かような本条による要求権の乱用とも考えられるやり方を阻止するために、法律で、会期終了後一定の期間内は、本条による要求を許さない旨の規定を設けよとの意見が、国会法改正論として、主張されたことがある。

法律で本条に対しそういう制限を設けることは、しかし、本条に違反すると解される。本条は、議院における少数者の発言権を保障した規定と考えなくてはならないから、その意味からいつて、たとえ実際に乱用が可能であるとしても、本条による要求権を法律で制限することは許されないと解すべきであろう。

△憲法Ⅰ（新版） 清宮四郎（二二四頁、二二五頁）
「議員にこのような臨時会召集要求権を認めるのは、国会全体の立場を尊重する趣旨のようにみえるが、議院内閣制のもとでは、国会の多数派は、内閣の召集決定をうながすことができるから、この制度によつて実際に保障されるのは少数派の権利である。内閣は、四分の一という法定要件がみたされた要求があつた場合は、「召集を決定しなければならない」のであるから、召集を決定すべき法的義務を負うことになる。しかし、要求に相応するような期間内に常

会または特別会が召集される場合は、とくに臨時会を召集する必要はないものと解せられる。

臨時会を召集する必要がある場合、問題になるのは、召集の時期である。召集の要求にあたつて期日または期限を指定するのがこれまで多くみられる例であるが、そのような指定に絶対的な拘束力があるとは思われない。指定が無理で、実行不可能な場合もあり得るからである。しかし、国会開会の手続及び準備のために客観的に必要とみられる相当の期間内で、できるだけ速かに召集することが決定されなければならない。昭和二四年の第二次吉田内閣のときに、要求より二カ月もたつてから召集した例があるが、召集があまりに遅れては召集要求権の制度は無意味になる。先例では、要求よりいちじるしく遅れて召集された臨時会も、要求にもとづく臨時会として扱われているが、それらはむしろ、憲法第五三条前段の内閣の職権にもとづく臨時会とみなされるべきものである。また、内閣から発案する議案の準備が間に合わないとか（昭和二四年の先例）、緊急の必要を認めないとか、内閣側の都合や主観的判断によつて、召集を遅らせることも許されない。発議権は議員にもあるし、この場合には、内閣よりも議員の意志と判断とが重視されねばならないからである。内閣が召集決定の義務に違反した場合は、内閣の責任問題が生ずるが、義務の履行を強制する法的方法はない。」

△憲法（ポケット註釈全書）　佐藤　功（三〇六頁〜三〇九頁、三二一頁〜三二二頁）

「二　…なお臨時会も召集された以上は、常会の場合と全く異ならず憲法上の国会の権能をすべて行い得ることはいうまでもない。

三　四分の一と定めたことには特別の根拠はないというべきであろうが、この憲法の定める議院内閣制の結果として、国会の多数派の意思は内閣の意思として発現し得ることが予想されているのであるから、この四分の一という数が少数派の権利保護の機能を期待したものであることは認められよう。更に内閣の意思として現われる国会多数派の意思というのも実際的にはこの憲法の定める衆議院優越主義から衆議院の多数派の意思であることが多いであろうから、参議院の意思（必らずしもその少数派の意思に限らず）がこの形で現われることも予想されているといえよう。

（三〇六頁、三〇七頁）

「総議員」とは議員の法定数、………を指すのか、それとも死亡・辞任・除名等による欠員を除いた現在員数を指すのかは明らかではなく説も分かれている。定足数ということの性質から見て現に会議に出席し得る状態にある議員の数を基準とすべきであるから現在員数を指すと解するのが妥当であろう。しかし定足数が常に変動することは妥当でない（死亡や当選無効等によって厳密にいえば会議中にさえ変更が考えられる）という理由から法定数を指すとの解釈もあり、衆議院は旧憲法以来これを先例としている。

（三二一頁、三二二頁）

五　要求があれば内閣は「召集を決定しなければならない」のであるから、召集決定の法律的義務を負うことは明らかである（これを単に政治的義務なりと解するのではこの制度の意味が失われ、また「決定しなければならない」とした趣旨に反する）。

問題はその召集の時期である。すなわち要求書に召集期日が具体的に明記されている場合に（………）内閣はそれに拘束されるかが問題になる。そして従来の例としてはつねにその指定期日から相当に遅れて召集されている。（………）この問題は一般的・抽象的にいえば、内閣はその要求の期日が合理的である以上（どの程度の期日が合理的なりや否やは結局は社会通念によって決せられるというほかはない）、その要求の趣旨を害しない限度において（この点も具体的に個個の場合について決定されるよりほかないが、指定期日に一日も違わずに召集しなければならないというわけではあるまい）、みずから召集の期日を決定し得ると解する。このことは裏からいえば内閣が提出法律案の準備が整わないとか、（……）政時的に臨時会を開くべき緊急の必要がないとか（……）の理由で指定期日に従わず自己の判断のみにより召集期日を決定し得るものではないことを意味する。この意味においては従来の実例は違憲の疑が多いというべきであろう。

ただし右のような意味において内閣に召集決定の義務ありと解するとしても、もしも不当にこの義務に違反した場合に、その義務履行を強制する法律的な方法は存しない。ただその政治的責任（……）が追及されるのみである（……）。なお従来召集要求がなされ、その指定期日から著しく遅れて召集された臨時会も、それが召集された以上は召集要求に基づくものとして扱われている。……むしろ本条前段の内閣の職権に基づく臨時会であるというべきであろう。」
（三〇七頁、三〇八頁、三〇九頁）

△時の法令　一二四号（昭二九、二、一三）　佐藤　功

「国会法改正の問題点」（一三頁、一四頁）

「今度の改正は、内閣が指定された期日に召集しなければならないという拘束を受けるというようには定めずに、要求されたなら、その指定期日が何日であつても、内閣は四十日以内に召集しなければならないとしたのである。国会の召集は内閣の助言と承認による天皇の権限である（憲法第七条第二号）のだから、内閣が指定期日に絶対的に拘束されると解すべきではないが、前に挙げた例のように、内閣が自分の都合や政治的理由から、不当に召集を遅らせることもないではないから、四十日以内ということで幅を持たせて、要求の趣旨に反しないように内閣が合理的な適当な時期に召集を決定しなければならないとしたのがこの改正案の狙いなのであろう。

ただし、今までの例では、要求する側にも行きすぎがなかつたわけではない。たとえば、内閣に対するいやがらせの野党攻勢の手段として、客観的にはそれほど理由がないときも要求したり、あるいは、国会閉会と同時に早くも臨時会を召集せよと要求したり、要するにこの制度を濫用した例も少くない。そこで今度の改正案は、「発議すべき件名を記載」することとし、また、要求の時間にも制限を加えて、「要求書は総選挙の日から三十日以内、国会閉会の翌日から五十日以内、常会の召集詔書が公布された後、または既に要求書が提出された後は提出できない」としている。総選挙があればそれから三十日以内に国会を召集しなければならないことは、憲法第五四条で決つているし、すでに

常会が召集されることになっているときや、別にすでに要求書が出ているときのことは問題ないが、閉会後五十日以内は要求できないという制限は問題であろう。

閉会後五十日、それから四十日ということになれば、閉会後九十日は臨時会が召集されないことになる。もちろん内閣側から進んで臨時会を召集することはあるのだから、この九十日の間は全く臨時会が召集されないわけではないといえるのであろうが、もし、緊急の必要があつて内閣側からの召集があることを認めるのなら、同じ必要から国会側からの要求による召集をも認めてもよいといえるのではなかろうか。

要するに、少し論評的にいえば、私は、要求する側もこの権利を濫用せず、また、内閣側もできるだけ要求の趣旨を尊重するという態度をとるならば、現行法のままでよいのではないかという気がする。以上述べたような今度の改正案は、国会も内閣も自から進んでその権利を制限し、われとわが身を縛ることになるように思われるが、どうであろうか。」

△ジュリスト　七四号（一九五五、一、一五）

「憲法改正問題（下）――自由党・改正案要綱を中心に――座談会」（三七頁、三八頁）

「○宮澤俊義　………臨時国会の召集は、憲法では各議院の議員の四分の一から要求できることになっている。ところが、実際は要求しても政府はなかなかすぐ召集しないのです。いつまでに召集しなくてはならないという制限がないものですから、今までの例では、要求があつても、それは単に希望としてとり扱われるにすぎない状態なんです。そこでそういう要求があつたら一定時間内に召集しなければならないものとしようというんです。あるいはこれは国会法でやつてもいいことかもしれません。………

○田中二郎　こういう点まで憲法に規定しないと一定期間内に召集されないということ自体がおかしいと思うのです。

○宮澤俊義　そうですね。ほんとうですよ。

○田中二郎　こういうことは、将来そういう悪い慣習をつくらないように、正式に要求があれば一定期間内に必ず召集するというふうに運用して行くことによって解決すべきではないかと思いますが。

○宮澤俊義　どうもそうかもしれない。いつまでに召集しろ、と書いてないから……といって、いつまでも召集しない。だからいつまでとはっきり期間を設けろということになる。そうなると今度は、そういう期間を定めたのに、その間に召集しなかつたらどうする、ということもさらに規定する必要がある……というようなことになる。憲法の規定は、その精神に従つて、皆が忠実に守るということを根本の前提にしているのだから、その前提がふらふらだということになると、いくら規定をつくつてみても、何にもならない。そういうことは、少くとも憲法で規定することはせずに済むようにしたいものですね。

○田中二郎　根本にさかのぼつて、国会を内閣が召集するという形をとるか、それとも、通常国会の場合には定期に集まるということにするし、臨時国会は、議員又は内閣の要求で、議長がこれを召集するという形をとるか、こういう点を考えてみたらどうでしょう。国会がほんとうに国権の最高機関だという趣旨を表わして行くとすれば、あとの方のやり方を考えてもいいのじやないかと思うのです。………

△ジュリスト　七四号（一九五五、一、一五）　田上穣治

「憲法改正問題 ── 国会制度」（一五頁）

「常会と常会の間が比較的に長い現行法制では、野党の議員に臨時会召集を要求する途を残すことを要し、従つて総議員の過半数もしくはこれ以下の法定数について召集要求権を認めなければならない。なお召集の要求があつた時から召集の期日までの期間を制限しなければ、この制度は無意味であり、この規定は特別会の規定との権衡上、憲法に加えるのが適当と考える。けれども臨時会の召集を臨時緊急の必要ある場合に限るものとし、これに付議する事件を原則として召集目的の範囲に限るものとすることは、必要である。臨時緊急の必要ありや否は、司法審査の範囲に属し

ないと考えるが、このような憲法改正によつて無意味な臨時会を阻止し、国費の節約と国政の能率化をはかることは、当然である。」

△ジュリスト　二四一号（一九六二、一、一）　小島和司

「憲法改正の問題点――第四章国会」（六九頁）

「臨時会召集の決定権者を国会の議長と改むべしという意見がある（鵜飼）。国会自律の確保を根拠とするものであるが、かならずしも賛成しがたい。そもそも「国会の議長」というものがありうるかから疑問であるし、臨時国会召集の必要は国務を総理すべき内閣にも認定権をゆだね、決定させることが望ましいであろう。ただ、現行制度のもと、議員からの召集要求に対する取扱いの先例はけつして望ましいものではない。が、これも国会法改正をもつて是正しうるところで、この点について憲法改正の必要はない。また、臨時会での審議事案を召集目的になつた事案のみに限るべしとの意見がある（田上、大西）。これは常会二回制論者の主張するところで、彼此の関連なくこの問題のみを取上げることはできない。が、この場合にも現行地方議会のそれのように「急施を要する事件」について例外を認めることは必要となろう。」

△時の法令　四四〇号（昭三七、一〇、二三）

「少数党による臨時国会の召集要求の拘束力」（四五頁～四六頁）

「第一は、現実の召集要求には、召集時期のほかに、その臨時国会で審議すべき議案（法律案、予算、条約など）が抽象的または具体的に明示されるのが原則であるが、これとの関係の問題である。

法律案は、議員も提案できるから別として、予算や条約のように内閣だけが提案権をもつものについて、その審議が召集要求のテーマに掲げられた場合に、内閣側に、少数党側のいうような予算や条約を提出する意図のないときは、どういうことになるのであろうか（法律案の場合でも、内閣からの提案を前提とする要求があつたときは、予算や条

約と同様のことになる。）。内閣側に少数党側の要求するとおりの議案を提出する義務のないことは明らかであるが、それでも、大体要求の時期に臨時国会を開かなければならないか、それとも、こういう場合は、内閣側は、「おあいにくさま」といつて、臨時国会の召集そのものまでも断ることができるかという問題である。たしかに、こういう場合は、かりに要求どおり臨時国会が開かれたとしても、内閣側からは野党側の要求するような議案は何も提出されず、その結果、審議すべき議案が何もないままに会期を終るというへんな事態になる可能性もあるが、さりとて、憲法第五三条は、内閣側に要求の当否を審査する権限までを与えたものとは解すべきではなく、憲法の解釈としては、かりにそういう場合があつたとしても、内閣としては、臨時国会の召集をする（そして、少数党の発言の場を確保する）義務を負うものとすべきであろう。そして、国会は、召集された以上、別に召集要求に記載された案件の審議ぞけに拘束されるものではないから、機宜に応じて、議員側から案件を提出して議事を進めればよいということであろう。ただ、こういう問題があるから、少数党の召集要求にあまり具体的に議案が明記されると、内閣側の反発を食うおそれがある。召集要求の理由は、明示するのが当然であるが、そこには余裕を残しておくことが必要であろう。

…………………………………………………………

第四の問題点は、通常国会あるいは特別国会の召集が近く予定されている場合にも、召集要求があれば必ず臨時国会の召集をしなければならないかということである。憲法の趣旨は、少数党に国会で議論する場を与えようというものであろうから、その国会は必ず臨時国会に限つたことではなく、合理的な期間内に、通常国会あるいは特別国会が召集されれば、臨時会の召集要求は、その中に包摂されて消えるとみてよいのではなかろうか。ただ、今年の場合のように、九月中旬頃に召集要求があり、かりに政府側が準備が整わないことを理由として、それを引き延ばし、引き延ばして、結局一二月になり、一二月になれば通常国会が召集可能なのだからといつて、臨時国会の召集をほほかぶりするのは、許されないものとすべきであろう。

なお、一二月になると通常国会の召集可能の時期になるので（国会法二条参照）、おそらくそういう配慮から、召集要求にかかわる臨時国会を、その直前、すなわち、一一月三〇日というぎりぎりの日時に召集した事例が、これまでに二回ばかり（昭和二八年・二九年）ある。」

△政府の憲法解釈　山内一夫編（一四三頁、一四四頁）

「臨時会については、いずれかの議院の総議員の四分の一以上の要求があった場合には、内閣は、いつまでに臨時会を召集しなければならないかの問題があるが、これについては、次の質疑応答がある。

国会答弁　（二五回　昭三一・一一・一七　衆会議録　四号　三二頁、三五頁）

○水谷長三郎君　………質問の第一点は、臨時国会の遅延についてでございます。わが社会党は、第二十四回国会終了後、憲法第五十三条の規定に基づきまして、………再三再四にわたりまして臨時国会の開催を要求してきた………が政府は、………四カ月間にわたりましてこれを放置してきた………臨時国会の開催を今日まで遅延させたのはどういう理由であるか。

○国務大臣（鳩山一郎君）　………臨時国会開会の時期につきましては、いろいろな議論もありましよう。政府としては、このたび選んだ時期が各般の都合から見て最も時宜に適したるものと在じておるのであります。

国会答弁　（二七回　昭三二・一一・一　衆会議録　一号（その一）四頁、八頁）

○**浅沼稲次郎君**　………わが社会党は、七月の二日、七月末日までに臨時国会を開くよう、憲法第五十三条第二項の規定に基づきまして要求した………しかも両院議長を通じて、案件を付し、日時を切つて、衆参両院とも三分の一の署名をもつて要求した………政府は、………今日に至るまで臨時国会の召集をおくらせた。

○国務大臣（岸信介君）　………社会党か数度国会開会の要求のありましたことは、私どもよく承知をいたしておりますす。………これに対して、誠意を持つて、われわれとしては適当な機会に臨時国会を開くために、あらゆる準備を進めてきたのであります。………政府として、臨時国会に提案すべき諸案件を整えて準備をするという以外に他意あつて、今日までおくれたわけではありませんから御了承を願いたい。………」

第四条　削　除

（第二一回国会　昭三〇法三号本条削除）

○制定趣旨・改正経過

第四条　参議院の緊急集会を求めるには、内閣総理大臣から、集会の期日を定めて、参議院議長にこれを請求しなければならない。

（制定趣旨）

本条は、参議院の緊急集会を内閣の側で、求める時の手続を規定したものでありますが、参議院議長がこれをいかにして議員に通知するかという点につきましては、参議院の規則に譲られてあるのでございます。

（国会法と旧議院法との比較対照）

《改正理由》（第二一回国会　昭三〇法三号本条削除）

参議院においては別に参議院の緊急集会に関するものが制定されてありますが、不備の点がありますので、この際、これを整備して、本法中に一章を設けて、緊急集会を求める手続、緊急集会における議案の発議その他の規定を設けることといたした次第であります。（第二一回国会　昭三〇、一、二一衆議院会議録第六号）

（「第十一章　参議院の緊急集会」解説参照）

第五条　議員は、召集詔書に指定された期日に、各議院に集会しなければならない。

○制定趣旨・改正経過

（制定趣旨）

議院法第二条に相当するものであり、議員の応召について規定した。（議会制度七十年史）

○関係法規

△日本国憲法

第七条　天皇は、内閣の助言と承認により、国民のために、左の国事に関する行為を行ふ。

一　（略）

二　国会を召集すること。

三〜十（略）

▲大日本帝国憲法

第七条　天皇ハ帝国議会ヲ召集シ其ノ開会閉会停会及衆議院ノ解散ヲ命ス

▲議院法

第二条　議員ハ召集ノ勅諭ニ指定シタル期日ニ於テ各議院ノ会堂ニ集会スヘシ

▲衆議院規則

第一条　議員ハ召集ノ詔書ニ指定シタル期日ノ午前九時衆議院ニ集会スヘシ

第二条　集会シタル議員ハ当選証書ト倶ニ名刺ヲ事務局ニ通スヘシ書記官ハ当選人名簿ニ各員ノ当選証書ヲ対照スヘ

シ

第十五条　議員ノ議席ハ毎会期ノ始ニ於テ議長之ヲ定ム但シ必要ト認ムルトキハ之ヲ変更スルコトヲ得

議席ニハ号数及氏名標ヲ付ス

▲貴族院規則

第一条　議員ハ召集ノ詔書ニ指定シタル期日ノ午前九時貴族院ニ集会スヘシ

第二条　集会シタル議員ハ名刺ヲ事務局ニ通スヘシ

△国会法

第一条　（召集詔書）

第十四条　（会期の起算）

第百二十四条　（欠席議員の懲罰）

△衆議院規則

第一条　議員は、召集詔書に指定された期日の午前十時に、衆議院に集会しなければならない。

第二条　議員は、当選証書を事務局に提示し、これと当選人名簿との対照を受けなければならない。

第十四条　議員の議席は、毎会期の始めに議長がこれを定める。但し、必要があるときは、これを変更することができる。

議席には、号数及び氏名標を附する。

△参議院規則

第一条　議員は、召集詔書に指定された期日の午前十時に参議院に集会しなければならない。

第二条　当選後始めて登院する議員は、当選証書を事務局に提示し、これと当選人名簿との対照を受けなければならない。

第三条　集会した議員が総議員の三分の一に達したときは、議長は、議長席に着く。

第十四条　議員の議席は、毎会期の始めに議長がこれを定める。但し、必要があるときは、これを変更することができる。

議席には、号数及び氏名標を附する。

△国会議員の歳費、旅費及び手当等に関する法律

第八条　議長、副議長及び議員で召集に応じた場合、又は議院の公務により派遣された場合は、別に定めるところにより往復旅費を受ける。

△国会議員の歳費、旅費及び手当等支給規程

第四条　議長、副議長及び議員が召集に応じた場合には応召旅費及び帰郷旅費を、又議院の公務により国内に派遣された場合には派遣旅費を旅行日数に応じて日額一万二千円（議長が議院の公務により国内に派遣された場合にあつては日額一万四千四百円）の定額によつて支給する。但し、応召旅費及び帰郷旅費は、東京都の区の区域内に住居する者にはこれを支給しない。

前項の規定により旅費を支給する場合において日本国有鉄道の連絡船以外の船舶の利用を必要とする路程にあつては、同項の規定の外、その路程に応じ船賃を支給する。この場合における船賃は、最上級の運賃による。

第五条　応召旅費及び帰郷旅費は住居地と議院間の粁数により、派遣旅費は公務による旅行のため現に要した日数により、旅行日数を計算する。

前項の旅費日数の外、途中天災その他已むを得ない理由によつて要した日数はこれを旅行日数とする。

第九条　議長、副議長及び議員が召集に応じた場合、応召旅費は最初の歳費支給日に帰郷旅費は第二条の規定による支給日にこれを支給する。

△公職選挙法

（当選の効力の発生）

第百二条　当選人の当選の効力は、前条第二項の規定による当選人の告示があつた日から、生ずるものとする。

（当選証書の附与及び告示）

第百五条　第百三条《当選人が兼職禁止の職にある場合等の特例》第二項及び第四項並びに前条に規定する場合を除く外、当該選差に関する事務を管理する選挙管理委員会（参議院全国選出議員の選挙については中央選挙管理会）は、第百二条《当選の効力の発生》の規定により当選人の当選の効力が生じたときは、直ちに当該当選人に当選の効力が生じたときは、直ちに当該当選人に当選証書を附与しなければならない。

2　第百三条第二項及び第四項並びに前条の規定により当選を失わなかつた当選人については、当該選挙に関する事務を管理する選挙管理委員会（参議院全国選出議員の選挙については中央選挙管理会）は、第百三条第二項及び第四項並びに前条に規定する届出があつたときは、直ちに当該当選人に当選証書を附与しなければならない。

3　前二項の規定により当選証書を附与したときは、当該選挙に関する事務を管理する選挙管理委員会（参議院全国選出議員の選挙については中央選挙管理会）は、その旨並びに当選人の住所及び氏名を告示しなければならない。

（当選等に関する報告）

第百八条　（第一項省略）

2　自治大臣は、前項の規定により衆議院議員又は参議院議員の選挙につき第百五条《当選証書の附与及び告示》の規定により当選証書を附与した旨の報告を受けたときは、直ちにその旨並びに当選人の住所及び氏名を内閣総理大臣に報告し、内閣総理大臣は、直ちにこれをそれぞれ衆議院議長又は参議院議長に報告しなければならない。

○先例

△衆議院先例集

七五　議員は、衆議院議員の総選挙後の国会の召集日及び参議院議員の通常選挙後の国会の召集日には、議事堂中央玄関から登院する。

七六　議員は、総選挙後の国会の召集日において当選証書の対照を受ける。

七八　補充又は補欠で当選した議員は、初めて登院したとき当選証書の対照を受ける。召集日に登院しなかつた者は、初めて登院したときに当選証書の対照を受ける。

七九　召集当日、当選証書の対照を終わつた議員の数は会議において報告するが、その氏名は報告しない。

八〇　初めて登院した議員が当選証書を持参しなかつたときは、当選者であることの証明をさせた後、議場に入ることを許す。

八一　補充又は補欠当選議員が初めて議席に着いたときは、議長は、これを議院に紹介する。

八五　召集に応ずることができないときは、応召延期届を提出する。

一〇五　議長、副議長、内閣総理大臣その他の国務大臣、内閣官房副長官、総理府総務副長官及び政務次官には、応召旅費及び帰郷旅費を支給しないのを例とする。

△参議院先例録

八六　議員は、参議院議員の通常選挙又は衆議院議員の総選挙後初めて召集される国会の召集日には、議事堂中央玄関から登院する

八七　通常選挙、補欠選挙又は再選挙に当選した議員は、初めて登院したときに当選証書の対照を受ける

八八　初めて登院した議員が当選証書を持参しなかつたときは、既に対照を終わつた議員の保証によつて議場に入ることができる

八九　補欠選挙又は再選挙に当選した議員が初めて議席に着いたときは、議長は、議院に紹介する

九一　召集に応じない議員に招状を発した例

第五回国会　昭和二十四年五月十一日議長松平恒雄君は、同年二月十一日（召集日）以来召集に応じない議員栗栖赳夫君、西園寺公一君、橋上保君及び平野成子君に対し、招状を発した（同年五月九日の議院運営委員会において、四君に対し議長から招状を発すべきである旨の決定があつた）。なお、栗栖赳夫君、西園寺公一君及び平野成子君は同月十四日に、橋上保君は同月十六日に、それぞれ請暇書を提出したので、議長はいずれもこれを許可した。

一〇二　議長及び副議長には、応召旅費及び帰郷旅費を支給しないのを例とする

国務大臣又は政務次官である議員についても、同様とする

○会議録抜粋

△第三四回国会　昭三五、三、一六

衆議院議院運営委員会庶務小委員会議録第三号（一一頁～一三頁）

○柳田秀一小委員　総選挙のあとで議員が国会に初めてきたときくらいは、中央玄関から入れたらどうかという意見があつたのですが、今まで議員にもあかずのとびらであつたものは、外国からきた議員にあけるというふうなことになつたのでは、議員がそのこと自体に感情的な反発を持つのではないか、それならそれで、衆参両議員等の選挙が済んで、初登院のときは、ここでバッジを渡すというふうなことにしておけばまだしも――感情的なものはあるだろうけれども、何だ、おれらが入つてきたときには入れないで、よその議員だけはあそこから入れるのかと、こういうような感じが出てくるのではないかと思うのです。

○三和精一小委員長　あそこは外国使臣と天皇が入ることになつているんだな。
○柳田秀一小委員　外国の使臣じやないからね。外国の元首もしくはそれに準ずる人が見えたのなら別だけれども、向こうも同じ議員じやないか、外人には開いて、われわれ国会の主人公は横から入るというのはおかしいじやないかという声が、当然出てくるのではないかと思うのです。
○小林正美小委員　むしろ、こういう機会に、なるべく中央玄関から出入りするような含みを将来に残しておけばいいでしよう。
○柳田秀一小委員　それを含みにしておけば、総選挙のあとの初登院のとき、あるいは参議院は改選があつて初登院のときバッジをつけるわけですが、そのときくらいはここでやるようにすれば、それもいいじやないか。その点はどうですか。
○池田禎治小委員　そのくらいのことはいいだろうね。

……………………………………………………………………

○三和精一小委員長　今回はこれでやつて、今の柳田君の案の初登院のときは、また別個に考えたらいいじやないか。

△第三七回国会　昭三五、一一、三〇

衆議院各派協議会会議録第一号

○山崎高事務総長　……先国会におきまして、召集日当日、ことに総選挙があつたあとと参議院の通常選挙のあとの国会においては、議員の登院を中央玄関にしたらどうかという話が庶務小委員会でございまして、新国会に限って中央玄関から登院願い、そこで当選証書をお出し願うということにしたらどうかと思いますので、これは新例でございますけれども、皆様の御意見はいかがでございますか。
〔「異議なし」と呼ぶ者あり〕

〔参考〕　衆議院公報

○召集日の登院等について

…………………………………………………………………………

一　午前十時に御参集を願います。

議事堂中央玄関から御登院下さい。

二　登院の際は、玄関受付に名刺を差し出し、当選証書の対照を受けて下さい。

(イ)　当選証書を御持参下さい。

(ロ)　議員記章及び乗車証を受け取り、記章をおつけ下さい。

(ハ)　召集に応ずることができない場合には、理由を附して応召延期届を御提出下さい。

なお、召集日後の登院等について次の事項に御注意下さい。

…………………………………………………………………………

○学説

△註解参議院規則　佐藤吉弘（七頁、八頁）

「参議院議員選挙の当選人には、所轄の選挙管理委員会から当選証書が附与される（公選一〇五）。一方、参議院議長に対しては、内閣総理大臣からその旨並びに当選人の住所及び氏名が報告されてくる（公選一〇八Ⅱ）。当選人名簿とは、この内閣総理大臣からの報告をいうので、別に作成するわけではない。初めて登院する議員は、既に議員としての資格は発生しているのであるが（公選一〇二）、本人であることを確認するため、当選証書と名簿を対照するのである。もし、当選証書を持参しなかつた議員があるときは、既に対照を終つた議員の保証によつて議場に入ることを許す例である。この場合には、後日当選証書の対照を行う。なお補欠選挙又は再選挙で当選した議員が初めて議席に着いたときは、議長からこれを議院に紹介する例である。」

△議院法講義　穂積八束（二頁、三頁）

「議員召集の勅諭は某月某日議員は各議院の会堂に集会す可しとの意を具へて発布せらるるものとす議員は之に応じて期日までに各議院の会堂に集会するは即ち議員の義務なり、其召集に応ずるの義務を果さざるときは之に加ふるの制裁ありや仮りに之れ有りとせば其は如何なる制裁なりや此等は総て他の法律の規定に属し到底本条の明文のみを以て明言する能はざる可し。「各議院ノ会堂ニ集会スヘシ」と明記せるからは必ず、期日までに已に定められたる議院の会堂に参集せざるを得ず、故に議院の所在の都府まで参集するを以て足れりとせざるなり。」

△議院法義解　（原本ハ伯爵伊東治正氏所蔵ニ係ルモノナリ）

「両院ノ各議員ハ議会召集ノ勅諭ニ応シ各個ノ召集状ヲ待タスシテ定リタル某日某時ニ各議院ノ会堂ニ集会シ書記局ノ指定スル所ニ従ヒ名簿ニ記入セラルルノ方法ヲ取ルヘシ同時ニ選挙議員ハ各其ノ当選状ヲ書記局ニ交付スヘシ此ノ日ヲ集会ノ期日トス而シテ猶開会ノ日ニ非ルナリ

此ノ時書記局ニ於テハ議員名簿ヲ整理シ選挙議員ノ当選状ト前ニ内務大臣ヨリ回付シタル議員選挙名簿トヲ対照シ一応ノ検査ヲ為シ然ル後名簿ヲ印刷シ速ニ各員ニ配付スルノ手続ヲ行フヘシ是レ皆議長ノ指揮ニヨリ議長ナキ場合ニ於テハ書記官長ノ指揮ニ依ルヘシ」

第六条　各議院において、召集の当日に議長若しくは副議長がないとき、又は議長及び副議長が共にないときは、その選挙を行わなければならない。

○制定趣旨・改正経過

（制定趣旨）

この規定は、召集の当日に議長もしくは副議長がない時、または議長及び副議長がともにない時は、直ちにその選挙を行わなければならないということを規定したものでありますが、現在の議院法第三条では少し不明確な点がありますので、召集の当日に選挙を行うということを明らかにいたしました。

（国会法と旧議院法との比較対照）

○関係法規

△日本国憲法

第五十八条第一項　両議院は、各々その議長その他の役員を選任する。

▲議院法

第三条　衆議院ノ議長副議長ハ其ノ院ニ於テ各〻三名ノ候補者ヲ選挙セシメ其ノ中ヨリ之ヲ勅任スヘシ

第七条　各議院ノ議長副議長ハ各〻一員トス

第八条　衆議院ノ議長副議長ノ任期ハ議員ノ任期ニ依ル

第十条　各議院ノ議長ハ其ノ議院ノ秩序ヲ保持シ議事ヲ整理シ院外ニ対シ議院ヲ代表ス

第十五条　各議院ノ議長副議長ハ任期満限ニ達スルモ後任者ノ勅任セラルヽマテハ仍其ノ職務ヲ継続スヘシ

▲貴族院令

第十一条　議長副議長ハ議員中ヨリ七箇年ノ任期ヲ以テ勅任セラルヘシ

任期ノ定アル議員ニシテ議長又ハ副議長ノ任命ヲ受ケタルトキハ議員ノ任期間其ノ職ニ就クヘシ

▲衆議院規則

第三条　午前十時ニ至リ集会シタル議員総議員三分ノ一ニ達シタルトキハ議員ハ議長候補者ノ選挙ヲ行フヘシ

第四条　議長候補者ノ選挙ハ無名投票ヲ以テシ候補者三名ヲ連記スヘシ

第五条　議員ハ点呼ニ応シ議長席ノ前ニ設ケタル投票函ニ投票ヲ投入シ其ノ名刺ヲ名刺函ニ投入スヘシ

現在議員投票ヲ終リタルトキハ書記官長ハ投票函ノ閉鎖ヲ宣告スヘシ閉鎖宣告ノ後ハ投票スルコトヲ許サス

第六条　投票終リタルトキハ書記官長ハ書記官ヲシテ直ニ投票ヲ計算シ之ヲ点検セシム投票ノ数名刺ノ数ニ超過シタルトキハ更ニ投票ヲ行ハシムヘシ但シ選挙ノ結果ニ異動ヲ及ホササルトキハ此ノ限ニ在ラス

第七条　投票ノ点検終リタルトキハ書記官長各候補者ノ得点ヲ議員ニ報告シ投票ノ過半数ヲ得タル者ヲ以テ当選人トス

第八条　投票ノ過半数ヲ得タル者ナキトキ又ハ過半数ヲ得タル者三人ニ満タサルトキハ最多数ノ投票ヲ得タル者ニ就キ選挙スヘキ定員ノ倍数ヲ取リ決選投票ヲ行ヒ多数ヲ得タル者ヲ以テ当選人トス

同数者二人以上アルトキハ年齢多キ者ヲ取リ年齢同シキトキハ抽籤ヲ以テ之ヲ定ム

第九条　当選人ニシテ当選ヲ辞スル者アルトキハ更ニ其ノ選挙ヲ行フヘシ

第十条　議長候補者ノ選挙終リタルトキハ副議長候補者ノ選挙ヲ行フヘシ

副議長候補者ノ選挙ハ議長候補者選挙ノ例ニ同シ

第十一条　議長候補者ハ副議長候補者ニ選挙セラルルコトヲ得

第十二条　選挙ニ付疑義ヲ生スルトキハ書記官長ハ集会シタル議員ニ諮ヒ之ヲ決スヘシ

第十三条　議長副議長ノ候補者定マリタルトキハ書記官長ハ内閣総理大臣ヲ経由シテ之ヲ奏上スヘシ

第十四条　議長副議長任命ノ翌日午前九時議員ハ議場ニ集会スヘシ
書記官長ハ議長及副議長ヲ議院ニ紹介シ議長ヲ導キテ議長席ニ著カシムヘシ

△国会法

第七条（事務総長の議長職務代行）
第十六条（議院の役員）
第十七条（議長・副議長の定数）
第十八条（議長・副議長の任期）
第十九条（議長の職務権限）
第二十一条（副議長の議長職務代行）
第二十三条（議長・副議長が欠けたときの選挙）

△衆議院規則

第三条　召集の当日に議長及び副議長が共にないときは、集会した議員が総議員の三分の一に達した後、議院は、議長の選挙を行う。
議長の選挙は、無名投票でこれを行う。
第四条　議員は、点呼に応じて、投票及び木札の名刺を持参して、演壇に至り投票する。
甲参事は名刺を、乙参事は投票を受け取り、議員に代つてそれぞれ名刺箱及び投票箱に投入する。
第五条　現在議員が、投票を終つたときは、事務総長は、投票箱の閉鎖を宣告する。この宣告があつた後は、投票することができない。
第六条　投票が終つたときは、事務総長は、参事をして直ちに名刺及び投票を計算し、投票を点検させる。

投票の数が名刺の数に超過したときは、更に投票を行わなければならない。但し、選挙の結果に異動を及ぼさないときは、この限りでない。

第七条　投票の点検が終つたときは、事務総長は、選挙の結果を報告する。

第八条　投票の過半数を得た者を当選人とする。

投票の過半数を得た者がないときは、投票の最多数を得た者二人について決選投票を行い、多数を得た者を当選人とする。但し、決選投票を行うべき二人及び当選人を定めるに当り得票数が同じときは、くじでこれを定める。

第九条　議長の選挙が終つたときは、議院は、副議長の選挙を行う。

副議長の選挙については、議長の選挙の例による。

第十条　当選人が当選を辞したときは、更にその選挙を行う。

第十一条　すべて選挙に関する疑義は、議院がこれを決する。

第十二条　議長及び副議長の選挙が終つたときは、事務総長は、議長及び副議長を議院に紹介し、議長を議長席に導く。

第十三条　召集の当日に議長又は副議長がないときは、集会した議員が総議員の三分の一に達した後、議院は、その選挙を行う。

選挙の手続は、第四条以下の例による。

△参議院規則

第四条　召集の当日に議長及び副議長が共にないときは、集会した議員が総議員の三分の一に達した後、議院は、議長の選挙を行う。

議長の選挙は、単記無名投票でこれを行う。

第六条　召集日に議長・副議長がないときの選挙

第五条　議員は、点呼に応じて、投票及び木札の名刺を持参して、演壇に至り投票する。
　甲参事は名刺を、乙参事は投票を受け取り、議員に代つて夫々名刺箱及び投票箱に投入する。
第六条　現在議員の投票が終つたときは、事務総長は、投票箱の閉鎖を宣告する。この宣告があつた後は、投票することができない。
第七条　投票が終つたときは、事務総長は、参事をして直ちに名刺及び投票を計算し、投票を点検させる。
　投票の数が名刺の数に超過したときは、更に投票を行わなければならない。但し、選挙の結果に異動を及ぼさないときは、この限りでない。
第八条　投票の点検が終つたときは、事務総長は、選挙の結果を報告する。
第九条　投票の過半数を得た者を当選人とする。投票の過半数を得た者がないときは、投票の最多数を得た者二人について決選投票を行い、多数を得た者を当選人とする。但し、得票数が同じときは、決選投票を行わなければならない二人又は当選人を、くじで定める。
第十条　選挙について疑義が生じたときは、事務総長は議院に諮りこれを決する。
第十一条　議長の選挙が終つたときは、議院は、副議長の選挙を行う。
　副議長の選挙については、議長の選挙の例による。
第十二条　議長及び副議長の選挙が終つたときは、事務総長は、議長及び副議長を議院に紹介し、議長を議長席に導く。
第十三条　召集の当日に議長又は副議長がないときは、第四条以下の例より、その選挙を行う。
〔参考〕
△地方自治法
第百三条　普通地方公共団体の議会は、議員の中から議長及び副議長一人を選挙しなければならない。

議長及び副議長の任期は、議員の任期による。

○先例

△衆議院先例集

三八　議長及び副議長の選挙手続は、衆議院規則に定めるものの外、第一回帝国議会において定められた議長副議長候補者選挙手続心得による。

三九　召集当日に議長及び副議長がともにないとき、又は議長若しくは副議長がないときは、まずその選挙を行う。

四一　選挙の際は、議場を閉鎖しない。

四二　選挙の際に議員が登壇することができない場合は、参事がその席に至り、投票を受け取り、代わって投函する。

四三　議長は、議長席において選挙の投票をする。

四四　選挙の投票点検中は、定数の出席議員を要しない。

四五　投票数が名刺数に超過した場合においても、選挙の結果に異動を及ぼさないときは、その投票は、これを有効とする。

四六　名刺のみを投入したときは、棄権とみなす。

四七　瑕疵がある投票の効力は、議長がこれを決定し、又は議院に諮つて決定する。

四八　無効投票は、総数に算入する。

五〇　議長、副議長が当選したときは、参議院及び内閣に通知する。

五一　議長及び副議長がともに当選したときは、事務総長が議院に紹介する。

議長が当選したときは副議長、副議長が当選したときは議長がそれぞれ議院に紹介する。

五二　議長、副議長が就任のあいさつをし、年長議員が祝辞を述べる。

六四　副議長は、後任議長が当選するまで、議事を整理する。

△参議院先例録

四〇　通常選挙後初めて国会が召集されたときは、正副議長の選挙を行う

四二　議長及び副議長の選挙手続に関する例

議長及び副議長の選挙手続は、本院規則第四条から第十一条までの規定による。

なお、第一回国会における議長及び副議長の選挙手続は、国会法附則第五項の規定に基づき、暫定衆議院規則によつたが、召集日の前日の参議院公報に次の趣旨の「召集日の選挙手続」を掲載し、議長及び副議長の選挙を行つた。以後、選挙手続は、本院規則に規定のないものについては、これに準拠している。

召集日の選挙手続

一、各議員の着席を持つて、事務総長は、議長の選挙を行うことを宣告する。

一、事務総長は、投票の開始を宣告し、参事に各議員の氏名を点呼させる。

一、各議員は、点呼に応じ、投票（無名投票）及び木札の名刺を持参して議長席に向かつて右方から順次演壇に登り、甲参事に名刺を、乙参事に投票を渡し、議長席に向かつて左方から降りて、席に復する。（投票及び名刺は、参事が代わつて投票箱及び名刺箱に投入する）

一、投票が終つたときは、事務総長は、開票を宣告する。参事が名刺箱及び投票箱を開いて、その数を計算し、投票を点検する。

一、投票の点検が終つたときは、参事は、得票表を事務総長に提出する。

一、事務総長は、選挙の結果を報告する。

一、選挙の結果過半数を得た者がないときは、投票の最多数を得た者二人につき決選投票を行う。

一、次に副議長の選挙を行う。選挙手続は、議長の選挙手続と同様とする。

一、常任委員長及び事務総長の選挙手続は、議長の選挙手続と同様とする。（常任委員長及び事務総長の選任は、これを議長に委任することができる）

四三　選挙の投票を行うときは、議場を閉鎖しない

四四　選挙の際、議員が登壇して投票できない場合は、参事がその議席に至り、投票を受け取り、代わつて投票する

四五　選挙における投票の効力に疑義のあるものについては、議長は、議院に諮りこれを決する

四六　選挙における無効投票は、投票総数に算入する

四七　選挙における投票の数が名刺の数を超過したが、選挙の結果に異動を及ぼさなかつたため、投票を有効とした例

第八十一回国会　昭和五十二年七月二十八日の議長の選挙において、投票数が名刺の数を超過した。よつて副議長前田佳都男君は、「投票総数二百四十四票、名刺数二百四十三でありまして、投票の数が名刺の数を一票超過いたしております。本院規則第七条第二項には、『投票の数が名刺の数に超過したときは、更に投票を行わなければならない。但し、選挙の結果に異動を及ぼさないときは、この限りでない。』とあります。よつて、一応このまま報告を続けます。投票の過半数は百二十三票でございます。安井謙君二百十五票、河野謙三君二十六票、白票三票、以上報告いたしましたとおりでありますから、投票の数が名刺の数を一票超過いたしておりましても、選挙の結果には異動を及ぼしません。よつて、本院規則第七条第二項ただし書きの規定により、本投票はこれを有効といたします。」と宣告した。

四八　議長又は副議長の選挙において決選投票を行つた例

議長又は副議長の選挙において投票の過半数を得た者がないときは、投票の最多数を得た者二人について決選投票

票を行う。その例は次のとおりである。

第一回国会　昭和二十二年五月二十日の議長の選挙において決選投票を行い、松平恒雄君が当選した。

第五回国会　昭和二十四年三月二十六日の副議長の選挙において決選投票を行い、松嶋喜作君が当選した。

第八回国会　昭和二十五年七月十二日の副議長の選挙において決選投票を行い、三木治朗君が当選した。

四九　議長の選挙の投票中午後十二時となつたため延会し、あらためてその選挙を行つた例

第十六回国会　昭和二十八年五月十八日（召集日）の会議において、議長の選挙の投票執行中午後十二時となつたため、議長の職務を行う事務総長近藤英明君は、延会を宣告し、翌十九日の会議において、あらためて議長の選挙を行つた。

五〇　議長及び副議長が当選したときは、議長の職務を行つた者が議院に紹介する

五一　議長及び副議長は、議院に紹介された際、就任の挨拶を行い、年長議員が祝辞を述べる

五二　議長及び副議長が選挙されたときは、即日その旨を衆議院及び内閣に通知する

五九　議長席にある議長又は副議長は、投票しない

○会議録抜粋

△第九〇回帝国議会　昭二一、九、一〇

貴族院帝国憲法改正案特別委員会議事速記録第九号（二九頁）

○下條康麿君　……第六条ニ「天皇は、国会の指名に基づいて、内閣総理大臣を任命する。」トアリ、第二項ニ、衆議院ノ修正ニ依リマシテ、「天皇は、内閣の指名に基づいて、最高裁判所の長たる裁判官を任命する。」ト言フ一項ガ加ハッタ訳デアリマス、是ハ金森サンノ御説明ニ依ルト、三権ノ一タル司法権ノ地位高キコトヲ明カニスル為ニ、最高裁判所ノ長タル裁判官ノ任命ガ加ハッタト言フコトデアリマス、ソレデ私ハチョット疑問ニ思ヒマスルノハ、同

ジ三権分立ノ一デアル所ノ国会ノ、衆議院及参議院ノ議長、副議長ノ任命モ、当該議院ノ選挙ニ基イテ天皇ガ任命スルト言フコトガ茲ニアツテ宜シイノデハナイカ、サウスルコトガ此ノ立法機関ノ地位高キコトヲ明カニスル所以デモアリ、又象徴タル天皇ト立法権ノ繋ガリト言フコトモ愈々ハツキリシテ来ルノデアリマシテ、実ハサウ言フ風ニ願ヒタイト思フノデアリマスルガ、茲ニ裁判所ノ方ダケ規定サレマシテ、立法権ノ方ノ関係ハ除ケテ居ルヤウデスガ、是ハドウ言フ御趣意デアリマスカ

○国務大臣（金森徳次郎君）　衆議院ト参議院ハ国民代表ノ合議ノ府デアリマシテ、且又ソレガ此ノ憲法ノ建前ニ於テハ最高機関ト言フコトニナツテ居リマス、ソレ等ノ趣旨ヲ総合致シマシテ、是等ハ大体自治的ナ立場デ以テ自己ヲ組立テルト言フ方針ヲ執ツテ居リマシテ、ソレノ役員等モ自ラ定メル、詰リ他カラ議長等ヲ任命サレナイデ、自ラ選挙スルト言フ原理ヲ執ツテ居リマス、斯ク致シマスルコトガ国会ノ地位ニ相応シキ行キ方デハナカラウカト言フ見地ヲ執ツテ居リマシテ、現在ノ大権政治ノ憲法ノ動キ方ト、改正案ニ於キマシテノ大権政治ニ依ラザル憲法ノ動キ方トハ、其ノ点ニ於テ差異ヲ生ズルコトハ已ムヲ得ザルモノト考ヘテ居リマス

△第九一回帝国議会　貴族院国会法案特別委員会議事速記録第二号（九頁〜一〇頁）　昭二一、一二、二三

○中村藤兵衛君　第六条に付て伺ひます、各議院に於て召集の当日に議長若しくは副議長がないとき、又は議長、副議長が共にない時には其の選挙を行ふ、是は改選後、或は総選挙後初め議会に起る訳ですから、当然議長、副議長はないのではないかと思ふのです、と言ふのは其の次の条文から見ても議長、副議長が選挙せられる迄は事務総長が議長の職務を行ふ、此の七条から見ても第六条は総選挙後の初の議会で当然議長、副議長はない場合を規定するのではないかと思ふのですが、さうすると議長、副議長共ないのが当然と思はれるのですが、如何ですか

○政府委員（佐藤達夫君）　議長、副議長とも両方ない場合は、恐らく御指摘の場合が普通の場合だらうと考へます、

理論的に考へるとそれ以外の場合にも偶々さう言ふ事態があるかも知れぬと思ひますが、実際上はないと思います

○中村藤兵衛君　総選挙後の初めての議会に議長副議長がないのが当然ですから、議長、副議長の選挙を行ふ、欠けた場合には二十三条にあるから、此の書き方はどう言ふ意味でありますか

○国務大臣（植原悦二郎君）　多くの場合は御説の通りだと思ひます、併し有らゆる場合のことを法律で規定したので、多くの場合は御説の如くだと思ひます

○中村藤兵衛君　現行の議院法の第三条には、衆議院の議長、副議長は其の院に於て云々と、議長選挙のことが規定してあります、それと同じやうに議長が欠けた時、副議長が欠けた時、共にない時と言ふ書き方は如何なものでせうか

○政府委員（佐藤達夫君）　要するに此の国会法が五月三日から施行致されますから、其の施行後に於て想像されます其の総ての場合を網羅すれば結局斯う言ふことになると言ふ御趣旨のやうに考へます、現在の三条の書き方も一つの書き方だと思ひますけれども、是は院の出来て居なかつたやうな場合を考へると、どうも第一回の議会だけを考へて居るやうにも取れると言うやうな点から、素直に六条のやうな形に書いた方が宜くはないかと言ふ御趣旨のやうに考へます

○中村藤兵衛君　御説明のやうならば、第二十三条で沢山ぢやございませぬか、「各議院において、議長若しくは副議長が欠けたとき、又は議長及び副議長が共に欠けたときは、直ちにその選挙を行う。」此の規定で十分と思はれます

○政府委員（佐藤達夫君）　六条と二十三条と繋ぎ合せて書けば、是で本当に満点に相成ることと思ひますが、此の二十三条の場合は先程御示しのやうな総選挙の後でありまして、是は六条の方で押さへませぬと入り得ないぢやないかと思ひます

○大木操君　念の為に伺ひますが、さうすると六条は解散後の総選挙の時にのみ限ると言ふ意味でございますか、さうなると言ふと「議長若しくは副議長」と言ふのは要らないのぢやないかと思ひます、議長、副議長共にないのが原則でありますからして、「議長若しくは副議長」と言ふ文字は不必要ぢやございませぬか

○政府委員（佐藤達夫君）　是は非常に一目して分り易いやうにと言ふ建前も多少加つて居ると見えますのですが、第一章で国会の召集、それから開会式と言ふやうな見出しにして、最初の召集の際のことは一連の規定となつて出て居る訳であります、其の意味で、或は之を冷やかに考へますと、先程申述べました二十三条の場合と多少ダブつて居るやうなことがあるやうにも考へられますけれども、それに致しましても召集当日のことを第六条として一応眺めますれば、其の際に議長、副議長がない時には選挙しなければならぬと言ふことを書いてそれを明かにして居ると言ふ点に於ては、是は相当意味があるのではないかと思ひます

○中村藤兵衛君　諄いやうでありますけれども、私は斯う言ふ風に解釈したらどうかと思つて居ります、第一の議長、副議長ともにないときは、と言ふのは衆議院の解散、総選挙後のことである、前の議長、副議長どつちかないときと言ふことは、参議院の方が半数改選ですから、半数の方に議長でも残るとか、副議長でも残つた場合のことを予想して書いたのではないかと思ふのでありますけれども、さうでも解釈すれば此の表現が生きるやうに思ふ、然らざればどうもちよつと腑に落ちないやうな考えが致します

○国務大臣（植原悦二郎君）　是は一応六条の規定は国会を召集したり、開会式をして居るから、六条に於て左様な規定を設けた、二十三条の方は役員の規定から当然出て来る解釈である　それから第六条の各議院に居ないと言ふ場合に、中村議員の御説の如く国会法ですから、衆議院と参議院の両方にかかるものだと言ふ場合に於て、参議院に於ては半数改選と言ふ建前から左様なことも、副議長があつて議長がない、或は議長があつて副議長がないと言ふ場合も起り得ると思ひます、さう言うやうな場合に各議院に是は共通するものとして此の規定が出て来た、斯う御解釈為さ

つては如何でございませうか、衆議院の提案ですから、さう言ふ風に条理を正して解釈すれば、此の両方の案が一層よく理解出来る、斯う思ひます

△第一回国会　召集前　昭二二、五、一二

衆議院各派交渉会

○小沢佐重喜議員　議長選挙があつて、副議長選挙はすぐ議長がやるのではなくて、事務総長が続いてやるのか。

○大池眞事務総長　それは国会法を作るときにそういう考え方もあつたが、議長、副議長を選挙するときに、議長選挙が済んでその挨拶があり、それに対する祝辞があつて、また、副議長選挙において同じことを繰返すのは時間も要するし、手数も繁雑になるから一緒にやることになつている。

△第三七回国会　昭三五、一二、七

衆議院各派協議会

○福永健司議員　………、衆議院規則第三条によりますと、「召集の当日に議長及び副議長が共にないときは、集会した議員が総議員の三分の一に達した後、議院は、議長の選挙を行う。」こういう規定になつております。通常の事情でありますならば、召集日当日において議長、副議長の選挙手続が行なわれるのが当然であるという表現でありますが、今日は召集日から三日目を迎えましてまだそのことが行なわれてないということは、いわば各派の協議会によつて、各派がそういうことに意見の一致を見て延ばしておるものと私は了承しておる。従つて、私は、すべての場合、先ほどからもいろいろ各派の方が言われますように、話し合いをつけて円満にやりたい、これは徹頭徹尾そう考えておるのであります。これは一般論として申し上げるのでありますが、どうしても話し合いがつかないというような場合においては、おのずから条文が規定するところによらねばならぬという場合もあろうと思います。ただいまの場合どうするかは別といたしまして、そういう一般論が成り立つと思うのであります。そこで、何日も延ばしていて、きよう

も延ばそうということに——その日その日話し合いがまとまれば別でありますが、もはや延ばすわけにはいかぬというこことになりました場合には、事務総長は当然に衆議院規則第三条の手続を推進される責任があるものと、私は先ほどの議長、副議長のない場合における事務総長の立場と関連いたしまして考えるのでございますが、御見解を伺います。

○山﨑高事務総長　お答えいたします。議長、副議長は、国会の運営に関しましては、まずまっ先にきめなければならないものでございます。そういう関係から、召集日当日におきまして、まず議長、副議長をきめる、従来の前例もその扱いになっております。衆議院規則第三条も、その意味から、召集の当日、そういう事情ですと、当然、議長、副議長を議院の意思によりまして選挙なされることを表わしたものでございまして、その際に、議長の選挙前でございますからだれかが議長席に着かなければいけませんので、法律の規定によりまして、事務総長がその議長選挙の議事を運ぶという関係にあると思います。一面から言いますと、やはり議事をとるという義務はあるもの、こういうふうに考えられます。

△第七回国会　（閉会中）　昭二五、七、一一

参議院議院運営委員会（第七回国会継続）会議録第三号（五頁～八頁）

○事務総長（近藤英明君）　この際、ちよつと御報告申上げておきます。只今議長から辞任願が事務総長の手許に提出になりました。その辞任願の文を朗読いたして御報告申上げます。

辞　任　願

先般の通常選挙により参議院は議員の半数が改選された、よつて改選後初の国会が召集されたこの機会に参議院議長を辞任いたしたい。右お願いする。

昭和二十五年七月十一日

参議院議長　佐藤尚武

参議院事務総長　近藤英明殿

以上であります。

…………………………………………………………………………

○木内四郎君　本会議に持込まれた場合には、本会議ではどういうことになりますか。の諾否を問うということになりますか。

…………………………………………………………………………

○参事（河野義克君）　只今お話のございました召集日の議事といたしまして現在考えられますことを御参考に申上げます。

第一は、議席の指定でございます。これは本日の御決定に基づき、議長は仮議席を定めますが、明日会議の席上、本議席を指定することになります。

それから第二以下が、現在議長が辞表を提出されたことに関係する議事になつて来るのでありまして、そこにはいろいろな考え方がございますが、一応御説明申上げます。議長が本日辞意を表明されたわけでありますから、これは明日の日程に議長辞任の件として、はつきり日程事項として出す方が然るべきかと存じます。議長は役員でありますから、役員を辞任するには本会議の許可がなければなりませんから、議長辞任の件というものを出すわけであります。ところで議長辞任の件という議事、それから後任議長の選挙、或いは現在欠けております副議長の選挙、こういった事柄の会議を誰が主催するかということにつきましては、国会法から言いましてもいろいろに考えられます。事務総長が主宰するという考え方、或いは仮議長を立てて仮議長が主宰するという考え方、いろいろございます。遡つて第一の議席の指定、これにつきましても、現議長が主宰されるか、或いは現議長としてはすでに辞表を出されたから遠慮するのが然るべきかという問題もございます。そういったいろいろな場合がございますが、そのことはこれから本委員会において御相談になつたところに基づいて、議長等においてお考えになつて頂けばいいと思うのでありますが、御参考に申しますれば、議席の指定、それから仮に仮議長を選ぶということを前提といたしますと、仮議長の選挙、この二つの案件は、事務総長が主宰されて、その議事を行われてはどうかと存じます。

次に議長辞任の件、それから議長の選挙、それから新議長の紹介、挨拶、こういつたことは仮議長が主催されて、仮議長の下に行われては如何かと存じます。

次に副議長の選挙を行わなければならんわけでありますし、副議長が当選されますと、副議長の紹介挨拶ということがありますし、そういつた事柄は新議長の下に会議が行われるのが然るべきではないかと一応存じております。

……………………………………………………………………………………………

○大野幸一君　仮議長というのは、議長がないときか、議長が病気で故障のある場合は副議長、副議長がない場合に仮議長があるのか。そのときは私はやはり事務総長がやるのだろうと思うのですが、それはどうですか。これは見れば分るのですが……。

○参事（河野義克君）　只今のお尋ねは、国会法の第二十二条の「各議院において、議長及び副議長に共に事故があるときは、仮議長を選挙し議長の職務を行わせる。」と、こういうことになつております。この場合におきまして、各議院において議長、副議長が両方とも事故があるのではなくて欠けているとき、つまりないときには仮議長を出す限りではなくて、直ちに後任の議長、副議長を選挙すべき筋合のものと思うのであります。第二には議長、副議長に共に事故があるときは仮議長の選挙というのでありまして、現在は議長は辞任を許可されるまでは議長としておられるわけであります。ところがこれは考え方でありますが、すでに辞表を出した者が議事を主宰することは穏当ではないという考え方と、一旦辞表を出しても議院で許可されるまでは、その職務を尽すのが筋であるという考え方と二つあると思いますが、前者の考え方をとりました場合は、議長以外の方が議事を主宰するということになるわけでありま す。その場合に副議長がおらないわけでありますから、事務総長、今のお話のような事務総長がやるか、議長がやるか、仮議長がやるかと、こういう問題になつて参ります。ところで副議長が議事について議長を代理する場合は、国会法第二十四条に「仮議長の選挙の場合及び前条の選挙」というのは、「議長若しくは副議長が欠けたとき、又は議長及び副議長が共に欠けたときは、直ちにその選挙を行う。」つまり議長、副議長の選挙の場合でありますが、そういつた選挙において「議長の職務を行う者がない場合には、事務総長が、議長の職務を行う。」ということになつております。このことは、こういう選挙の場合には事務総長が議長の職務を行うということを決めたと共に、外の場合には他の者がやる、事務総長がやるのではないという趣旨にも若干考えられるわけであります。それで例えば衆議院におきまして、解散或いは任期満了によつて新議会が召集されたときには、議長、副議長ともいないわけで、そういう場合には当然事務総長が議長、副議長の選挙を行い、且つ議長、副議長を紹介することが規則上明らかになつております。それで只今参議院の現在の場合に、議長が辞表を出されている現状を恰かも衆議院のそういつた新国会の召集に際して、正副議長ともない場合のごとくに考えられますならば、事務総長が初めから主宰してずつとやられるのがいいだろうと思うわけであります。ただ若干気になりますことは、只今第二十四条に申しましたように、こういつた選挙の場合に、事務総長が議長の職務を行うと規定しておりまして、議長辞任の件というのは、実は私共が選挙と議事というのを区別した言い方をする場合には、選挙ではなくして議事、狭義の議事であります。そういつた狭義の議事は国会法の考え方から事務総長がやつて然るべきかどうかという点には若干の疑義があると思うのであります。そういうふうに仮議長を立ててやる方がいいか、或いは事務総長を立てて初めからすらつとやつてしまう方がいいかということは、それぞれの考え方があるわけでありますから、その根拠だけ申上げてここで御審議を願いたいと思うわけであります。

……………………

○佐々木良作君　これはいろいろ解釈すればどうにでもなると思いますが、やはり僕は簡単の方がいいと思うのです。ですから僕は少くとも議長の選挙までずつと事務総長でやつてしまつた方がいいのじやないか。特に選挙のときに、仮議長でやれば、それだけ一票投票することができないのです。事務総長一人で全部やつて、仮議長を作らずにやつた方がいいと思います。

○大野幸一君　これはやはり法律解釈だから法制局長が（笑声）いろんな解釈をとつておいでになるようだから聞いて見たらどうです。

○委員長（竹下豊次君）　法制局長。

○法制局長（奥野健一君）　もうすでに議長の辞任が許可されておつて、議長及び副議長がないという場合であれば、第二十四条で直ぐ来て、事務総長が或いは議長の選挙を主宰するというのがよいと思いますが、議長の辞任の許可の手続があるわけでありまして、その場合はやはり議長が、自分でやるわけには行きませんから、議長が、まあ来られないということになると、やはり二十二条で、一応仮議長を選定して、仮議長の手で議長の辞任の許可の手続をやるべきじやないかというふうに、そこでまあ一応仮議長を選んで、それから又議長、副議長の選挙をやつた方がよいのじやないかと今考えます。（「そうだろう、文句からいえば」と呼ぶ者あり）

○参事（河野義克君）　ちよつと先程の私の説明を補足いたしますが、先程おのおのの考え方の、積極的な論拠の考え方ですが、逆におのおのの考え方のやや欠点と言われる側から考えますと、事務総長が主宰した場合には、議長の辞任の件という一つの議事を、事務総長が主宰する。これは、国会法二十四条の精神上如何であろうかという点があります。それから仮議長を選任した場合の欠点は、仮議長というものは、議長、副議長共になくなつてしまつたときには、仮議長を選ぶのではなく、速やかに議長、副議長の選挙を行うべきものであるわけでありますが、現在副議長がなくして、次に議長の辞任が許可された瞬間には、参議院に正副議長がなくなつてしまうわけであります。そうした場合には、仮議長を選ぶのではなく、今度は議長の選挙をやらなければならん。そうすると事務総長がやらなければならん、こういう問題が生じて来て、ややおかしいのでありますが、併しその場合は、一旦議長の辞任許可のために仮議長を選んで、その仮議長はおるのだから、暫く仮議長にやって貰っても、それ程法律上おかしくはないのではないかと考えたらどうだろうか、大体そういうような感じでおります。

……

○委員長（竹下豊次君）　それでは議席の指定は佐藤議長にして頂いて、佐藤議長の辞任問題から選挙までの仕事を事務総長に………、後任の選挙の問題を事務総長にやって貰うということに御異議ございませんか。

〔「異議なしと呼ぶ者あり」〕

○委員長（竹下豊次君）　御異議ないと認めます。

……

○参事（阿野義克君）　そういたしますと、議席の指定は議長がなされ、あと議長辞任の件、議長の選挙、新議長の紹介、ここまで事務総長がされるわけです。そうしますと、新議長が挨拶をされて議長席に着かれて、議事を主掌されて副議長の選挙に入る、こういうことだと思います。そうしますと、次の議事といたしましては副議長の選挙、それから新副議長を議長が紹介し、新副議長が挨拶する。それから従来の恒例によれば新正副議長に対してどなたから祝辞を述べる、こういう恰好になるわけであります。大体そこまで一応切りまして……。

△憲法調査会第二十回総会議事録

昭三三、一一、一一（九頁）

○大池眞参考人（前衆議院事務総長）　………両院の役員について一言申し上げます。旧憲法下では議院成立の要素とされておりました議長、副議長は、その候補者を選挙して、天皇の任命を待ったのでございますが、新憲法ではハウスの役員として、みずからが選挙して決定することになりました。

○学説

△ジュリスト　二一六号（一九六〇、一二、一五）　長谷川喜博

「特別国会の性格」（四二頁〜四三頁）

「特別国会と院の構成

国会法第六条は「各議院において、召集の当日に議長若しくは副議長がないとき、又は議長及び副議長が共にないときは、その選挙を行わなければならない。」と規定し、これを承けた衆議院規則第三条も「召集の当日に議長及び副議長が共にないときは、集会した議員が総議員の三分の一に達した後、議院は、議長の選挙を行う。」ものとし、参議院規則にもほぼ同様の規定がある（参規第四条）。

すべて会議体が、会議体としての本来の活動に入るためには、その会議体の構成が正常な姿にかたまっていなければならないことはいうまでもない。いわゆる「院の構成」に属する事柄が両院でも「最優先の案件」として取扱われるのもこの当然の事理に従っているに過ぎない。上に述べた国会法第六条やこれに関する衆参両院規則の各規定もまた、この当然の事理を明文化したものにほかならないのである。

しかして、これら法文（特に衆参両院規則）の字句からみても、両院ともに召集当日に会議の主宰者が欠けているときの措置としては、本会議の選挙による即日選任を期待していることが伺えるのである。

旧帝国議会時代には、召集当日に議長、副議長が欠けていたときには、（衆議院に例をとれば）先ず議長、副議長候補者の選挙を行ない、その候補者が定まつたらこれを天皇に奏上し、その勅任の後、総議員の議席及び部属を定め、ここにはじめて議院が「成立」するものとし、こうして議院が「成立」したら「勅命ヲ以テ帝国議会開会ノ日ヲ定メ」（旧議院法第五条）、貴族院で「開院式」を行なうことになつていた。

貴衆両院の本来の議事活動は、この開院式がすんで初めて、開始されたわけで、「開院式」も単なる儀式ではなく、両議院にその本来の議事能力を与えるという法的な意味を持つていたわけである。したがつて、会期も、開院式の日から起算される取扱いであつた。

これと違つて、現在の国会は、召集当日から両議院各々自主的にその活動を開始することができるし、その国会の会期も召集の当日から起算されることになつている（国会法第一四条）。旧憲法下での「議院の成立」という観念は、現行国会法は、踏襲していないからである。

ただ、議院に法的に議事能力を与える「議院の成立」とか「開院式」といつた考え方や制度は、現在では捨てられたとしても、本会議の会議主宰者である正副議長が欠けている状態では、会議体としての本来の議事活動に入り得ないという点では、旧帝国議会の時代と何ら変りはない。国会法第六条やこれに関連する衆参両院規則が、議長および副議長の即日選挙の原則を明らかにしているのもこの要請に応えるがためである。両議院の先例が憲法でその優先性を認められている「総理大臣の指名手続（憲法第六七条第一項）」等を含む「すべての案件に先立つて」この「院の構成」の根幹である議長、副議長の選挙を行うべきものとしているのもまた、当然のことである（衆議院先例集二五頁、参議院先例録二三頁）。

しかして、議長や副議長が欠けるということは、その死亡とか、議員の辞職等のいろいろの事由によつて、常にありうることであるのでこの「院の構成」という問題は、何も特別国会だけに固有の問題でないことはいうまでもない。が、総選挙後の衆議院では、当然に、事務総長（議員以外の者の中から本会議で選挙される。国会法第二七条第一項）以外の全役員（議長、副議長、仮議長、常任委員長）を欠いでいるので解散後の特別国会（任期満了による総選挙後の臨時国会でも事情は同じ。）における衆議院では、常にあらゆる案件に先行してこの「院の構成」をかためるという問題が横たわつているのである。特別国会で必ず行なわなければならない議事としては、別に総理大臣の指名手続（憲法第七〇条、同第六七条）があるが、この衆議院における「院の構成」――議長、副議長等の選挙も、特別国会の一つの特色としてあげることができるであろう。」

第七条　議長及び副議長が選挙されるまでは、事務総長が、議長の職務を行う。

○制定趣旨・改正経過

（制定趣旨）

本条は、現行の第三条第二項の規定に相当するものであります。（国会法と旧議院法との比較対照）

○関係法規

△日本国憲法

第五十八条第一項　両議院は、各〻その議長その他の役員を選任する。

▲議院法

第三条　衆議院ノ議長副議長ハ其ノ院ニ於テ各〻三名ノ候補者ヲ選挙セシメ其ノ中ヨリ之ヲ勅任スヘシ

議長副議長ノ勅任セラル、マテハ書記官長議長ノ職務ヲ行フヘシ

第十五条　各議院ノ議長副議長ハ任期満限ニ達スルモ後任者ノ勅任セラル、マテハ仍其ノ職務ヲ継続スヘシ

△国会法

第六条　（召集日に議長・副議長がないときの選挙）

第十六条　（議院の役員）
第十九条　（議長の職務権限）
第二十二条　（仮議長）
第二十三条　（議長・副議長が欠けたときの選挙）
第二十四条　（事務総長の議長職務代行）
第二十八条　（事務総長の職務権限）
第百十条　（欠員の通知）
第二十九条　（参事の事務総長職務代行）

〔参考〕

△地方自治法

第百三条　普通地方公共団体の議会は、議員の中から議長及び副議長一人を選挙しなければならない。（第二項略）

第百六条　普通地方公共団体の議会の議長に事故があるとき、又は議長が欠けたときは、副議長が議長の職務を行う。

議長及び副議長にともに事故があるときは、仮議長を選挙し、議長の職務を行わせる。（第三項略）

第百七条　第百三条第一項及び前条第二項の規定による選挙を行う場合において、議長の職務を行う者がないときは、年長の議員が臨時に議長の職務を行う。

○先例

△衆議院先例集

二　特別会及び臨時会の会期は、召集日に議決する。

特別会及び臨時会の会期は、両議院一致の議決で定める。会期の決定は、特別会にあっては、議長及び副議長の選挙後常任委員長及び議院運営委員の選任前に行われるので、議長が各派協議会において協議し参議院議長と協議した後、議院に諮りこれを議決する。……………………………………………………………………………………………………会期の件は、特別会及び臨時会の召集日に議決しなければならないが、第一回（特別）国会において、召集日（昭和二十二年五月二十日）に議決しないで、その翌々日に議決した（召集日及びその翌日には動議により会期の件を延期して散会した。）。

なお、特別会の召集日に、議長及び副議長の選挙を行うことができず、事務総長が会期の件に関する議事について議長の職務を行ったことがある（第二十九回国会　昭和三十三年六月十日、第三十七回国会　昭和三十五年十二月五日及び第四十五回国会　昭和三十八年十二月四日）。

九五　総選挙の後、国会の召集日前に、議員に欠員が生じたときは、事務総長からその旨を内閣総理大臣に通知する。

一三五　議院運営委員会が構成されるまで、各派協議会を開く。

総選挙後初めて開かれる国会の召集日前及び召集日に、国会に臨む諸般の準備事項について協議するため、事務総長は、各会派の代表議員の参集を求め、各派協議会を開くのが例である。また、議長の選挙後議院運営委員会が構成されるまでは、議長が、各派協議会を招集し、議事の順序その他の事項について協議する。

△参議院先例録

六二　召集日に議長及び副議長が共にないときは、その選挙につき事務総長が議長の職務を行う

六三　通常選挙後初めて召集される国会の召集日に副議長がないときは、議長辞任の件及びその選挙については事務総長が議長の職務を行い、副議長の選挙については新たに当選した議長がその職務を行うのを例とする

○会議録抜粋

△第一回国会　昭二二、五、一二
　衆議院各派交渉会

○小沢佐重喜議員　議長選挙があつて、副議長選挙はすぐ議長がやるのではなくて、事務総長が続いてやるのか。
○大池眞事務総長　それは国会法を作るときにそういう考え方もあつたが、議長、副議長を選挙するときに、議長選挙が済んでその挨拶があり、それに対する祝辞があつて、また、副議長選挙において同じことを繰返すのは時間も要するし、手数も繁雑になるから、一緒にやることになつている。

△第一回国会　昭二二、五、一九
　衆議院各派交渉会

○大池眞事務総長　次に御諒承を願いたいと思うのは、東京都第六区選出議員林連さんから辞任の申出があつた、これは二十日まで差支えないことになつている、二十一日からそのままになつておればだめになるわけだが、丁度二十日には議長ができることになり、会期は明日からになるから、今日私の手許でこれを許可する必要もない。

△第一回国会　昭二二、五、二〇
　衆議院各派交渉会

○大池眞事務総長　……これからどうやつていくか、御相談を願いたい。
○椎熊三郎君　とりあえず林連さんの方を先にやつていただけないか。
○大池事務総長　ここの話合いの結果にもよるが、それは規定上無理ではないか。
○椎熊君　実は御諒解を願いたいが林連さんの追放の問題は今日限りである。本人は既に辞表を出しておるので、今日議長ができれば、当該辞任が認められるわけである。議会の情勢がこうなつたために明日になつて向うから追放されるということは、忍びがたいことであるから、御諒解を願つて、事務総長の下で、最後の御同情を賜つて辞任を認めてもらいたい。
○土井直作君　法制上はどうか。
○大池事務総長　第六条に、召集の当日議長、副議長がないときは、その選挙を行わなければならない。第七条には、議長及び副議長が選挙されるまでは、事務総長が議長の職務を行うということになつている。その六条の手続をしないで、七条の職務をとることは無理ではないか。院議で許可するということは、第百七条に、議員の辞職を許可することができる。但し、閉会中は議長においてこれを許可することができる、とある。だから閉会中ならばできるが、召集になると但書が適用されないから、許可の場合は院議で許可を願わなければならぬ。
○土井君　許可の場合にも議長においてこれを許可することができる。
○大池事務総長　閉会中ならできる。
○土井君　それは仮議長の形においてできるか。
○大池事務総長　七条の規定でできるわけである。
○土井君　そうするとこの場合に百七条は事務総長が仮議長の形において、これを執行することができるか。
○大池事務総長　しかし開会されているからできない。
○椎熊君　七条を適用してやつて違法ではないと思う。
○小島徹三君　ぼくもそう思う。六条と七条とを関連しないで、七条は独立した条文だから、議長、副議長の選挙の済むまでは、事務総長が議長代理を行うと解釈すればいい。
○石田一松君　私どもいろいろ聴いたが、何とか早く議長を決めることが先決問題である。
（五月二十一日の本会議において議長、副議長の選挙、議席の指定後議員辞職の件許可）
△**第三七回国会**　昭三五、一二、七

衆議院各派協議会

○福永健司議員　……事務総長の見解を念のためただしておきたい。国会法第七条によりますと、これは当然のことでありますが、「議長及び副議長が選挙されるまでは、事務総長が議長の職務を行う。」と書いてある。従つて、現段階はまさに山崎事務総長は、議長の選挙が行なわれてないときの事務総長でありますから、当然に第七条の権限を行なう立場であり、また同時に、そういう義務もあると了承いたしますが、いかがでありますか。

○山崎高事務総長　お答えいたします。第七条にある事柄でありますけれども、特別国会の召集早々の事務総長の立場は、やはり議長及び副議長がございませんので、従つて、条文に「事務総長が、議長の職務を行う。」というふうにはつきり規定されております。そういう意味で本会議の開会、並びに本会議におきまして議長にかわりまして議長の職務を行なうということと了承していいと思います。

○福永議員　……………、議員でない事務総長が国会の役員ということは、今の第七条のような重大な職責を果たさなければならぬから、役員という中に入れておくべきだということが、当時それを検討いたしました本委員会の意見でもあつたと思うのであります。そういう意味において、事務総長は、議員ではないが、特殊の取り扱いを受けておるのである、こういうふうに私は了承いたしております。

……、さらに進んでお尋ねをいたしたいと思いますが、衆議院規則第三条によりますと、「召集の当日に議長及び副議長が共にないときは、集会した議員が総議員の三分の一に達した後、議院は、議長の選挙を行う。」こういう規定になつております。通常の事情でありますならば、召集日当日において議長、副議長の選挙手続が行なわれるのが当然であるという表現でありますが、今日は召集日から三日目を迎えましてまだそのことが行なわれてないということは、いわば各派の協議会によつて、各派がそういうことに意見の一致を見て延ばしておるものと私は了承しておる。従つて、………、どうしても話し合いがつかないというような場合においては、おのずから条文が規定するところによらねばならぬという場合もあろうと思います。ただいまの場合どうするかは別といたしまして、そういう一般論が成り立つと思うのであります。そこで、何日も延ばしていて、きようも延ばそうということに――その日その日話し合いがまとまれば別でありますが、もはや延ばすわけにはいかぬということになりました場合には、事務総長は当然に衆議院規則第三条の手続を推進される責任があるものと、私は先ほどの議長、副議長のない場合における事務総長の立場と関連いたしまして考えるのでございますが、御見解を伺います。

○山崎事務総長　お答えいたします。議長、副議長は、国会の運営に関しましては、まずまつ先にきめなければならないものでございます。そういう関係から、召集日当日におきまして、まず議長、副議長をきめる、従来の前例もその扱いになつております。衆議院規則第三条も、その意味から、召集の当日、そういう事情ですと、当然、議長、副議長を議院の意思によりまして選挙なされることを表わしたものでございまして、その際に、議長の選挙前でございますから、だれかが議長席に着かなければいけませんので、法律の規定によりまして、事務総長がその議長選挙の議事を運ぶという関係にあると思います。一面から言いますと、やはり議事をとるという義務はあるもの、こういうふうに考えられます。

○福永議員　…………、どうしても話し合いがつかない場合においては、おのずから――それで何もかもきまつてしまうのだということではなくして、国会法の精神とするところのことが取り運ばれなければならない。こういうように考えます。………

○柳田秀一議員　……私もそういう意味で一ぺん事務総長に伺いたいと思います。確かに国会法第七条に「議長及び副議長が選挙されるまでは、事務総長が、議長の職務を行う。」とあります。国会法の条文でも、その前条あるいは前段、あるいは前項、後条、すべて脈絡のあることは、申すまでもない。そこで第六条には、「各議院において、召集の当日に議長若しくは副議長がないとき、又は議長及び副議長が共にないときは、その選挙を行わなければならない。」こういうふうにうたつて、そうして「議長及び副議長が選挙されるまでは、事務総長が、議長の職務を行う。」こういうふうになつておる。国会法の二十二条と二十三条を見ると、これは今の役員のところですが、「各議院において、議長及び副議長に共に事故があるときは、仮議長を選挙し議長の職務を行わせる。」議長及び副議長がともに事故あるときは、事務総長に議長の職務を行なわせるのではなしに、仮議長を選挙し議長の職務を行なわせるとある。そうして「前項の選挙の場合には、事務総長が、議長の職務を行う。」こういうようになつております。そうすると、そこでどういうことがこの精神になるかということ、議長の職務を行なわせるということは同じなんですが仮議長を選挙して議長の職務を行なわせると第一項にうたつておいて、第二項に「前項の選挙の場合には、事務総長が議長の職務を行う。」これは事務総長が議長の職務を行なうというよりも、選挙の事務を行なう、こう理解すべきであつて、議長の職務を行なわせるのは、仮議長をして議長の職務を行なわせる、その仮議長選挙の事務は事務総長が行なう、こういうふうにうたつておるところを見ると、ここに「事務総長が、議長の職務を行う。」というところには、おのずから言外に、事務総長の職務は、事務的な選挙の手続であるとか、そういうことをにおわせておるのではないかというふうに考えるわけですが、これに対して事務総長はどういうようにお考えになりますか。

○山崎事務総長　第二十二条の場合は、御承知と思いますけれども、議長及び副議長がともにおいでになりますけれども、事故があつて議長席に着けない、こういう場合は、議長、副議長がおいでになりますので、まず仮議長を選挙する。そこで、その選挙の場合ですが、選挙と申しますのは、本会議の議事のことでございますから、やはり事務総長が議長の職務を行なうということになります。それと関連いたしまして、第七条に「議長及び副議長が選挙されるまでは、事務総長が議長の職務を行う。」とありますのは、たとえて申しますと、召集日当日会期を決定することも、選挙以外でありますけれどもありますし、当然召集の当日には議長、副議長はおられませんので、選挙に関する議事を事務総長がかわつて行なうということを意味しておると思います。

○柳田議員　そこで、第二十三条に「各議院において、議長若しくは副議長が欠けたとき、又は議長及び副議長が共に欠けたときは、直ちにその選挙を行う。」とあつて、事務総長がその選挙を行なうということは、ごく短時間で、しかも限られたような意味が私は言外にあるものと理解する。……

○天野公義議員　各党の話し合いが全部決裂した場合においては、事務総長が議長の職務を代行してやらざるを得ない。……

○柳田議員　そうすると、事務総長の行なう行為には、やはりある程度の限界というものがある。今日、政治の紛争の渦中にある場合の行為、おのずからそこには限界があると私は思う。

○山﨑事務総長　規則には、もちろん、ただいま皆さんごらんになりました通り書いてございまして、規則通りいたしますれば、召集の当日本会議を開けば、これは選挙でございますから、決選投票をやるということになれば、建前上きまるようにできておるのでございます。しかし、これは規則だけじゃなくて、しかも御承知のように、話し合いによつて議会政治を円満にしようという非常に大きな政治の流れというものがございますので、召集日当日においても――召集日当日は、皆様のお話し合いによりまして議長、副議長の選挙は延ばしまして、会期だけは事務総長がやれという皆様の一致の御意見によりまして、会期の御決定を願つたわけでありますが、昨日は不幸にして議長、副議長の選挙までには至りませんでした。そうして、本日、御承知と思いますけれども、まとまらない場合には事務総長はその事務を行なうべきじゃないかという御議論が出て参つておるのでございます。それで、事務総長といたしましては、これはもちろん、各派の一致の御支援がなければ、仕事はできません。……ただ、議事を開くという仕事があるじゃないか。お前はそれをやらないのはけしからぬじゃないかと言われますと、最後は、やはり法律なり規則によつて事を選ばざるを得ないという立場にございますので、この点は、反対をする会派もございましようけれども、一つ衷情を御理解いただきたいと思うのでございます。……お前、事務総長としてもつとちゃんと事をしなければいかぬじゃないか、こういうことになりますと、いや、それはできませんと言つて断るだけの積極的な理由がないのでございまして、どうかその点は何分よろしく御了承を願いたいと思います。

○柳田議員　私は事務総長の苦衷もわかりますが、しかし、事務総長が議長の職務を代行するというのは、先ほど述べたように、これはほんの事務の手続というふうなもので、各党がまとまつて、ただ事務をちゃんとやる、こういうふうに解釈すべきで、今日のように、今ここで事務の手続をして議事を進めるのは、そのこと自体が、大きな一つの政治問題になつておる。その政治問題の渦中に事務総長が入つてくるということは、私は、これは事務総長として明らかに職務の行き過ぎであるというふうに解釈するのは当然であり、事務総長がそういう中には入るべきでない。議会の中立性を貫くためにも、こうして与党と野党三派の意見が対立する今、事務を進めるということは、必ずしも公正な立場には立てない、どちらかにつかなければ立てないのですから、そういうときに、ほんとうに公正中立の立場を貫いて——単に事務的の手続を進めるようなこと、たとえば、会期の決定というようなことならいいです。前の、会期の決定をしたのは、ここで、各党一致した。しかし、そういう議事の進め方をすることは、今日のような、大きなこういう政治問題になつておるときは、どちらかに結果的に加担するようなことは、事務総長の中立性からも、これはとるべきでない。そういうことは、了承せいと言われましても、われわれは了承はできませんので、何回言われましても、わが党としては断じて了承はできません。

○福永議員　今、柳田君の言われました点は、私は見解を異にいたします。それは政治問題に介入してはならぬという表現においてなされたのでありますけれども、今日の段階において、選挙の手続を進めるという党と、進めるなという党とあつた場合において、事務総長が何もしないでおるということは、進めないことであつて、何もしないことこそが、一方的にどちらかの見解に加担しておることに私はなると思う。かかる場合においては、おのずから、法律の定むるところにより、条文の示すところによつて善処することこそが、事務総長が事務的に中立性を保つゆえんであると私は考えます。
○山﨑事務総長　ただいま福永先生の方から、善処せよということでございますけれども事務総長といたしましては、御承知のように、各派の皆様の御支援によりまして仕事をやっているわけでございます。不幸にいたしまして、特別会が召集になりまして今日で三日目でございますが、それまでに大事な議院の構成もできない、議長の選挙にも入れない。しかも、与党の方からは、とにかく、ある程度時間がたつておるのに、ぜんぜん何もせぬでおるということは、やはり義務違反ではないか、こういうふうなお言葉がございますれば、私といたしましても、規定の上にかんがみまして、皆様のおしかりを受けるかと思いますけれども国会のある程度の空白というものは、事務的のものでなくて、やはり政治的の意思によつて御決定を願うということ以外にないと思いますので、そういうような強い御要求がございますれば――本会議を開いてはいけないという強い反対の御要請もございますけれども、私といたしましては、やはり本日本会議を開会さしていただくという立場にならざるを得ない、この点をここで申し上げて御了承をいただきたいと思います。
○下平正一議員　私は、この条文の建前からいくと、事務総長に、国会を開くか開かないかという判断力まで与えてないと思う。これはきめられた事務手続であるということに解釈いたしております。従つて、この法律通りにいくなら、事務総長の政治的な判断の余地がないという条件でなければ、私は、事務総長としてはできないと思います。今、第三条を見ても、これは事務総長の判断をする事態ではないのです。開いていいか悪いかという判断の自由は与えてないと思う。議長、副議長の欠けたとき、これも判断の自由がないと思います。

……………………………………………………………………………………………

そういう状況下では、本会議を開くべきか、開くべきでないかということは、協議会が判断すべきであつて、事務総長には判断力を与えてない。………

○山崎事務総長　協議会をやっておる席上でございますから、私が申し上げたのは、やはり自分の立場を御理解願う意味において申し上げたのでございまして、御承知のように、議運もできていない。御決定になる機関がないわけであります。それで、結局、開けという強い御要請があつた場合は、今までは開かずにお延し願つておりましたけれども、どうしても開けという強い御要請があつた場合に、事務総長として、開くわけにいきませんと、はつきり申し上げるだけの根拠がないようなときになりましたら、これはもう仕方がない。そこで今日、三日目になりまして、ただいま皆様お聞き願つたように、当然開くべきではないかという強い御要請が出て参つた。一方では延ばすべきである。まだやつてはいけぬという御要請がある。両方から御指示を受ければ、どちらにきめなければならぬという立場になつてきました。そうなりますと、条文通りなぜやらないかと言われた場合に、私はやりませんということをいつまでも言えませんので、そういうふうになりますことをここで御理解を願う意味で申し上げておるわけでございます。

……………………………………………………………………………………………………

○佐々木良作議員　最初福永さんのお話の中で、福永さんの法律解釈は大体私も妥当だと思いますけれども、法の第七条には、「事務総長が議長の職務を行う」と書いてありますが、この七条によつて事務総長が議長の職務を行なう権限は、私は、十九条の議長の職権全部を代行するものではないと思います。従つて、今のお話の中で規則三条との関連において言われておる、こう解釈すれば、筋が通ると思います。特に、十九条の議長に専属する権限もありますから、その一切が承継されるものではないということだけ御注意しておきます。

△第三八回国会（閉会中）　昭三六、七、四

衆議院議院運営委員会国会法等改正関係委員研究会（第三回）速記録（三七頁）

○大西邦敏君（早稲田大学政治経済学教授）　………。それから、やはり国会法の改正の場合に、これは憲法調査会でも問題になつたようでありますが、事務総長が議長席に着くということを今認めておりますが、どうも筋が通らな

い。しかも、二十九回の国会で、昭和三十三年の六月十日でしたか、事務総長が会期決定について議長の職務を行なつた例があるのです。国会法には、事務総長が議長席に着き得るのは、議長、副議長がともにいない、あるいは議長、副議長が欠けておつて、その議長あるいは副議長の選挙を行なう場合に議長席に着き得る、あるいは議長、副議長に事故があつた場合に議長席に着く、事務総長が議長席に着くことはそれだけしか国会法には認めていないにもかかわらず、さつき申しましたように、会期決定をやる場合に事務総長が議長席に着くということがあつたのですが、憲法にも明記してありますように、国会の役員というものは国会議員でなければならないわけであります。憲法には事務総長が役員であることは規定していない。ただ議長その他役員を国会が選任することになつておりますが、国会法では事務総長は役員になつております。この事務総長というものはやはり非常に重要だと思います。しかし、事務総長を遇する道はほかにあるのです。たとえば、シンガポールなどでは事務総長も憲法で規定して、そうしてその身分を保障している。こういう方法があるのです。事務総長を議長席に一時着けるということだけが事務総長を遇する道ではないと私は思うので、どうも筋が通りませんから、これは事務総長が議長席に着くことだけは改める必要があると思うのです。現在事務総長が議長席に着く場合は、すなわち、議長、副議長がともに欠けたような場合、ことに総選挙後の第一回の衆議院の集会におきましては、議長席には、たとえば最年長者を着かしめるとか、あるいは最古参者を着かしめるとか、あるいは前議長が再び議員に当選してきておれば前議長を議長席に着かしめて、そうして議長の選挙を行なう、これでいいのじやないかと思います。

△第七回国会（閉会中）　昭二五、七、一一

参議院議院運営委員会会議録第三号（五頁〜八頁）

○事務総長（近藤英明君）　この際、ちよつと御報告申上げておきます。只今議長から辞任願が事務総長の手許に提出になりました。その辞任願の文を朗読いたして御報告申上げます。

辞　任　願

先般の通常選挙により参議院は議員の半数が改選された、よつて改選後初の国会が召集されたこの機会に参議院議長を辞任いたしたい。右お願いする。

昭和二十五年七月十一日

参議院議長　佐　藤　尚　武

参議院事務総長　近　藤　英　明　君

以上であります。

○木内四郎君　ちよつと伺いますが、その辞表というものは、普通の過程ならどういうふうに取扱われておるのですか。普通の場合ですよ。今日の場合では取扱の手続は、参議院規則その他に基いて………。

○事務総長（近藤英明君）　お答え申上げます。これが開会中であります場合には、これが直ちに本会議にかけられて、本会議で決定されるわけでございます。それから普通の閉会中でございますならば、本会議にかけることができませんので、これを承認するや否やをそのまま、受取つた者が決定することになるわけでございますが、すでに第八国会は召集の詔書が出ておりますし、すでに明日に召集日が迫つておりますので、この際事務総長として態度を決定するということは極めて不適当と思いますので、このまま明日の召集に持込んで、明日の本会議で御決定相成るべき筋合かとかように考えております。

△第二九回国会　昭三三、六、一〇

参議院議院運営委員会会議録第一号（二頁）

○事務総長（河野義克君）　今期国会は特別会でありますので、国会において会期を定めなければなりませんが、……、議長は常任委員長の懇談会を招集せられまして、各常任委員長から、………、それぞれ御意見の開陳がございました。……

それから午後九時十分に、衆議院議長の職務執行者の事務総長の代理といたしまして、委員部長が私のところに参りまして、衆議院議長の職務執行者としては、今期国会の会期を本日から七月四日まで二十五日間に定めたい、よって規則に基いて参議院議長に協議を申し上げるということで参りました。……

○小酒井義男君　……ただいまの事務総長の報告によりますと、衆議院の事務総長から会期の件について参議院の議長の方に連絡があったということであります。しかし参議院規則の第二十二条に、「臨時会及び特別会の会期は、議長が衆議院議長と協議した後、議院がこれを議決する。」という、議院の議決を要する非常に重要な内容のものでありますし、事務総長が議長にかわって、これらのことをやり得るかどうかということについては、それぞれ意見が分れるところがあると思うのです。事務総長が行えるという意見もありましょうが、そこまで事務総長が行うべきではないという意見もあろうと思うのです。……

△第二九回国会　昭三三、六、一一

参議院議院運営委員会会議録第二号（一頁～二頁）

○小林孝平君　昨夜は……衆議院においては会期の決定がなされましたが、この会期の決定が衆議院にてなされました経緯を見ますと、衆議院の決定にとやかく言うわけではありませんけれども、国会法の解釈上、多少疑義があるように思われるんです。たとえば国会法の第六条は、「召集の当日に議長若しくは副議長がないとき、」は「その選挙を行わなければならない。」こうあって第七条には、「議長及び副議長が選挙されるまでは、事務総長が、議長の職務を行う。」こういうふうになっております、それからさらに第二十三条におきましては、「議長若しくは副議長が欠けたとき、」は「直ちにその選挙を行う。」こういうふうな規定があります。これらの点を考えますと、この解散後の特別国会においては、何をおいても、まず議長及び副議長の選挙が行わるべきであって、事務総長が議長の職務

を行うのは、それまでの間と解釈するのが妥当ではないかと、こういう意見があるわけであります。こういう点から考えますと、昨日の衆議院において行われましたことは、議長、副議長の選挙がなくて、直ちに事務総長が、議長席に着いて会期の決定をしたということに、それは法律解釈上はいろいろの解釈が成り立ちましようけれども、一部に疑義を持つている人があることは争えない事実であります。そこで、これらの疑義を将来明らかにしていくということは当然必要であります。さらに、もう一つ問題になるのは、かりに、こういうことが合法的であるということになりますれば、これを拡大解釈して、事務総長が何でもかんでも全部議長席に着いてやつてしまうということが、やろうと思えばやり得ることになるおそれがあるわけです。実際問題としては、そういう非常識な事務総長が選任されているとは思いませんけれども、やろうと思えばやり得る場合も起きてくることが想定されますので、非常に問題があるわけであります。それで、これらの点は今後明らかにしておく必要がある。……これについての事務総長の御意見あるいは議院運営委員長の御意見、……をもお聞きしたいわけであります。

○事務総長（河野義克君）　ただいまの小林委員の御発言の趣旨については、非常にごもつともな点が多々あると傾聴しておりました。ただ、国会法の解釈としてどうであるべきであるということは、一般的に論ずる場合には、もとより私どもも申し上げたいこともあるわけでありますが、ただいまの場合はすでに現実に衆議院がある運営を行いまして、それに関連してのいろいろのお話でございますので、他院の運営に、この公けの委員会において、私の立場としてかれこれ申し上げることは、まあ慎しんだ方がいいのではないかと存じております。……

○斉藤昇君　……事務総長が議長の権限を代行する範囲、内容というものについては、私は小林委員と同じような解釈をすべきものだと、かように思いますが、……参議院としては、これは私だけの考えかもしれませんが、議長の欠けているときに、事務総長がどこまで議長の権限を行うかということについては、これはやはり狭く解釈をして、衆議院のやつた例をやはり参議院も将来まねるということがあつてはならぬのではないかと私は思います。……私はそういう場合には、やはり議長を選ぶまでの手続その他事務的な問題については、これはまあ代行しなければなりますまいが、いやしくも議院の運営に関する重要な事柄を議長ができるまでの間、だれが見ても避けることができぬという場合はやむを得ませんが、今のような場合には、議長の代行をするというようなことは、参議院としては方針を将来きめていただきたいと、かように思います。

……………………………………………………………………

○阿部竹松君　……二十二条の、「臨時会及び特別会の会期は、議長が衆議院議長と協議した後、議院がこれを議決する。」とこう書いてございますね。この「議長」というものが、議長がきまるまでの仮議長である、事務総長まで加えるという広義な解釈かどうかということがまず一つと、それから、「衆議院議長と協議した後、議院がこれを議決する。」ということになりまするから、仮議長も含むということになれば問題はありませんけれども、仮議長は含まないということになると、これはきのうの話と別個の問題になってくるので、このあたりどういうふうに解釈をされているのか、

……………………………………………………………………

○事務総長（河野義克君）……規則の第二十二条には、「議長が衆議院議長と協議した後、」云々という表現がございます。それから衆議院規則には、これと対応しまして、「議長が参議院議長と協議した後、」云々という規定がございます。一般的に申し上げれば、「議長」とここにあるわけでありますから、その議長は、単に議長その人だけでなく、議長の職務を行う人すべてにわたるわけでありまして、場合によっては副議長とか、そういうものも含まれることは、これは当然でございます。ただ、事務総長がこの場合において議長の職務を行い得るかどうかという点については、若干の問題はあろうと思います。それで一般的に言いますれば、国会法の六条が示しておりますように、召集の当日、各議院において議長、副議長がともにないときは、その選挙を行わなければならない、これは何よりも

先んじて行わなければならない、行うべきものであると了承しております。それで、そういう観点におきましては、通常の場合においては、その後にその国会におけるもろもろの議長の権限行使の問題が、選ばれた議長その人によって行われるという態様が普通であることは申すまでもないと思います。ただ、議長、副議長をともに優先して選ばれなければならないということは当然なこととして、何らかの場合におきまして、議長、副議長が選ばれない間において議長の職務を行わなければならない他の必要性が生じた場合においては、やむを得ず、あるいは例外的に、第七条の作用によって事務総長が議長の職務を行うことも、全的に否定するわけには参らぬと思います。……一応私の見解は……この程度にさせていただきたいと思います。

△憲法調査会第二十回総会議事録　昭三三、一一、一一（九頁）

○大池眞参考人（前衆議院事務総長）　……。旧憲法時代でございますれば、議員の任期が満了の場合でも、正副議長だけは後任者のできるまで引き続いて職務を継続することができましたのでありますが、新憲法ではこれが認められませんので、かかる場合がございますれば、その間事務総長は議長の職務を行うことさえもあるというような点も考えまして、かつまた諸外国の例でも役員となっておるところがありまするので、当初役員の中に入ったことと存じております。従いまして昔のように、政府から任命された公務員ではございませんで、ハウスみずからが選挙することにかわりました。

△憲法調査会第二十三回総会議事録　昭三三、一二、一七（一二頁～一三頁）

○小沢佐重喜委員　……、国会法の第十六条によりますれば、事務総長は議院の役員になっております。……、これを役員にすることが適当かどうか……、これはどうしても疑問な点でございます。従って、現在の国会法のある間はもちろんやむを得ませんけれども、いまの憲法の精神と国会法のあり方は、少くとも矛盾をしておるのではないか。もちろん、規定は便宜的な規定のようでございまして、例えば国会が解散になったような場合におきまして、国会の事務、人事、一切のものは議長がその権限があるのでありますから、解散になつてしまうというと議長も副議長もいない、従つて人事権も庶務権も行えなくなる、そういうような場合には、古い明治憲法の下では、前の衆議院正副議長が、次の正副議長ができるまでその事務をとることになつておりましたけれども、今日はその規定がございませんから、そういう不都合が起るかもしれません。しかしながら、この問題は立法技術の問題でありまして、むしろそうしたような場合においては――解散等によつて議長がない場合、副議長もないような場合においては――その事務の範囲において、議長の権限を事務総長がとるというような特別の明文を設けておけば、何ら差しつかえないのではないかと思います。

△憲法調査会第二委員会第六回会議議事録　昭三四、四、二二(四頁〜五頁)

○西澤哲四郎参考人(衆議院法制局長)　……次に第三点の事務総長についてでありますが、事務総長の議長職務の代行ということを考えましたのは、これは昔の議院法の第三条の規定によつたものでございます。もちろん起草当時におきましても、この点については相当議論がございました。構成員でないところの事務総長が、議事にタッチするということは憲法違反ではないかというような説も、私どものほうの国会法案の委員会で強く論ぜられた記録が残つておりますが、その議論は、もちろん最近においてもございます。現に先般の二十三回総会で小沢佐重喜さんがこのことを論ぜられております通りであります。……

役員にしておくほうが、今の議長の職務代行をするという場合にも一応の理屈が成り立つではないか、こういつた考え方をいたして、これを役員としたのであります。ただ単に事務総長が議長席につくということになりますと、なにかちよつとおかしい気がいたしますが、これをハウスのオフイシャル、役員とするということになれば、ここに合理的な理由もあるのではないかといつたような考え方を持つたのでありまして、そこのところは相当御批判もあるかとも考えるのであります。なおこの点については、GHQからはなにらの批判は出ていなかつたということを申し上げておきます。

○学説

△国会法　黒田　覚（八二頁）

「国会法が特定の場合に、事務総長を議長の代行機関としている点は、批判の余地があるだろう。この制度は、「議長副議長ノ勅任セラルルマテハ書記官長議長ノ職務ヲ行フヘシ」（議院法三条二項、貴族院令一二条）という明治憲法下の制度が、そのまま採用されているわけであるが、今日ではこのような制度を必然ならしめる理由は、便宜的理由をほかにしては発見できない。このような場合には、外国に多くの例のあるように、最年長議員に議長の職務を代行せしめる「年長者議長」（Alterspräsident　）の制度をとつたほうが、憲法の筋をとおすものといい得るであろう。」

△時の法令　第二八五号（昭三三、七、一三）　長谷川喜博

「特別国会と議院の構成」（三四頁〜三五頁）

「次に今度の会期決定の議決で問題にされた点は、その会期を議決する本会議を事務総長が主宰したということであった。

…………

このたびの事務総長の議長代行（仮議長という説明をした新聞等が多かつたが、正確ではない。）は、この国会法第七条の規定に基いてなされたわけである。が、事務総長の主宰したこの会議が、議長、副議長等の選挙ではなく、会期を議決するための本議会であつたため、第七条で事務総長に認められた職務代行権の範囲をこえるものではないかとの疑問を生じたのである。

この「議長及び副議長が選挙されるまで」とは、議長および副議長が同時に引き続いて選挙される場合に、両者の選挙が完了するまでの意味である。すなわち、本条の端的なねらいが、国会召集の当日正・副議長がともにない場合に、その選挙の管理事務を事務総長が行うというにあることは、確かであろう。したがつて、この第七条の規定によつて

事務総長が国会閉会中および国会召集後正副議長が選挙されるまでの間、議長の権限のすべてを代行できるとは、とうてい解釈できない。しかしながら、このような場合に適用すべき他の規定もなく、しかも、実際上何人かが議長の権限を代行する必要が当然おこり得るため、この規定の運用でまかなうほかはないということになるわけである。

ただし、この場合、事務総長が代行し得る権限におのずからなる制約の存することは、当然である。その線の引き方をどこに求めるか、消極的（文書の接受等の）なものに限るとすべきか、議員固有の権限に属さないものとでもすべきか、それとも積極的に、院の意思決定に参加することになる権限以外のすべての権限を行使できると解すべきか。

この場合、選挙以外の一般の議事を主宰したとき可否同数となつたら、議長同様、憲法第五六条第二項の規定による決裁権の行使もできると解すべきか、等々について、考え方はいろいろあるであろうが、立法措置を講じない限り、良識ある先例の累積にまつよりほかにあるまい。

このたび、会期決定の議事を事務総長が主宰したことについても、特別会では会期を召集当日に議決しなければ召集のやり直しを必要とするというその前提となつた議論または疑問を承認してかからなければ、少くとも妥当な措置であつたとは、とうていいい切れないであろう。国会法、衆参両院規則とも、正規に選ばれた議長、副議長による会期の決定をその当然の姿として期待しているからである。

ちなみに、地方自治法では、その第一〇七条で、議長、副議長、仮議長等の選挙を行う場合に、議長の職務を行う者がないときは、年長の議員が臨時に議長の職務を行うことになつている。この場合を国会法第七条と比較すると、自治法では、「選挙を行う場合」と、字句的にも選挙の場合に限つているので、その権限代行の範囲は、国会法による事務総長の方が広くかぶつていると読めるのであるが、自治法でも、「年長議員が必要最小限度の範囲内において、議席の決定、会期の決定等をも行い得るとしなければならぬ（長野氏地方自治法二九五ページ）。」とされているようである。立法的解決の方が望ましいという点では、国会法と同じであろう。」

第八条　国会の開会式は、会期の始めにこれを行う。

○制定趣旨・改正経過

（制定趣旨）

現在の議院法の規定に基づきます開院式は、これによつて議会に活動能力を与えるという法的な効果をもつておるものでありますが、新しい憲法におきましては、国会の召集即ち開会となるのでありまして、法律的に申せば、開会式というものは、行う必要がないのでありますけれども、国家の最高機関といたしまして、国会の開会式を行うということは、その儀礼として必要だという説が行われまして、この第八条の規定が設けられたのであります。勿論この形式等についてはここに何ら触れておりませんけれども、両院議員が一堂に会して開会式を行いたいというのでありま す。その場所を何れにするかという点につきましては、衆議院が第一院でありますす関係上、当然衆議院ということも予期される次第でありますが、場所的、設備的なことを考えますというと、参議院の議場でも差支えはないではないかという説もありまして、これは、今後両院で協定をいたして何等差支えはなかろうといぅことになつて、条文の上には省かれております。また「会期の始めに」という言葉が使つてありますが、これは召集の当日という意味ではなくして、その翌日くらいにこれを行われるであろうと想像されております。（国会法と旧議院法との比較対照）

○関係法規

△日本国憲法

第三条　天皇の国事に関するすべての行為には、内閣の助言と承認を必要とし、内閣が、その責任を負ふ。

第七条　天皇は、内閣の助言と承認により、国民のために、左の国事に関する行為を行ふ。

二　国会を召集すること。

十　儀式を行ふこと。

▲大日本帝国憲法

第七条　天皇ハ帝国議会ヲ召集シ其ノ開会閉会停会及衆議院ノ解散ヲ命ス

▲皇室儀制令

第四十四条　帝国議会ノ開会閉会会期ノ延長及停会ハ両院同時ニ之ヲ行フヘシ

第六条　帝国議会ノ開院式及閉院式ハ貴族院ニ於テ之ヲ行フ

第九条　天皇事故アリ其ノ他己ムコトヲ得サル事由アルトキハ帝国議会ノ開院式及閉院式ヲ除クノ外臨時ノ勅定ニ依リ本章ニ掲クル朝儀ノ全部又ハ一部ヲ行ハサルコトアルヘシ

摂政事故アルトキ亦同シ

第十条　本章ニ掲クル朝儀ハ附式ノ定ムル所ニ依リ之ヲ行フ

▲議院法

第五条　両議院成立シタル後勅命ヲ以テ帝国議会開会ノ日ヲ定メ両院議員ヲ貴族院ニ会合セシメ開院式ヲ行フヘシ

第三十六条　閉会ハ勅命ニ由リ両議院会合ニ於テ之ヲ挙行スヘシ

△国会法

第十四条　（会期の起算）

△衆議院規則

第十九条　開会式の日時及び場所は、議長が参議院議長と協議してこれを定める。

△参議院規則

第二十一条　開会式の日時及び場所は、議長が衆議院議長と協議してこれを定める。

○先例

△衆議院先例集

二九　開会式は、会期の始めに挙行する。

開会式は、常会にあつては、年末年始の休会明けに挙行され（ただし、第四回国会（昭和二十三年十二月一日召集）は十二月二日、第七回国会（昭和二十四年十二月四日召集）は十二月十五日に挙行。）、かつ、内閣の施政方針に関する演説が行われる日に挙行されるのが例である。ただし、演説が行われる日の前に挙行されたことがある。

第四十回国会　施政方針演説の日（昭和三十七年一月十九日）の前々日に挙行

第四十六回国会　施政方針演説の日（昭和三十九年一月二十一日）の前日に挙行

第四十八回国会　施政方針演説の日（昭和四十年一月二十五日）の四日前に挙行

第五十一回国会　施政方針演説の日（昭和四十一年一月二十八日）の前日に挙行

特別会にあつては、新内閣成立の後、施政方針に関する演説が行われる日に挙行されるのが例である。ただし、演説が行われる日の前に挙行されたことがある。

第一回国会　施政方針演説の日（昭和二十二年七月一日）の八日前に挙行

第五回国会　施政方針演説の日（昭和二十四年四月四日）の十六日前に挙行

第十五回国会　施政方針演説の日（昭和二十七年十一月二十四日）の十六日前に挙行

第三十七回国会　施政方針演説の日（昭和三十五年十二月十二日）の前々日に挙行

臨時会にあつては、召集日又はその翌日に挙行されるのが例である。ただし、召集日の翌々日以後に挙行されたことがある。

第五十九回国会　召集日（昭和四十三年八月一日）の翌々日に挙行

第六十二回国会　召集日（昭和四十四年十一月二十九日）の翌々日に挙行
第六十六回国会　召集日（昭和四十六年七月十四日）から四日目に挙行
第六十七回国会　召集日（昭和四十六年十月十六日）の翌々日に挙行
第七十三回国会　召集日（昭和四十九年七月二十四日）から六日目に挙行
第七十四回国会　内閣更迭のため召集日（昭和四十九年十二月九日）から六日目に挙行
第七十八回国会　召集日（昭和五十一年九月十六日）から六日目に挙行
第七十九回国会（任期満了による総選挙後初めて召集された臨時会）　召集日（昭和五十一年十二月二十四日）
から四日目に挙行

なお、常会の第十四回国会（召集日（昭和二十七年八月二十六日）の翌々日に解散）及び第五十四回国会（召集日（昭和四十一年十二月二十七日）に解散）においては、開会式を挙行するに至らなかつた。

△参議院先例録

二七　開会式の日時に関する例

国会の開会式は、会期の始めに行い、その日時は、議長が衆議院議長と協議してこれを定める。

㈠　開会式の期日

常会の開会式は、一月下旬に行うのを例とする。ただし、次の例がある。

第四回国会　昭和二十三年十二月二日（召集日は同月一日）
第七回国会　昭和二十四年十二月十五日（召集日は同月四日）
第四十回国会　昭和三十七年一月十七日（召集日は昭和三十六年十二月九日）
第四十六回国会　昭和三十九年一月二十日（召集日は昭和三十八年十二月二十日）

臨時会の開会式は、召集日、その翌日又は翌々日に行うのを例とする。ただし、次の例がある。

第三回国会　昭和二十三年十一月八日（召集日後二十八日目）
第六回国会　昭和二十四年十一月一日（召集日後七日目）
第二十三回国会　昭和三十年十二月二日（召集日後十日目）
第二十五回国会　昭和三十一年十一月十五日（召集日後三日目）
第三十二回国会　昭和三十四年六月二十五日（召集日後三日目）
第四十一回国会　昭和三十七年八月八日（召集日後四日目）
第四十七回国会　昭和三十九年十一月二十日（召集日後十一日目）
第四十九回国会　昭和四十年七月三十日（召集日後六日目）
第五十回国会　昭和四十年十月十一日（召集日後六日目）
第五十三回国会　昭和四十一年十二月三日（召集日後三日目）
第六十六回国会　昭和四十六年七月十七日（召集日後三日目）
第七十三回国会　昭和四十九年七月二十九日（召集日後五日目）
第七十四回国会　昭和四十九年十二月十四日（召集日後五日目）
第七十八回国会　昭和五十一年九月二十一日（召集日後五日目）
第七十九回国会　昭和五十一年十二月二十七日（召集日後三日目）
第八十一回国会　昭和五十二年七月三十日（召集日後三日目）

特別会の開会式は、新内閣成立の後、内閣総理大臣の施政方針に関する演説の行われる日に行うのを例とする。ただし、次の例がある。

第一回国会	昭和二十二年六月二十三日（施政方針演説の日の八日前）
第五回国会	昭和二十四年三月十九日（施政方針演説の日の十六日前）
第十五回国会	昭和二十七年十一月八日（施政方針演説の日の十六日前）
第三十七回国会	昭和三十五年十二月十日（施政方針演説の日の前々日）

(二) 開会式の時刻

開会式は、午前十一時に行うのを例とする。ただし、開会式が召集日に行われる等のため、他の時刻に行ったことがある。その例は次のとおりである。

正　午	第五十三回国会（臨時）	昭和四十一年十二月三日
午後一時	第二十六回国会	昭和三十二年一月三十日
	第三十四回国会	昭和三十五年一月三十日
	第三十五回国会（臨時）	昭和三十五年七月十八日（召集日）
	第四十九回国会（臨時）	昭和四十年七月三十日
	第六十九回国会（臨時）	昭和四十七年七月六日（召集日）
	第八十三回国会（臨時）	昭和五十二年十二月七日（召集日）
午後二時	第十七回国会（臨時）	昭和二十八年十月二十九日（召集日）
	第十八回国会（臨時）	昭和二十八年十一月三十日（召集日）
	第二十回国会（臨時）	昭和二十九年十一月三十日（召集日）
	第二十七回国会（臨時）	昭和三十二年十一月一日（召集日）
	第五十六回国会（臨時）	昭和四十二年七月二十七日（召集日）

第八十二回国会（臨時）　昭和五十二年九月二十九日（召集日）

午後二時三十分　第四十四回国会（臨時）　昭和三十八年十月十七日

午後三時　第十一回国会（臨時）　昭和二十六年八月十六日（召集日）

二八　開会式を行うに至らなかつた例

国会召集後間もなく衆議院が解散されたため、開会式を行うに至らなかつたことがある。その例は次のとおりである。

第十四回国会（昭和二十七年八月二十六日召集、同月二十八日衆議院解散）

第五十四回国会（昭和四十一年十二月二十七日召集、同日衆議院解散）

▲衆議院先例彙纂（昭和十七年十二月改訂）

四　会期ハ開院式ノ日ヨリ起算ス

三〇　開院式ハ議院成立ノ翌日又ハ翌々日行ハセラルルヲ例トス

三一　開院式ヲ日曜日ニ行ハセラル

○会議録抜粋

△第九一回帝国議会　昭二一、一二、二三

貴族院国会法案特別委員会議速記録第二号（一〇頁）

○中村藤兵衛君　次に第八条「国会の開会式は、会期の始めにこれを行う。」、誠に国民学校の生徒の教科書のやうに、開会式を会期の始めに行ふことは当然のことではないか、従来の議院法にはなかつた例であります、此の条文は削つても宜しいのではないかと思ひます、開会式を会期の始めに行ふと言ふのは当然過ぎるやうなもので、憲法附属の法律に、国定教科書に書くやうなことを書くのは如何でせうか、なくて十分間に合ふと思ひますが……

○政府委員（佐藤達夫君）　なくて宜くはないかと云ふことも一つの御考へ方とは存じますけれども、此の会期の始めにと申しますのは、開会式と言ひますと召集日か或は召集日以後に行はれなければならないぢやないかと云ふ疑問も起り得るかと思ひます、昨日の話に依りますれば、さつきありましたやうに召集の翌日或は其の以後と云ふやうなことを大体考へて居りますので、其の意味で寧ろ召集日と書かずに、会期の始めにと書くことに依つて、さう気分が出るのではないか、是は極めて小理窟を申上げて恐縮でありますが、さう云ふ実益もあるのではないかと考へられます

○中村藤兵衛君　是迄は会期の始めは開院式の日から、それならば開院式と云ふことをはつきり書くのは意味があるけれども、今度は召集日から会期が始まる、斯う云ふことが書いてあるのでありますから、開会式のことを特にどうも御説明のやうに書かなくても宜いやうに思ひますが、是は私の考へだけを申上げて置きます

○子爵大河内輝耕君　此の八条のことで伺ひたいと思ふ、矢張り開会式は従来の通りの形式でおやりになりますか、即ち行幸を仰いでゝ云ふやり方で行くのですか、今度はどうなるのですか

○国務大臣（植原悦二郎君）　左様にならうと思ひますけれども、民主主義の憲法として左様なことを表さないのが宜いぢやないか、国民の慣例的にそれを行ふ、斯う云ふやうな趣意で大体大河内子爵の仰しやる通りにならうと思ひますので、特に其の規定を設けなかつたのであります

△第九一回帝国議会　昭二一、一二、一九

衆議院議事速記録第一二号（一三四頁）

○田中萬逸君　只今議題となりました国会法案について、各派を代表いたしまして提案の理由を説明いたします。

（省　略）

次に国会法に新たに規定いたしました事項について申し上げます。

第一、召集及び開会式。その一、………その二、開会式、従来の開院式は皇室儀制令にその規定があり、かつその開院式によつて議会に活動能力が与えられたのであります、今後の国会では、召集即開会となるのであります。従つて法律的に言えば、開会式は不要でありまするが、国会が国権の最高機関であることに鑑み、その儀礼として開会式を挙行することといたし、その主宰者に衆議院議長が当ることとなし、衆議院議長に故障がある場合には、参議院議長がこれに当ることといたしました。

△第二回国会　昭二三、三、三一

参議院議院運営委員会会議録第二四号（一頁～二頁）

○委員長（木内四郎君）　それから第八条及び第九条開会式に関する規定を削除したらどうかということでありましたけれども、これもいろいろ話合いました結果、これは一応留保ということになつたのであります。ちよつと速記を止めて……。

〔速記中止〕

○委員長（木内四郎君）　それでは速記を始めて……。それでは第九条におきまして、「開会式においては、衆議院議長が、議長の職務を行う。」とありますのを、「衆議院議長及び参議院議長が、交互にその職務を行う。」という改正案を衆議院の方に提出することに御異議ございませんか。

〔「異議なし」と呼ぶ者あり〕

○委員長（木内四郎君）　御異議ないものと認めます。次に第二十六条……。

○学説

△憲法（ポケット註釈全書）佐藤　功（三〇〇頁～三〇二頁）

「三　召集とは国会議員に対し一定の期日に各議院に集会することを命ずる行為をいう（国会法五参照）。常会の召集詔書は集会の期日を定め、少くとも二〇日前に公布されなければならない（同一Ⅱ）。召集とは右のごとく議員に対し一定期日に各議院に集会することを命ずる行為であるが、旧憲法においては召集と開会とを区別してともに天皇の大権とし（旧七）、議会は召集されただけでは直ちに活動能力を取得せず、各議院のいわゆる成立の後に更に天皇の開会の命令（開院式における勅語）により活動能力を取得した（旧議院法四・五）。これに反してこの憲法においては召集により集会した以上はそれが活動能力を取得するために更に国会以外の何らかの機関の行為は必要でないとの考え方がとられる。すなわち召集により集会した後は会議体として活動し得るに必要な要件（議長・副議長・常任委員長・事務総長の選任等。衆規三、参規三・四参照）をみずから充足し、（これがいわゆる「成立」である）、それが整えば当然に活動を開始し得る。参議院規則一八条（昭三〇・三・一八議決による改正により削除された）には「議長、副議長、常任委員長及び事務総長の選挙が終つたとき、又はその選挙を要しないときは、議長は議院の成立を宣告し、直ちにこれを衆議院及び内閣に通知する」との規定があり、議院の「成立」という観念を召集と開会（すなわち活動能力の取得）の間に介在せしめているように見えたが、衆議院規則にはこれに対応する規定はない。衆議院の場合は恐らくは、いわゆる「成立」は当然の順序なりと考えているか、あるいは召集とは議員に対する集会の命令にとどまらず、両議院をして活動能力を取得せしめる行為（すなわち両議院をして活動を開始し得る状態に置く行為）であると解し、召集によつて当然に活動能力の取得すなわち開会が可能となるとしたかのいずれかであろう。いずれにせよ召集・成立・開会は観念的にも時間的にも区別し得るものではあるが、憲法及び国会法はこの三者を特に区別する必要はないとし、いわば召集即成立即開会と認めているといい得よう（国会法一四条は「国会の会期は召集の当日からこれを起算する」と定めている）。国会法八条は開会式について定め会期の始めにこれを行うとしているが、開会式は法律的に開会を意味するものではなく、国会議員みずからが儀礼的に行う式典である。開会式は衆議院議長が主宰する（国会法九。これは衆議院優越主義の一つの現われである）。開会式は両院議長・副議長及び議員が参列し、また皇族・内閣総理大臣・最高裁判所長官・国務大臣及び会計検査院長も参列して参議院議場において行われ、天皇が臨席しお言葉を賜う例である（衆議院先例集一九・二一）。「会期の始めに」とは会期の初日を意味せず、国会が実質上の審議を始めるその冒頭の頃というように広義に解されている。実際には、常会にあつては年末年始の休会明けにおける内閣の施政方針演説の行われる前日または前々日に、特別会においては新内閣成立後、施政方針演説の行われる前、臨時会にあつては召集日またはその翌日に行われるのが例である（衆議院先例集一八）。なお会期は定められた期間が終了すれば当然に終了し、旧憲法とは異なり何人の命令をも要しない。閉会式は行われない。」

第九条　開会式は、衆議院議長が主宰する。
衆議院議長に事故があるときは、参議院議長が、主宰する。

（第二一回国会　昭三〇法三号本条改正）

○制定趣旨・改正経過

第九条　開会式においては、衆議院議長が議長の職務を行う。
衆議院議長に事故があるときは、参議院議長が議長の職務を行う。

（制定趣旨）

この条文は、誰が開会式を主宰するかということを取り上げたものでありまして、現在の貴族院議長が行うということの代りに、衆議院議長が開会式を主宰するのであります。なお衆議院議長に事故があります時には、参議院の議長が主宰する建前をとつております。なお、附け加えて申しますが、この開会式には陛下の臨御を仰いで厳粛にとり行うということを法的に明記せよという意見もありましたけれども、これは法の体裁上いかがということになりまして、そのことは規定にはありませんが、実際はそれを含んでおると御承知を願っておきます。

（国会法と旧議院法との比較対照）

《改正理由》（第二一回国会　昭三〇法三号本条改正）

従来は、「議長の職務を行う。」とあつたが、議事を行うわけではないので、実情に即して、「主宰する。」に改めた。

（第二〇回国会　昭二九、一二、四議運）

○関係法規

△日本国憲法

第三条　天皇の国事に関するすべての行為には、内閣の助言と承認を必要とし、内閣が、その責任を負ふ。

第七条　天皇は、内閣の助言と承認により、国民のために、左の国事に関する行為を行ふ。

二　国会を召集すること。

十　儀式を行ふこと。

▲大日本帝国憲法

第七条　天皇ハ帝国議会ヲ召集シ其ノ開会閉会停会及衆議院ノ解散ヲ命ス

第四十四条　帝国議会ノ開会閉会会期ノ延長及停会ハ両院同時ニ之ヲ行フヘシ

▲皇室儀制令

第六条　帝国議会ノ開院式及閉院式ハ貴族院ニ於テ之ヲ行フ

第九条　天皇事故アリ其ノ他已ムコトヲ得サル事由アルトキハ帝国議会ノ開院式及閉院式ヲ除クノ外臨時ノ勅定ニ依

リ本章ニ掲クル朝儀ノ全部又ハ一部ヲ行ハサルコトアルヘシ摂政事故アルトキ亦同シ
第十条　本章ニ掲クル朝儀ハ附式ノ定ムル所ニ依リ之ヲ行フ

▲議院法

第五条　両議院成立シタル後勅命ヲ以テ帝国議会開会ノ日ヲ定メ両院議員ヲ貴族院ニ会合セシメ開院式ヲ行フヘシ
第六条　前条ノ場合ニ於テ貴族院議長ハ議長ノ職務ヲ行フヘシ
第三十六条　閉会ハ勅命ニ由リ両議院合会ニ於テ之ヲ挙行スヘシ

△国会法

第十六条　（議院の役員）
第十九条　（議長の職務権限）

△衆議院規則

第十九条　開会式の日時及び場所は、議長が参議院議長と協議してこれを定める。
第二百十三条　議場に入る者は、帽子、外とう、えり巻、かさ、つえの類を着用又は携帯してはならない。但し、病気その他の理由によつて議長の許可を得たときは、この限りでない。

△参議院規則

第二十一条　開会式の日時及び場所は、議長が衆議院議長と協議してこれを定める。
第二百九条　議場又は委員会議室に入る者は、帽子、外とう、えり巻、かさ、つえの類を着用し又は携帯してはならない。但し、議長の許可を得た者は、つえを携帯することができる。

〇先例

△衆議院先例集

三〇　開会式は、両議院の議長、副議長、常任委員長、特別委員長及び議員が参列して参議院議場において行われる。開会式には、皇族、内閣総理大臣、最高裁判所長官及び国務大臣が参列する。

三一　開会式には、衆議院議長が式辞を述べる。

三二　開会式には、天皇陛下が御出席になりおことばを賜る。

三三　天皇陛下のおいでの際は、議長、副議長、常任委員長、特別委員長、議員、事務総長、法制局長、事務局及び法制局職員がお出迎え、お見送りをする。

三四　開会式の前に、議長及び副議長は、御休所において天皇陛下にお目にかかる。

三五　開会式式場においては、正面に向かって上壇右側を両議院の議長及び副議長の席とし、式場の左方を本院常任委員長、特別委員長、議員、事務総長、法制局長、事務局及び法制局職員の席とする。

三六　開会式式場においては、やむを得ない事由がある者に対し、つえを用いることを許可する。

三七　開会式には、在京認証官及び地方公共団体の代表者に案内状を送付する。開会式には、外交官、公務員、新聞通信放送社員、ニュース映画社員及び一般の参観を許可する。

△参議院先例録

二九　開会式は、参議院議場において行う

三〇　開会式には、両議院の議長、副議長、常任委員長、特別委員長及び議員のほか、内閣総理大臣、最高裁判所長官及び国務大臣が参列する

三一　開会式には、衆議院議長が式辞を述べる

三二　開会式には、天皇陛下御臨席の上、おことばを賜る

三三　天皇陛下の御送迎に関する例

天皇陛下が開会式においでになる際は、衆議院議長は車寄せ、参議院議長、両議院の副議長及び事務総長は車寄せ内において、両議院の常任委員長及び特別委員長は中央広間の所定の位置において、両議院の議員は正門内広場の所定の位置において、また、両議院の法制局長、事務局職員及び法制局職員は正門内の所定の位置においてお出迎えをする。お帰りの際は、参議院議長は車寄せ、衆議院議長は車寄せ内において、その他はお出迎えのときと同じ場所においてお見送りをする。

三四　開会式の前に、議長及び副議長は、御休所において天皇陛下にお目にかかる

三五　開会式における天皇陛下の御先導に関する例

天皇陛下が開会式においでの際の御先導は、車寄せから御休所まで及び御休所から式場まで衆議院議長がこれを行い、お帰りの際は、式場から御休所まで及び御休所から車寄せまで参議院議長がこれを行うのを例とするが、第三十九回国会及び第四十回国会の開会式には、本院議長松野鶴平君が事故のため参列できなかつたので、副議長平井太郎君が議長に代わり御先導を行つた。

三六　開会式式場においては、正面に向かつて右側を本院議員、左側を衆議院議員の席とする

三七　開会式に参列する者の服装に関する例

開会式に参列する者の服装は、男子はモーニングコート、女子はアフターヌーンドレス又は白襟紋付を建前とするが、平服でも差し支えない。

三八　各議院においてつえ等の使用を許可された者は、開会式式場においても、これを使用することができる

三九　開会式には、認証官、地方公共団体代表者に案内状を送付するほか、外交官、公務員、新聞通信放送社員、ニュース映画社員及び一般の者の参観を許可する

▲衆議院先例彙纂（昭和十七年十二月改訂）

二七　開院式ニハ陛下臨御アラセラレ勅語ヲ賜フ

二八　開院式ニ陛下臨御ナキトキハ内閣総理大臣勅命ヲ奉シテ勅語ヲ捧読ス

二九　開院式当日貴族院議長故障アルトキハ貴族院副議長議長ノ職務ヲ行フ

三〇　開院式ハ議院成立ノ翌日又ハ翌々日行ハセラルルヲ例トス

三一　開院式ヲ日曜日ニ行ハセラル

三二　開院式行幸ノ際議長副議長議員及高等官奉送迎ヲ為ス

三三　開院式前便殿ニ於テ議長副議長拝謁仰付ケラル

三四　皇太子殿下開院式ニ御臨場ノ際議長副議長書記官長及書記官ニ拝謁仰付ケラル

三五　開院式式場ニ於テハ玉座ニ向ヒ左方ヲ以テ本院議長副議長議員書記官長及書記官ノ本位トス

三六　開院式ニハ通常服ヲ著用シ参列ス
帯勲者ハ本綬又ハ略綬ヲ佩用スルコトヲ得

三七　開院式式場ニハ杖ヲ用ヒ又ハ給仕ヲ附スルコトヲ許サス

三八　開院式ニハ外国交際官官吏等ニ陪観ヲ新聞及通信社員ニ拝観ヲ差許サル

五三六　議員ハ議長ノ許可ヲ得テ給仕ヲ附シ、守衛ニ倚リ又ハ杖ヲ用ヒ議場ニ入ルコトヲ得

○会議録抜粋

△第九〇回帝国議会　昭二一、七、一三
帝国憲法改正案委員会議録第一二号（二〇五頁）

第九条　開会式の主宰

○吉田安委員　只今会期ノ点ニマデモ触レマシテ、懇切ニ御答弁戴キマシタコトハ感謝致シマス、唯御言葉ノ中ニ民主政治ノ徹底、議会ノ運営ヲ促進サスル為ニハ、天皇ニ開会ト云ッタヤウナ大権ヲ認メル方ガ宜シイト言フ意味ノ如キ感ジノ致シマスル御言葉ヲ拝聴致シテ、私ハ聊カ遺憾ニ感ズル次第デアリマス、民主主義ノ徹底、ソレハ勿論ノコトデアリマス、議会運営ノ促進、是ハ当然ノコトデアリマスルガ、私ノ感ジマシタヤウナ点カラ致シマスレバ、独リ開会ノ大権ヲ天皇ニ認メマシタト致シマシテモ、其ノ為ニ民主主義ノ徹底ニ阻碍ヲ生ズルト云フコトハ絶対ニナイト信ジマス、尚ホ議会ノ運営云々ト云フコトハ、是ハサウ言フコトデナクシテ、議会当事者ガ勉強サヘスレバ是ハ幾ラデモ促進ガ出来ル筈デアリマス、私ノ考ヘニ依リマスト、天皇ハ日本国ノ象徴デアラセラレマス、サウシテ年ニ一回ノ予算其ノ他ノ国政ヲ審議致シマスル帝国議会ノ召集、開会ニ当リマシテハ、天皇自ラ開会ノ詔勅ヲ御出シ下サイマシテ、サウシテ天皇親シク従来ノ通リニ御臨幸遊バシテ、荘厳ナル威儀ノ下ニ帝国議会ノ開院ヲナスト云フコトガ、是ガ日本ノ国情ニモ即応シマシテ、如何ニモ相応シイコトデアルト存ズルノデアリマス、併シ是ハ意見ノ相違デアリマスルカラ、此ノ点ニ付キマシテ御尋ネ致スコトハ取止メマス、唯会期ノ点ニ付キマシテハ、何レ是ハ国会ノ所デ常置委員其ノ他ノコトデ問題ニナルト思ヒマスカラ、其ノ点ハ其ノ時ニ御尋ネ致シマス、……

○金森徳次郎国務大臣　一寸前ニ遡リマシテ、開会ノコトニ付キマシテ、私ガ述ベタ所ガ少シ誤解ヲ招イテ居ル嫌ヒガアリマスルカラ一遍弁明サセテ戴キマスガ、私ガ申シマシタ開会ト云フノハ、現在ノ憲法ノ上デハッキリ書イテアル開会ノコトデアリマシテ、申上ゲルマデモナク、此ノ議会ニ関シマシテハ先ヅ召集ト云フコトノ詔書ガ出マシテ、何月幾日ニ各議員ガ此ノ会堂ニ御集マリニナル、ソコデ召集ト云フ一ツノ事柄ガアリ、サウシテ、細カイコトハ能ク知リマセヌケレドモ、議長ヲ選ブトカ色々ナ方法ニ依リマシテ働クベキ姿ガ整ヒマスルト、次ニ開会ヲ命ズト云フ詔書ガ出ルノデアリマス、詔書ガ出マシテ議会ハ働キ得ル姿ニハナルノデアリマスルガ、其ノ次ニ更ニ開院式ト云フ儀式ガアリマシテ、陛下御自ラ議会ニ御臨ミニナッテ勅語ヲ賜フノガ例ニナッテ居ル訳デアリマス、私ガ前ニ開会ト言ヒマシタノハ、此ノ二ツ目ノ開会デアリマス、召集ニ次イデ開会ヲ命ズル旨ノ詔書ガ出マスルガ、其ノ詔書ノ段階ハ省イテモ宜イノデハナカラウカ、一体議員ガ集マリマスレバ働ケルノガ当然デアリマシテ、議長ヲ作ルトカ部属ヲ決メルトカ云フコトハ実ハ内輪ノ手続ニ過ギナイノデアリマシテ、速カニ其ノ体形ヲ整ヘテ働クノガ事情ニ合フモノト思ヒマシタカラ、其ノ意味ノ開会ハ省略シテモ宜イノデハナカラウカ、斯ウ考ヘタ訳デアリマス、天皇御自ラ行幸ニナツテ開会ヲ命ゼラレルカドウカト云フコトハ、是ハ多少ノ議論ガ伴ツテ居リマスル為ニ、目下内部ニ於テ研究中デアリマシテ、今御答ヘハ出来マセヌガ、ソレガ此ノ第七条第十ノ「儀式を行ふこと。」ト云フ権能ノ中ニ入ツテ居リマスルガ故ニ、開院式其ノモノヲ只今規定シテ居ルト云フ趣旨デ申上ゲタノデハゴザイマセヌ

△第九一回帝国議会　昭二一、一二、一九

衆議院議事速記録第一二号（一三四頁）

○田中萬逸君　只今議題となりました国会法案について、各派を代表いたしまして提案の理由を説明いたします。

（省　略）

次に国会法に新たに規定いたしました事項について申し上げます。

第一、召集及び開会式。その一、………その二、開会式、従来の開院式は皇室儀制令にその規定があり、かつその開院式によつて議会に活動能力が与えられたのでありますが、今後の国会では、召集即開会となるのであります。従つて法律的に言えば、開会式は不要でありまするが、国会が国権の最高機関であることに鑑み、その儀礼として開会式を挙行することといたし、その主宰者に衆議院議長が当ることとなし、衆議院議長に故障がある場合には、参議院議長がこれに当ることといたしました。

△第二回国会　昭二三、三、三一

参議院議院運営委員会会議録第二四号（一頁〜二頁）

○委員長（木内四郎君）　それから第八条及び第九条開会式に関する規定を削除したらどうかということでありましたけれども、これもいろいろ話合いました結果、これは一応留保ということになつたのであります。ちよつと速記を止めて……。

〔速記中止〕

○委員長（木内四郎君）　それでは速記を始めて……。それでは第九条におきまして、「開会式においては、衆議院議長が、議長の職務を行う。」とありますのを、「衆議院議長及び参議院議長が、交互にその職務を行う。」という改正案を衆議院の方に提出することに御異議ございませんか。

〔「異議なし」と呼ぶ者あり〕

○委員長（木内四郎君）　御異議ないものと認めます。次に第二十六条……。

△第二回国会　昭二三、四、一

衆議院議院運営委員会議録第二三号（三頁）

○浅沼稲次郎委員長　………さらにもう一つは開会式における議長の役割を交代してやらしてもらいたいというような意見も出ておりますが……。

○中野四郎委員　訴追委員の問題は、私はここで議論することを控えますが、開会式の場合に、参議院の性格から言つても衆議院の性格から言つても、衆議院議長がその職に当ることが当然であつて、これは一番最初にやはり議論があつたことですから、今ことさら、参議院の議長と衆議院の議長と交代させるというようなことはやめた方がいいと思います。そういう向うの意見は断つた方がいいと思います。

△第二回国会　昭二三、四、一五

衆議院議院運営委員会議録第二九号（四頁）

○浅沼稲次郎委員長　その通り決します。それでは先に参ります。国会法改正条項の二の委員会を事項別にするか、各省別にするかという問題は後回しにして、参議院との問題について御審議願いたいと思います。事務総長から御説明を願います。
○大池眞事務総長　国会法改正条項三というのがそれでございます。第九条は開会式を行う場合に、衆議院議長と参議院議長が交代して議長の職務をとりたいという原則であります。
○浅沼稲次郎委員長　九条は現行通りでよろしゅうございますか。
〔「異議なし」と呼ぶ者あり〕

△第一〇回国会閉会中　昭二六、八、九

衆議院議院運営委員会議録第五九号（五頁）

○小沢佐重喜委員長　服装の件を議題に供します。
○大池眞事務総長　国会の服装は、真夏で非常に暑いことでもありますので、議場で上着を着用するかしないかということが、今まで夏の議会には常に御議論になったのであります。冷房の装置が遺憾ながら十分できておりませんので、できるだけの措置をとりまして涼しいようにしたいと心がけるのでありますが、従来は開衿シャツはさしつかえない、上着だけは議場では着用しようということに今日まではなっておりました、今回もやはり体裁ということがある程度ございますので、非常にお苦しいと思いますが、上着だけは御着用願って、開衿はさしつかえない、扇子等は御自由にお使い願う、こういうことで御了承願いたい。開会式はいつもモーニングというのが先例でありますけれども、モーニングでなくとも支障はありません。不行跡にならぬ程度にしていただきたい。そのときはもちろん開衿は御遠慮願いたい。

△第二三回国会　昭三〇、一二、一

衆議院議院運営委員会議録第二号（一頁〜二頁）

○椎熊三郎委員長　これより委員会を開催いたします。

お手元に配付してあります案件によりまして順次お諮りすることにいたします。

まず開会式に関する件について御協議願います。本件につきましては、去る十一月二十五日の理事会及び衆参両院の議運の理事の合同打合会を開き協議いたしました結果、日取りは明二日にすることに決定いたしまして、式次第、式辞につきましては、お手元に配付してあります通りに申し合せをいたしたのであります。一応その経過につきまして事務総長より説明を願います。

○鈴木隆夫事務総長　先般の二十五日の合同理事会において、お手元に差し上げてありますように一応決定いたしたのでございます。ただ従来と変つた点を申し上げますと、開会式につきましては、式場において、従来副議長さんは総理大臣あるいは最高裁判所の長官と同様に演壇の前方に並ばれたのでありますが、今回は、両院の話し合いで壇上に登られることになりまして、議長のうしろにつかれることになりました。それから内閣総理大臣と最高裁判所の長官は、国務大臣、会計検査院長及び国立国会図書館長と同様に、従来の国務大臣席に入つていただく。もとは座席の外に出ておられましたが、座席の方に入つていただく。それからもう一点は、衆参の役員、ことに常任委員長席を設けることになりまして、壇上に向いまして左側に衆議院の常任委員長、右側に参議院の常任委員長の席が設けてございます。これは委員長席を小さく表示いたしまして、机の上に名刺型のものを載せておくということでございます。それからもう一点は、新しく在京の認証官を招待申し上げることでございまして、これは従来もそうでございますが、この認証書の招待席は衆議院議員の傍聴席ということでございます。その点、変つた点だけをお手元に書いて差し上げてございます。もう一点御了承いただきたいことは、式次第のところに、常任委員長が新たに加わりましたので、「午前十時衆議院参議院の議長、副議長、常任委員長及び議員がその本院に参集する。」という工合に、変つた点をみなこの中に挿入してございます。その点を御了承いただきたい。それから認証官全部というわけでございませんで、東京に在京中の認証官にだけ招待状を出してございますから、その点もお含み願います。それから式辞のことでございますが、これは両院の合同理事会で一応御了承いただいたのですけれども、ここで朗読してみます。

（開会式辞案省略）

○福永健司委員　今回の場合は、まだきまっておりませんから、そういう問題はありませんが、常任委員長席という言葉の中に、特別委員長を含むというように解釈いたしますか。念のために伺っておきます。

○鈴木事務総長　説明が足りなくて申しわけございませんでしたが、今福永さんから申された通りでありまして、今回は特別委員会がまだ設置されておりませんので、その席においで願わないのでありますが、これからもし開会式の当時に常任委員長のほかに特別委員長ができておりました場合には、当然常任委員席においで願うことになります。

○井上良二委員　今度新しく在京中の認証官を十人ほど招待するという話ですが、それはどういう人ですか。ちょっと名前を読んでくれませんか。

○鈴木事務総長　東京高等裁判所の長官、大阪高等裁判所の長官、名古屋、広島、福岡、仙台、札幌、高松の各高等裁判所の長官、最高検察庁においては検事総長と次長検事、それから各高等検察庁の検事長、会計検査院の検査官、人事院の総裁、人事官、公正取引委員会の委員長、そのうちの在京者で、結局東京高等裁判所の長官と最高検察庁の検事総長と次長検事、東京高等検察庁の検事長、会計検査院の検査官、人事院の総裁と人事官、公正取引委員会の委員長、これだけでございます。

○福永(健)委員　在京の認証官ということできめておかれると、今回の場合は該当者がないのでけっこうだが、実を申し上げると、これは過去にいろいろ問題があったことがある。たとえば例を外務省にとってみますと、大公使は全部認証官で、公使などは、よく公使の資格のままで外務省に戻っておるという例がちよいちよいあります。局長の中でも、若いような諸君が公使になつておる例がよくあります。こういつた場合に、当然次官になつておる諸君はそれより格が上なものですが、そういつた認証官もあるという事情にかんがみて、在京の認証官と申しましても、おおむね今回のごとく具体的に現われたような標準、これと一応関連して今後も考慮することが必要じゃないか。今後いずれそのときには相談するのですが、最初の例でございますので、ちよつと申し上げておきます。

○井上委員　私は、そういうような認証官をわざわざ招待するというならば、やはり国会の建前上、たとえば全国の県会議長の代表者とか、市町村会の代表者、あるいは市長及び県知事の代表者、そういうものもやはり招待をしてやる方が、建前上としてはいいじゃないか。とにかく官僚だけを招待をしてしまつて、民間側は全然オミットしておるのはおもしろくない。このたびは間に合いますまいが、次の通常国会までには一応御検討願つて、どの範囲にどうするかということは、式場その他の関係もありますから、事務当局で御検討願いたい。

○椎熊委員長　ただいま福永委員、井上委員の御意見もありますので、今回は間に合いませんから、次の開会式の際にはあらためて御相談申し上げ、参議院とも協議して、適当な結論を得たいと思います。ただいまの事務総長の説明の通り決定するに御異議ありませんか。

〔「異議なし」と呼ぶ者あり〕

○椎熊委員長　御異議ないようでありますから、さよう決定いたします。

△第二四回国会　昭三一、一、二〇

衆議院議院運営委員会議録第三号（一頁〜二頁）

○椎熊三郎委員長　さよう決定いたしました。

次に、開会式があまりに簡素に過ぎるのではないか、式典であるから、もう少しりつぱにやりたいというところから、音楽の演奏、たとえば、陛下来臨の際に君が代等を奏楽したらどうかという意見等もありまして、お手元に配付して

あるような一応の案を立てておりました。これは衆議院の議運の理事会におきましても結論を得ませんでしたが、結論を得ざるままに参議院の理事会と相談いたしましたところ、あえて取り立てて反対しなければならぬということもないが、やつてみておもしろくないからやめなければならぬということも不体裁だし、思いつきのようでもいかぬから、なお研究の余地があるのではないか、今回は一応留保して、次の国会開会までにさらに名案があつたら検討しよう、そういうことで分れて参りました。その通り決定してよろしゆうございますか。つまり今回は音楽を入れるということはしない、従前通りということです。それでよろしゆうございますか。

△憲法調査会第二十八回総会議事録　昭三四、三、一八（二八頁～二九頁）

○佐藤達夫参考人（前法制局長官）　それからもう一つ違つた角度から儀式に関して問題がありますのは、七条による天皇の儀式ということになりますと、これは天皇主催の儀式だけに限るのか、他の主催の儀式に天皇が参加され、そこで儀礼的の行動をする、あるいは、それに出席されるというような行為は、「儀式を行うこと」というのに含まれるかどうかという問題がございます。一番いい例は国会の開会式に天皇がお出になりましてそうしてお言葉を賜わるという、あの性質は何か。国会の開会式はもちろん天皇主催の儀式ではございません。これは両院の主催の儀式であります。天皇はお客様としてお出になる。そのお客様としてお出になる天皇の行為というものは、やはり国事を行うことなのかどうか、これは学界にも両論がございます。われわれ憲法立案に携わつた仲間の間でも違つた見方をしているくらいであります。定説はございません。私は当時政府当局として――むしろ、その頃の個人的な意見ということになるわけで、政府として決定したわけでも何でもございませんが、そのころからの個人的意見としては、七条では天皇主催の儀式をいつておるので、国会の開会式にお出になるということは、この七条の行為の中には入らないという考え方をもつております。しかし、その性質は単純な天皇のプライベードな行為、私事であるのかということになると決してそうではない。一種の中間の段階のものとして考えざるを得ない。従つて天皇の行為というものの中には、完全な私事、それから完全な国事というものとの間にもう一つの中間的なものがあるといわなければならないのではないかと考えているわけです。この国会の開会式にお出になるのはその中間的な、いわゆる国事でない公事、というような言葉で表現できる部面に入るのではないか、言いかえれば国会の開会式に最高裁判所の長官が出ておりますが、最高裁判所の長官が開公式に出ておるというのは最高裁判所の権限には全然関係のないことである。しかし、田中それがしという個人の方があすことに出ているとも思えない。何かその中間的なものだというふうに考えていいのじゃないか、これは非常に漠然としたことですけれどもそう考えております。この間、高辻君がここで御説明申しました例のイギリスの女王の戴冠式に皇太子殿下が天皇の代理としていらつしやつたというような行為も、やはり私のいう中間的な、公の行為ということの代行というふうにみるべきではなかろうかというような気持がいたしておりますす。従つて天皇の私事と国事との間に、もう一つのものがあるというように考えるか否かという問題が、一つの問題として現在残されておるというわけであります。

△第三八回国会　昭三六、一、二五

　　衆議院議院運営委員会議録第二号（三頁）

○小平久雄委員長　次に、開会式に関する件についてでありますが、開会式の日取りにつきましては、来たる二十八日午前十一時から行なうこととし、事務当局から宮中の御都合を伺いましたところ、同日はお差しつかえないとのことでございました。また、式次第につきましても、従前の例によることといたしまして、その案をお手元に配付いたしてございますが、会計検査院長についてはこれを削ることで参議院と協議することといたします。また、式辞につきましても、理事会の御了承を得ました案をお手元に配付いたしておりますが、この際、事務総長から朗読を願います。

（開会式辞案省略）

○小平委員長　それでは開会式は来たる二十八日午前十一時から行なうこととし、式次第及び式辞案は、お手元に配付の案文の通りそれぞれ一応決定いたしまして、参議院と協議の上最終的に決定することといたしますが、これにつきましては委員長に御一任を願つておきたいと思いますが、御異議ありませんか。

〔「異議なし」と呼ぶ者あり〕

○小平委員長　御異議なしと認めます。よつて、さよう決定いたしました。

△第三九回国会　昭三六、一〇、一八

衆議院議院運営委員会国会法改正等に関する小委員会議録第一号（五頁）

○中正雄参考人（毎日新聞社論説委員）　……それからもう一つ、これは大した重要なことじゃないのでありますが、私が長い間の議会関係の仕事のうちで考えたことなんでございますけれども、開会式のやり方というものは何か変えられないか。どうも見ておりますと、これは私だけの感じかもしれないけれども、少し印象が暗いのであります。何か非常に重大な宗教的な儀式に出ているような感じがする。これはもつと明るいものになさつてもいいのじゃないか。おめでたい儀式でないにしても、もつと明るさを必要とする。そういう意味では、これに対して、開会式前後に音楽ぐらいお使いになつた方がいいのじゃないか、あるいはまた、議長の式辞、陛下のお言葉に対して、議員諸公が拍手ぐらいなさつていいのじゃないか、これは決して失礼に当たらない。まあそんなことを私は考えておるのであります。

どうもとりとめのないことを申し上げましてが……。

○学説

△憲法（法律学全集3）　清宮四郎著（一七九頁）

「⑾　儀式の挙行（憲法七条一〇号）　ここに、「儀式」（ceremony）とは、国家的な儀式をいい、私的な儀式、例えば、皇室に関する事項を宮中三殿に奉告する儀式などは含まれない。「儀式を行ふ」とは、天皇がみずから主宰して儀式を行なうことを意味する。憲法が特に天皇の国事行為としているのはこの種の行為と解せられる。国家的祝日、祭日もしくは記念日や、即位の礼、大喪の礼などに行なわれる式典で、天皇の主宰するものは、ここにいう儀式である。これに対し、外国で行なわれる国家的儀式、例えば、外国の国王の戴冠式に参列したり、他の国家機関が挙行する儀式、例えば、国会の開会式に参列したりする行為は、儀式としては公的なものであっても、天皇の行為としては、単なる象徴としての行為であって、ここにいう国事行為としての儀式の挙行ではない。

なお、天皇が行なう儀式は、政治的な意味をもつたものであってはならず、また、国家と宗教とが分離され、国及びその機関が宗教的活動をなすことは禁止されているから（憲法二〇条三項）、天皇が、国の公事として、神道その他の宗教的儀式を行なうことは許されない。」

〔34〕△日本国憲法　法律学体系コンメンタール篇　宮澤俊義著（一四〇頁〜一四四頁）

「ここに「儀式」とは、国家的な性格を有する儀式をいい、私的な性格をもつものを含まない。たとえば、皇室に関する重大な事項を宮中三殿に奉告する儀式は、ここにいう「儀式」に含まれない。

(イ)　ここにいう「儀式」は、成文法や慣習法でみとめられているものにかぎられず、そのほかでも社会通念上国家的儀式と考えられるものをも含むと解する。たとえば、立太子の礼は慣習法でみとめられているといえようが、平和条約発効記念式典とか、憲法施行何年記念式典とかいうものは、法律や慣習法で以前からきまつていたものではない。しかし、天皇がそれらの儀式に参列することは、許されよう。

(ロ)　「儀式を行ふ」とは、儀式を主宰し、執行することだけでなく、儀式に参列することをも意味すると解すべきである。即位の礼（皇室典範二四条）や、大喪の礼（同二五条）の場合は、天皇が儀式を主宰し、執行する場合に該当するだろうし、国会の開会式（国会法八条）の場合は、天皇が儀式に参列する場合に該当しよう。

「儀式を行ふ」とは、儀式に参列することを含まないとする見解もある。しかし、そう解すると、天皇が国会の開会式に参列することの根拠が見出されなくなり、国家機関としての天皇の開会式参列は、憲法で許されないのではないか、との疑義が出てくる。儀式に参列することも含むと解すれば、天皇が国会の開会式はもちろん、平和条約発効記念式典や、憲法施行何年記念式典の類に参列することも、容易に是認することができる。天皇がそれらの儀式に参列することを禁ずる趣旨を憲法が定めていると解するのは、良識に反する。天皇が外国の国王戴冠式その他の国家的儀式に参列することについては、どう考えるべきか。天皇はそれらに参列できないと解する人もあるが、そうまで狭く考える必要はあるまい。天皇が外国の国家的儀式に参列することも、本条に準じて、天皇の権能として、許されると見てよかろう。外国の大公使館で催されるそれぞれの国の国家的儀式（国王の誕生祭とか、即位式など）に参列することも、同様である。

(一)　「儀式」という以上は、どこまでも単なる儀礼的な性格をもつものでなくてはならず、それ以上に出て政治的な意味をもつたものであつてはならない。たとえば、儀式という形をもつた行事であつても、憲法改正を目的とするものや、また憲法改正の反対を目的とするものは、ここにいう「儀式」に含まれない。

(二)　ここにいう儀式は、国家機関としての天皇が、その職務の一部として、執行し、参列するものであるから、いかなる宗教とも、まつたく無関係なものでなくてはならない。すなわち、あらゆる宗教的色彩をとりのぞいたものでなくてはならない。これは、憲法が国家と宗教との分離の原則を採用していること（二〇条二項・三項・八九条）から出てくる当然な結論である。明治憲法のもとでは、即位の礼や、大喪の礼をはじめとして皇室関係の儀式はほとんどつねに神社的（神ながら的）儀式であつた。日本国憲法のもとでは、これは許されない。すべての国家的な儀式は、宗教から厳に絶縁されなくてはならなくなつた（もつとも、天皇が外国の儀式に参列する場合は、その外国の儀式が宗教的色彩をもつものであつても、その参列はかならずしも違法でないというべきだろう。国家と宗教との分離の徹底していない国では、国家的儀式が宗教的色彩を有することはしばしばある。そういう国家との交際がみとめられる以上、天皇が参列するその国の儀式が宗教的色彩をもつことも当然に許されていると見るほかはない）。

この意味からいうと、天皇が宮内庁の官僚を引きつれて神宮に参拝する行為は、問題である。この場合、天皇が私人の資格で参拝することは自由であるが、国家機関としての資格で、国費の負担において、参拝し、かつ、国家公務員が職務としてそれに同行することは、政教分離の原則に反する疑いがある。

(ホ)　天皇が、国家的儀式を行い、またはこれに参列する権能を有することは、けっして、天皇が行い、または参列する国家的儀式以外に国家的義式が存在することを否定する趣旨ではない。天皇と無関係な国家的儀式も、もちろんあり得る。

(ヘ)　天皇の儀式の主宰またはそれへの参列は、前号の外国の大使・公使の「接受」と同じく、事実行為であるが、それはもちろん「内閣の助言と承認」によって行われなくてはならない。

(ト)　天皇が国家的な儀式を主宰し、またはそれに参列することのうちには、そこで式辞をのべることも含まれる。たとえば、天皇が国会の開会式（国会法八条）に出席して、式辞をのべるが如きである。

明治憲法時代の帝国議会の開院式における天皇の式辞は、「勅語」と呼ばれたが、日本国憲法のもとでの国会の開会式でのそれは「お言葉」と呼ばれている。「勅語」にくらべると、ふつうの言葉になったようであるが、それでも、衆議院議長の「式辞」とは区別して、「お言葉」といい、官報でも、「お言葉を賜わった」と敬語を使い、しかも「お言葉」の文字の上に一字分白く空けて敬意を表している。

「お言葉」の内容は、当然それについて助言と承認の職務を有する内閣が決定すべきものである。それは、もちろんどこまでも儀礼的なものであるべく、実際政治的な意味をもつべきではない。それが、少しでも実際政治的な意味をもつことは、それが天皇の公の「儀式」に参列する行為であることと矛盾する。

実際において、開会式における天皇の「お言葉」は、次の一例が示すように、まったく社交辞令的なものである。

「本日、第十七回国会の開会式に臨み、全国民を代表する諸君とともに、親しく一堂に会することは、わたくしの深く喜びとするところであります。

わが国が、近時ますます多くの友邦諸国との交わりを厚くし、着々世界にその地歩を築きつつあることは、諸君とともにまことに喜びに堪えません。また、内にあつては、国民諸君が、よく、近年まれな累次の災害に耐え、困苦を忍んで、生業の安定と経済の発展とに絶えざる努力をはらいつつあることは、わたくしの深く多とするところであります。

しかしながら、今後なお、わが国運の前途に予想される幾多の困難を乗りこえて、永遠の平和を念願する日本国憲法の精神を堅持し、国運を隆盛に導いていくためには、さらに多くの努力を要します。

わたくしは、ここに、全国民諸君がいつそうの決意をもつて、文化的、民主的国家の建設に努力し、また国際間の平和と、民主主義の発展とに寄与することを望むものであります。

このときにあたり、国会が、国権の最高機関としての使命を遺憾なく果し、また全国民が憲法の諸原則をよく守り、互に協力して各自の最善を尽すことを切に望みます。」（一九五三年〔昭和二八年〕一〇月二九日）

しかし、稀には、次にかかげるもののように、多少実際政治的意味を有すると考えられる例もある。

「本日、第十三回国会の開会式に臨み、全国民を代表する諸君とともに、一堂に会することは、わたくしの喜びとするところであります。

平和条約については、すでに国会の承認を経て、批准を終わり、効力の発生を待つばかりとなつたことは、諸君とともに、喜びに堪えません。（中略）

わたくしは、全国民諸君が、六年余の長きにわたりわが国に寄せられた連合諸国の好意と援助とに対する感謝の念を新たにしつつ、新日本建設の抱負と誇りをもつて、今後の多くの困難を克服する不動の決意をさらに固めることを望むものであります。（後略）」（一九五二年（昭和二七年）一月二二日）

この「お言葉」は、サンフランシスコ平和条約の成立をよろこび、全国民に対して、連合諸国に対する感謝の念を新たにすることを要望しているが、日本の有力な政党のうちに、これらの点について、「お言葉」とはちがつた政治的見解をもつものがあつたことを、注意する必要がある。

(チ)　ここに「儀式」とは、多かれ少なかれ社交的な性格をもつ会合ないし催しをも含むと解すべきである。天皇が主催する観桜会・観菊会の類は、これに属する。しかし、それはどこまでも公的な性格を有するものにかぎり、まつたく私的な社交的な催しは、本条の関するところでないことは、もちろんである。

(リ)　従来政府は、ここにいう「儀式を行ふこと」を文字どおり儀式を主宰することと理解し、その代り、各種の天皇の儀礼的行動を一括して準国事行為と称して天皇の憲法上の行為とみとめる例である。賛成できないが、実際には、この例が先例として確立するおそれがある（見よ、第一条〔13〕）。」

△時の法令　八二二号（昭四八、五、二三）

「天皇の国会の開会式への臨席と憲法」（三九頁～四一頁）

「今年の一月、いま開かれている第七一回国会の開会式が行なわれるにあたつて、共産党が、この開会式に天皇が出席されて、おことばをたまわるという従来のやり方は憲法上疑義があるといい出し、一時、マスコミの上でも、だいぶ問題になつた。共産党側は、この主張は別に、同党が天皇制廃止を主張していることとは直接かかわりのないもので、純粋の憲法論からいい出したものだとしきりに弁明していたが、多くの人々は、そうは受けとらず、やはり、天皇制廃止問題とかかわりがあるのではないか、そして、それを共産党が院内交渉団体に躍進した機会に表に出したのではないかとみていたようである。

このときは、自民党をはじめ、共産党を除く他の党が、従来の開会式のやり方は、第一回国会のとき、憲法との関係を十分に検討した上で定められたものであり、いま、これを改める必要はないとして、共産党のいいぶんに反対し、一月二六日の議院運営委員会において、異例ともいうべき採決の方法によつて、多数決によつて従来どおりの方式がとられることになつた。

この問題は、これで一応落着したが、四月に入つて、こんどは米国政府が天皇の御訪米を要請しているということがマスコミの上に伝えられたことに関連して、共産党が、まず、天皇と憲法との関係に関する従来の考え方をもととしてこれに反対し、社会党も、いまの時期に天皇が訪米されることは日本政府あるいは米国政府に政治的に利用されることになるおそれがあるとして反対を表明し、公明党も積極的に反対とはいわなかつたが消極的意見を述べ、そういうことが影響したかどうかはわからないが、宮内庁当局も、米国側が要望したという今年の一〇月は天皇の行事がつまつていて都合がつかないといつて消極的意見を述べたようで、結局、政府は、今年中の天皇御訪米をおことわりすることになつた。

この問題は、日本で考えられている以上に深刻に、日米間に大きな影響を与えることになつているようで、その点は、若干心配なことである。しかし、いずれにしても、この問題も、天皇の国会開会式への臨席と同様に、天皇の公的な行為と憲法との関係について一つの問題点を提供しているものである（なお、共産党や社会党が天皇の御訪米は天皇を政治的に利用するものだと反対したことについては、一昨年の天皇御訪欧に関しては、国内の諸政党にこんどのような反論がなかつたのに、訪米となると、こんな議論の出るところからいうと、政府、自民党もさることながら革新諸政党の方面にも、この問題を、政治的に扱おうとする態度が強くみえるともいえるであろう。）。

そこで、ここでは、天皇の国会開会式への臨席その他類似の公的な事実行為の問題について、憲法との関係を考えてみることにする。

憲法第七条第一〇号は、天皇の国事行為の一つとして、「儀式を行ふこと」というのを掲げている。この場合の「儀式」が何を意味するかについては学説が分かれており、多くの説は天皇が主宰される儀式、たとえば、即位の礼とか大喪などをいうものとするが、この点については問題がないとして、さらに、このほか、国会の開会式とか、憲法施行何周年の式典などという、国家的儀式ではあるが、天皇がそれを主宰されるものではなく、他の国家機関が主宰し、天皇は、国の象徴という立場で、これに臨席されることについても、これを、ここにいう「儀式」にあたると解し、こういう儀式に天皇が臨席されることを「儀式を行なうこと」にあたると解する有力な学説がある。しかし、憲法の条文からいうと、「儀式を行なうこと」というのをここまでひろげて読むことはいささか疑問で、前説が多数説である。

＊　＊　＊

ところで、明治憲法時代の帝国議会の開院式は、天皇が主宰されるという立て前のものであったが、現行憲法下のそれについては、国会の召集は、天皇の行なわれる国事行為である（憲法七条二号）が、国会は、この召集があった場合はその会期の開始とともに活動能力を取得し、あとは国会は自主的に運営されるという考え方がとられ、そこで、国会の開会式は、一つの儀礼的行為として会期のはじめに衆議院議長（衆議院議長に事故のある場合は、参議院議長）の主宰の下に行なわれる（国会法九条）ことになっており、天皇は、国会（衆参両院議長）の招請によって、これに臨席され、おことばをたまわるということになっている。

右に述べたような国会の開会式の性格からいうと、これは、天皇が主宰される儀式にはあたらないわけで、したがって、先の解釈からいえば、少数学説によらない限り、これは、「儀式を行なうこと」という天皇の国事行為にはあたらないことになる。

今年の一月に、共産党が、天皇の国会開会式臨席に反対したのは、まさに、この点からきているもので、共産党は、天皇の公的行為は、憲法の定める国事行為に限られ、それ以外には及び得ないという解釈の下に、その主張をしたものと思われる。

しかし、憲法は、天皇の公的行為について、右のように限定的に解釈すべきものであろうか。国会が、第一回国会以来、国会開会式への天皇の臨席を招請しているのは、もちろん、それが国事行為であるという解釈によるものではなく、国事行為以外にも、象徴たる地位における天皇の公的行為（それは事実行為に限られる。）はありうるという考え方によるものであろうと思われる。そして、この解釈は、政府でも、一貫してとられてきていることのようである。

* * *

憲法は、第四条の第一項で、天皇は国事に関する行為のみを行ない、国政に関する権能を有しないと定めているが、これは、現憲法下における天皇の地位にかんがみ、国政に関する権能をもたないものとするとともに、天皇が国の機関として行なわれる行為は、憲法の定める国事行為のみに限るものとする趣旨と考えられる。そして、この国事行為は、内閣の助言と承認に基づいて行なわれるものとし、これについての責任は、一切、内閣が負うべきものとしている。このことからいうと、天皇が、国の機関として行なわれる国事行為が、憲法の定めるものに限られ、それ以外に及び得ないことは当然である。国事行為の中には、法律、政令などの公布、国会の召集、総選挙の公示などの意思行為、国務大臣その他の一定の高級公務員の任免の認証、条約の批准書その他の外交文書や全権委任状、大公使の信任状などに対する認証などの認証行為のほか、外国の大公使の接受（七条九号）、儀式の執行（同条一〇号）という二つの事実行為が含まれているが、右に述べたことは、これらの事実行為についても妥当するというべきであろう。すなわち、事実行為でも、天皇が国の機関としてされる国事行為は、この二つに限られるのである。

しかし、意思行為や認証行為については、天皇の行為が、憲法の定めるところに限られ、それ以外に及び得ないのは当然であるが、事実行為となると、そう簡単には行かない。天皇も生身の人間として、いろいろの事実行為をされる。それらの事実行為のうちには、祖先のまつりをされたり、休養のために御用邸へ旅行されたりするなどの純然たる私的行為もあるが、象徴としての地位にある天皇が、その天皇としての公的立場でされる事実行為のありうることを否定することはできないであろう。また、それは象徴たる地位にある天皇に当然に期待されるところでもある。たとえば、外国の元首との交際などは、その適例であり、国会の開会式への臨席なども、このカテゴリイに属するというべきであろう。さっきも述べたように、天皇も、人間として、いろいろの事実行為をされるわけで、そのうち、天皇が国の機関としてされる国事行為は憲法の定める二つの種類のものに限られるが、そのほかに、象徴である天皇が公人としての立場でされるものも、それが、天皇の象徴たる地位にふさわしいものである限り、憲法は、それを一切してはならないとしていると解すべきではなく、象徴としての天皇にふさわしいやり方で、そういう公的な意味をもつ事実行為を行なわれることは、憲法の当然に容認するところとみてよいものであろう。国会の開会式への臨席なども、第一回国会のとき以来、そういう見解の下に行なわれてきているものと思われるし、一昨年の御訪欧なども、そういう趣旨で行なわれたものとみるべきであろう。そういうものに天皇は出られるべきでない、あるいは出る必要はないという論議は、一つの政策論としてはありうることであろうが、そういう事実行為を憲法違反であるとすることは、行きすぎであろう。

＊　　＊　　＊

ただ、こういう意味の、天皇の国事行為以外の公人的立場における事実行為は、天皇が国政に関する権能を有しないということから考えて、国の政治に影響を及ぼさないような配慮の下にされる必要のあることはいうまでもなかろう。共産党は、国会開会式における天皇のおことばの中に政治的なにおいのするものがあったと非難したが、そういうことのないような配慮は、第一回国会以来、慎重にされているはずである。共産党の指摘したアメリカの占領政策に対する支持と感謝などということは、むしろ当時の事情（米国の占領中の事情など）を考慮して行なわれたものであり、これを政治的だと非難することは、当時の状況を考える限り、あたらないことではなかろうか。
なお、こういう天皇の公人的立場に基づく事実行為も、それが公的なものである以上、天皇自身の発意によるべきではなく、国の機関が、これを補佐し、その責任を負うべきものである。しかし、国事行為ではないから、内閣の助言と承認にはよらないで、「皇室に関する国家事務」として、その事務は、総理府の長としての内閣総理大臣の分担管理するものとされている。そして、総理府には宮内庁という外局があって、この意味の内閣総理大臣の事務を補佐する。（ＰＱＲ）」

△時の法令　一六六号（昭三〇、四、三）

「開会式の〃お言葉〃」　佐藤達夫（二六頁〜二九頁）

「ちかごろ、国会の開会式でのお言葉がちょいちょい問題になる。一むかし前の明治憲法時代には、うっかりお言葉などを問題にしようものなら、それこそ〃詔勅批判〃のらく印をおされて、場合によっては国賊よばりをされる危険性さえあったが、そこで新憲法――といっても、この春ですでにその実施八年をむかえるわけであり、〃新〃というのも気がひけるが、――のありがたいところであり、さればこそ私なども詔勅批判のそのまた批判もできるというものである。

そういえば、――すこし余談になるけれども――新憲法になってからもごく近年まで、議院の公報ではこのお言葉のことを「勅語」と表現していた。それがいまのように「御言葉」と改められたのは昭和二七年の第一五回国会あたりからのことらしい。その動機は、参議院のある社会党議員の申し入れに発したものだという話を聞いたことがある。それはともかくとして、国会の開会式といえば重要な儀式であるから、そこで述べられるお言葉については関係当局が十分に案を練り、予めその原案を閣議にかけるなど慎重な手続を経ている。それだけに、その内容は当りさわりのない恒例の文句になり勝ちなのであるが、なお且つそれが批判の対象となるのである。

私の記憶では、最初にそういつた問題が出たのは第一二回国会だつたと思う。その国会の開会式でのお言葉の中に「戦争が終了してから六年の間、全国民のともに熱望して来た平和条約の調印がようやく終つたことは、諸君とともに、誠に喜びに堪えないところであります。」ということが述べられていたのに対し、たしか共産党のある議員から、これは天皇の政治的発言であり、象徴たるべき天皇がこういうことを公の儀式でいわれるのは憲法の趣旨に反する、これに対する責任如何・という質疑の申し出があつたことがある。しかし、これは結局おもてだつて問題にされずにすんだ。

＊

もう一つ覚えているのは、去年の第一九回国会でのお言葉についてである。これは衆議院の予算委員会でのことだが、辻政信委員が、

――第四国会から第一七回国会まで一四回にわたる国会の開会式のお言葉では、例外なしに「永遠の平和を念願する日本国憲法の精神を堅持し、」といわれているにかかわらず第一八回及び今回のお言葉の中からは明らかにそれが削られている。憲法第三条に、「天皇の国事に関するすべての行為には、内閣の助言と承認を必要とし、内閣が、その責任を負ふ。」と明示されている以上、このお言葉からさきの語句を削るについては、さだめし内閣として慎重に考えられた上のことと思う。吉田総理は、「軽々には憲法を改正しない。」といつているけれども、軽々でなく〝慎重に〟改正するという真意のようにもうけとれる。こんどの開会式のお言葉から「永遠の平和を念願する日本国憲法の精神を堅持し、」を削つたところにその含みがあるのではないか。

――という趣旨の質疑をした。これに対して当時の福永官房長官は、

「………十八、十九両国会におきまして、憲法のことに触れておりませんということは、ただいま辻さんがおつしやつたような、そういう意図があるがゆえにということではないのでございます。………もとより、先ほど御指摘のご

とく国会の開会の言葉にどういう言葉を入れるかということにつきましては、私どもは常に慎重に善処をいたしておるわけでございます。なお、先ほど憲法にいわゆる国事というように御指摘がございましたが、私どもの法律的な見解におきましては、憲法にいわゆる国事とは考えておりません。天皇の公の行為ではございますけれども、憲法に言っておりまする直接の国事ではないわけでございます。ではございまするが、政府といたしましては、このことにつきましては非常に重大視いたしまして、先ほども御指摘の通り慎重な態度で善処をいたしておるわけでございます。」と答弁し、結局、辻委員は「お言葉と申しますのは昔で言いますと勅語でございますから、総理の施政方針演説よりもさらに大事なものであります。……しかし、これ以上申し上げましても結論を得ませんでしょうから、……」ということで他の問題に移った。

こういうことで、いずれも大きな問題にまで発展することはなくてすんだのであるが、これらのお言葉が、論者のいうような政治的意図をもったものかどうかの実質のことは別として、福永官房長官の答弁にも出ているような、〃お言葉をたまわる〃という天皇の行為の法的性格の問題、さらにはこれに対する責任の問題は、憲法問題としてなかなかデリケートなものを含んでいる。

そういうことで、その問題点及びそれについての考え方をここに紹介しようというわけである。

＊

第一に、この〃お言葉をたまわる〃という天皇の行為の性格の問題である。これについては理論上次の三つの考え方があろう。(a)国家機関たる天皇の国事行為として憲法第七条の「儀式を行ふこと。」に該当する。（さきの辻委員の考え方はこれに近い。）、(b)一私人としての行為である、(c)国家機関の行為としての「儀式を行ふこと」には該当しないが、そうかといって純粋の一私人としての行為でもなく、天皇の象徴性に縁由をもつある種の行為である（さっき引用した福永官房長官の答弁はこの考え方に基くものと見られる）。

これらの考え方について検討して見ると、次のようなことになろう。

まず、(a)の「儀式を行ふこと」に当るという論については、開会式というものの性質が一応問題になる。たとえば、先年の立太子礼は、憲法第七条の〝儀式〟と見られたのであつたが、これは国の機関としての天皇が主宰されるという形のものであつた。ところが、国会の開会式は現在の法制のもとでは、衆議院議長が主宰することになっており（国会法九条）、むしろそれは国会の儀式と見られる。そして天皇はいわばこの儀式に招待される形になつている。したがつて、この場合の天皇のお立場は少くとも「儀式を行ふこと」というのにはなじまない・といえるのである。

一方、(b)の単純な私人としての行為というのも不自然である。この場合の天皇のお立場は、ちようどその開会式に参列する最高裁判所長官や会計検査院長などの立場にくらべられる。すなわち、これらの人々の出席は、裁判官あるいは会計検査官の職務行為でないことは明らかであるが、そうかといつて、それが単なる一私人の資格によるものともいえない。天皇の立場もこれと同じではないか・ということである。

こうなると、(c)の考え方がいちばん穏当のように見える。しかし、これに対しても疑問がないではない。それは、憲法第四条の「天皇は、この憲法の定める国事に関する行為のみを行ひ……」という規定との関係はどうか・ということである。このことは、第七条の国事行為の中に「儀式を行ふこと」というような事実行為があげられているだけに気になるわけであるが、ひるがえつて考えて見ると、この第四条は、国の機関としての天皇を対象としての条文であることは憲法の立てまえからいつて当然であろうから、この〝お言葉〟は国の機関としての立場を離れてのものだと見てしまえば、もはやそれは憲法のわくの外の問題だということもできると思うのである。

＊

第二は、この〝お言葉〟と内閣の責任との関係である。それが(a)の「儀式を行ふこと」に当るという前提をとれば、それは国事行為であるから、内閣の助言と承認の対象となることは明らかである。したがつて、お言葉の内容についても閣議決定を経るのが当然であろうし、万一それに何かの欠点があれば、内閣はその助言と承認の責任を負わなければならないことになる。

これに対し、(b)又は(c)の前提をとれば、それは国事行為ではないから、内閣の助言と承認の対象にはならない。しかも、(b)の論のようにそれが単なる一私人としての行為だとすると、その行為についての公の責任者というものはあり得ないのではないかという考えも出てくる。

ところで、これについては、一応宮内庁なるものの性格を検討しなければならない。宮内庁法第一条に「宮内庁は、内閣総理大臣の管理に属し、皇室関係の国家事務及び政令で定める天皇の国事に関する行為に係る事務を掌り、御璽国璽を保管する」とあるが、問題は、ここに「皇室関係の国家事務」とは何かということである。これは、皇室に対する関係で国家的に関心をもつべきことがらを一応すべて包含するものと見ることができよう。たとえば、この法律で「側近に関すること」を侍従職の権限としているが、これは、たとえ私用で天皇が外出される場合でも、品位保持の上からその服装の整正などについて配慮をするということが、やはり国家的関心事であるとしているものと思う。これが正しいとすると、私的行動だからといって、直ちに宮内庁の責任のわく外にあるとも断言できないように思う。

(c)の考え方に立てば、このことは一層積極的な結論に近づくであろう。

そこで、これが宮内庁の責任範囲に入るという前提をとると、宮内庁は総理府の外局であるから、同時にそれは総理府の長たる総理大臣の行政上の分担管理事務に含まれる。さらにまた、それは行政の最高機関としての内閣の責任にもつながるわけである。したがつて、この方のすじからいつても、内閣は責任があるわけで、従来開会式のお言葉が閣議にかけられているのも、この行政責任の遂行に万全を期するための処置に外ならぬ・という説明ができるのである。

このように、何れの考えから出発しても、内閣の責任は免れ得ないということになりそうだが、その責任の性質は、

〃お言葉〃を国事行為と見れば、これは助言と承認についての責任となり、国事行為以外のものと見れば、一般行政上の（助言と承認以外の）責任ということになるのであろう。

＊

こういつた類の天皇の行為は、ただに開会式のお言葉だけでなく外にもいろいろある。たとえば、外国の元首に対して慶弔の電報を打たれたり、憲法実施何周年の祝典であいさつを述べられたり、等々である。これらについても、さきに触れたような議論がひとしく当てはまるように思う。

そこで、そういうことも考え合せながら、この問題をもう一度ふりかえつて見ると、最初にあげた三つの考え方のうちで、(b)はどうも問題にならないように思う。そこで(a)か(c)かということになるが、実はさつきは触れなかつたけれども、(a)の考え方もちよつと簡単には捨てきれないところがあるのである。というのは「儀式を行ふこと。」とあるのは何も天皇御自身が儀式を主宰される場合だけではなく、ひろく〃儀礼的な行為をすること〃という意味だと解する余地もあり得るからである。しかし、国の機関としての天皇の権限は厳格に解するのが憲法の趣旨だという前提に立つと、やはり「儀式を行ふこと。」をすなおに解してこれは天皇の主宰の場合を指すと見る(c)の考え方がよさそうに思われる。――というようなわけで、まだいくらか迷いを持ちながらも、今のところ私はその考えに傾いている。」

△現代日本の憲法状況　和田英夫著（五一頁）

「以上の点に関し、天皇の行為を公的行為と私的行為（私人としての天皇の地位から生ずる行為）とに分けられることについては異論はないだろうが、公的行為のなかに、国家機関として憲法で列記する国事行為（憲法三条・六条・七条・九六条二項）のほかに、象徴としての天皇の地位から生ずる一定の公的行為をみとめるべきかどうかについては、争いがある。しかし、象徴としての天皇の地位は、その世襲制（憲法二条）、陛下という特別な敬称（皇室典範三条）、天皇誕生日を国民の祝日と定めたこと（国民の祝日に関する法律二条）等からみて、一私人としての天皇の私的行為および憲法で列挙する右の国家機関としての国事行為のほかに、おのずから一定の機能――それはむろん、旧憲法下の「天皇の元首」としての権能とは、天皇が「国政に関する権能」を有しないこと（憲法四条）、天皇の地位の変革が行なわれたことからして、全く異なることははっきり確認されなければならない――を発揮しうることは、これをみとめざるをえないであろう。国体大会における挨拶、国会開会のときの「おことば」、外国元首等との親書・親電の交換など、その事例にあたるといえよう。」

△憲法（ポケット註釈全書）佐藤　功（六三頁～六四頁）

「一七　天皇が象徴としての地位にふさわしい国家的儀式を行うことをいう。その国家的儀式は二〇条三項により神道其の他の宗教的儀式であることは認められない（二〇条註六参照）。本号は天皇が主体となつて行う国家的儀式に関する。他の機関の行う儀式（たとえば国会の行う開会式、外国元首の戴冠式等）に天皇が参加することはここにいう儀式を行うことではない（ただし他の機関の行う儀式であつても象徴としての天皇が参加することが適当でないものには天皇が参加することは認められないと解される）。従つて本号にいう儀式とは、即位の礼、大喪の礼、立太子式（皇室典範二四・二五・二二）その他国家的祝日、祭日、記念日等に行われる式典をいうと解される。」

第二章　国会の会期及び休会

第十条　常会の会期は、百五十日間とする。但し、会期中に議員の任期が満限に達する場合には、その満限の日をもつて、会期は終了するものとする。

（第二一回国会　昭三〇法三号本条改正）

○制定趣旨・改正経過

（制定趣旨）

第十条　常会の会期は、百五十日間とする。

通常会の会期は百五十日間、すなわち五箇月となつております。現在の三箇月に比べますと、二箇月の延長となりまして、審議の充実を期することができると考えております。この点については政府側の臨時法制調査会では、四箇月とするという説が出ておりましたが、法規委員会の方では五箇月が適当であるということになりました。なお、常会の会期というものを定める必要があるかどうかという点については相当議論がありました。すなわち新しい憲法の下では会期はこれを定めないで、アメリカと同じように一年中国会が開かれておるという建前をとるべきだという意見も相当強かつたのでありますけれども、憲法の中に「会期中」という文字が使用してある点並びに憲法で臨時会を認めた点等を考え合わせ、且議員の便宜という点からいたしましても、会期をはつきり認める方が便宜ではなかろうかということに一定をいたしまして、この制度をとることになりました。

（国会法と旧議院法との比較対照）

《改正理由》（第二一回国会　昭三〇法三号本条改正）

第二条但書を削除した結果、会期中に衆議院議員の任期又は参議院議員の半数の任期が満限に達する場合が起こり得るので、このような場合には、その満限の日に会期が終了することにした。

（議会制度七十年史）

○関係法規

△日本国憲法

第五十二条　国会の常会は、毎年一回これを召集する。

第七条　天皇は、内閣の助言と承認により、国民のために、左の国事に関する行為を行ふ。

二　国会を召集すること。

第四十五条　衆議院議員の任期は、四年とする。但し、衆議院解散の場合には、その期間満了前に終了する。

第四十六条　参議院議員の任期は、六年とし、三年ごとに議員の半数を改選する。

▲大日本帝国憲法

第四十一条　帝国議会ハ毎年之ヲ召集ス

第四十二条　帝国議会ハ三箇月ヲ以テ会期トス必要アル場合ニ於テハ勅命ヲ以テ之ヲ延長スルコトアルヘシ

第四十四条　帝国議会ノ開会閉会会期ノ延長及停会ハ両院同時ニ之ヲ行フヘシ

衆議院解散ヲ命セラレタルトキハ貴族院ハ同時ニ停会セラルヘシ

△国会法

第二条　（常会の召集）

第二条の二　（特別会・常会の併合）

第十四条　（会期の起算）

第十二条　（会期の延長）

第十三条　（会期に関する衆議院議決の優越）

第十五条　（休会）

〔参考〕

△地方自治法

第百二条　普通地方公共団体の議会は、定例会及び臨時会とする。

②　定例会は、毎年、四回以内において条例で定める回数これを招集しなければならない。

⑥　普通地方公共団体の議会の会期及びその延長並びにその開閉に関する事項は、議会がこれを定める。

第百一条　普通地方公共団体の議会は、普通地方公共団体の長がこれを招集する。

○先例

△衆議院先例集

一二　常会は、毎年十二月中に召集されるのを例とする。

国会法第二条は、制定当初、「常会は、毎年十二月上旬にこれを召集する。但し、その会期中に議員の任期が満限に達しないようにこれを召集しなければならない。」となつていたが、第二十一回国会における国会法の改正において、「常会は、毎年十二月中に召集するのを常例とする。」と改められた。

一三　常会の召集詔書が公布されたが、常会が開会に至らない。

常会の召集詔書が公布されたが、召集日前に衆議院が解散され、常会が開会に至らなかつたことがある。

三　常会の会期中に参議院議員の半数の任期が満限に達する場合は、その満限の日をもつて会期が終了する。

一　国会は、会期ごとに順次第何回国会と称する。

一〇　休会の日数は、会期に算入する。

〔参考〕

衆議院委員会先例集付録　第一表　国会会期及び委員会開会表

衆議院先例集付録　三　常会一覧表

△参議院先例録

三　常会は、毎年十二月中に召集されるのを常例とする

一四　常会の会期中に議員の任期が満限に達したときは、その満限の日をもつて会期は終了する

一　国会は、会期ごとに順次第何回国会と称する

二四　国会の休会の日数は、会期に算入する

〔参考〕

参議院先例諸表　五　国会の会期関係一覧表

○会議録抜粋

△第九一回帝国議会　昭二一、一二、二三

貴族院国会法案特別委員会議事速記録第二号（一〇頁）

○子爵大河内輝耕君　私は十条で百五十日と御決めになつたことを伺ひたいのですが、寧ろ私は建前を別にして、別に会期なんと言ふものは設けないで、ずつと御開きになつて、何か都合のある時休会する、それで宜い筈だと思ひます、さうすると色々な面倒なことも起らないで宜いと思ふのですが、年に一回召集することにしたらそれで宜しいのですから、殊に衆議院あたりでは議会中心と言ふやうなことは最も重んじなければならないもので、何んだか斯う会期を人為的に制限した案が出て来ると、衆議院案としては如何にも相応はしくないように考へますが、如何がですか

○国務大臣（植原悦二郎君）　政府としては衆議院の御決定を批判する立場には立ちたくないのであります、法制調査会の方に於ても色々国会法に対しての御意見を徴する場合にありました、新しい憲法の意味は一年中国会が開けると言ふのが民主的だらうと言ふ御意見もあり、さう言ふ風にやつて居れば、どうも案のないのに開いて居るやうな形になるし、緊張味を失ふやうな場合がある、今迄も三箇月の中本当に会議をして居つたのは二箇月であるのに、それ

を一年中と言ふやうに飛躍するのも余りに大きな飛躍だと言ふやうな御意見で、寧ろ四箇月で宜からうと言ふ御意見が可なり強いやうでありました、さうして色々の方面から色々のことを御研究になつて百五十日と御決定になつたと思ひます、政府と致しましても今の議会のことを半面に於て考へたり、又新しい憲法のことを考へますれば、まあ此の辺が折衷的なものとして宜からうやうに思ひます

△第二〇回国会　昭二九、一二、四

衆議院議院運営委員会議録第五号（二頁）

○大池眞事務総長　……………………………………………………

第二条でございますが、第二条は、現在では十二月上旬に召集するということになつておるために、但書をつけて、「その会期中に議員の任期が満限に達しないようにこれを召集しなければならない。」という規定がおいてあるわけであります。そうすると、この前の召集みたいに、八月ごろ召集しなければ任期が満了になつてしまつたというので、非常に早く召集した。この規定によつてやむを得ず早く召集しなければならぬことになりますので、「毎年十二月中に召集するのを常例とする。」というふうにしたらどうかということで、きまつたわけでございます。従いまして但書の「その会期中に議員の任期が満限に達しないようにこれを召集しなければならない。」ということがなくなつてしまいます。従つて第二条との関連があとに出て来ます。第十条のところをごらんいただきたいと思いますが、会期中に衆議院議員の任期が満限に達する場合が起つて参りますので、但書において、「会期中に衆議院議員の任期が満限に達する場合には、その満限の日をもつて、会期は終了するものとする。」といたしまして、召集を無理に繰上げて前にやらない場合には、任期満限の日に会期が終了するようにいたしてあります。それは第二条との関連においてできております。

△第二一回国会　昭三〇、一、二一

衆議院議院運営委員会議録第八号（五頁）

○大池眞事務総長……………………………………………………………………………

第十条は、「衆議院議員の任期が満限に達する場合には、」というところを、衆議院のみならず、参議院の議員でも半数改選で任期満了の場合がありますので、衆議院議員というのを「議員の任期が満限に達する場合には、」として、「衆議院」というのを削ることにお願いいたしたい、これが第十条でございます。

△第一九回国会　昭二九、三、一六

衆議院議院運営委員会議録第二九号（二一頁）

○大西邦敏参考人（早稲田大学教授）………………………………………………………

まず、常会でございます。これはわが国では年に一回というのでございますが、今日外国の憲法を調べてみますと、実に二十二箇国の多きに及びまして、憲法で常会は年に二回ということを規定しております。おそらくこの二十二箇国以外にも、国会法なりでやはりこの二回制をとつているところで相当数あるのではないかと思いますが、少くとも憲法で常会の二回制を規定しているのが二十二箇国、しかもこれは最近の世界の一般的な傾向のようであります。どうしてこの常会の二回制が多くとられているか、その理由を考えますと、おそらくこの常会が一回で、従つて常会の会期が百五十日とか六箇月とかいうことになりますと、やはり人間ですから、議員の人もいろ〳〵スランプの状態に陥ることがある、あるいは議員が個人的な事情にどうしても関心をとられざるを得なくなつて、議員としての職務を全うすることができない、そういう考慮から、おそらく常会の二回制というものが採用されることが多いのではないかと思います。私は、門外漢でよくわかりませんが、こういう点、国会議員の方々におかれまして十分この実情を御考慮願いたいと思います。

△第三八回国会閉会中　昭三六、七、三

衆議院議院運営委員会国会法等改正関係委員研究会速記録

○山崎高事務総長　……常会は十二月召集で会期は百五十日と規定されておりますが、それを、たとえば翌年秋までとか、相当長く延ばして、その間、ある期間国会の休会をきめておくようなことも考究してよいと思います。国会始まつて以来一年間大体七ヵ月は開会しているのが、従来の例でございます。年中開会ということは、憲法が会期という観念をとつており、また、臨時会の関係もあつて、工合が悪いのではないかと思います。

△第三八回国会閉会中　昭三六、七、四

衆議院議院運営委員会国会法等改正関係委員研究会速記録　（四頁〜五頁、四四頁〜四七頁）

○黒田覚君（東京都立大学教授）……………………………………………………………………

現在の日本の国会法の規定しております会期制度というものは、非常に厳重になつているわけでございますが、マッカーサー草案、それから現在の日本の憲法、それから国会法と移つて参ります過程の中に、会期制度がだんだんむずかしくなつているという点がわかるのでございます。マッカーサー草案では、たとえば常会というような言葉はないのでございまして、とにかく年に一回国会を開かなければならぬ、それから特別会というものが書いてあるだけでありますます。ところが、現在の憲法になりますと、常会という特別な名前が上がつております。それから臨時会、それから憲法には何も言葉はございませんが、国会法では、解散後の特別会というようなものがございます。そういうふうにだんだん厳格になつてきておりますが、そこで、どういう問題があるかと申しますと、国会関係の方々のお話なんかを承つておりますと、どうも会期という問題の二つの意味を混同してお使いになつている場合があるんじゃないかという気がするのであります。つまり、一つの国会が始まりまして、そこで会期が始まるわけでございますが、その会期が始まるということと、一定の日数間は仕事をするという意味の会期と、同じ意味にお使いになつている。そこで、国会召集日に必ず会期を決定しなければならない、こういうふうにお考えになつている。従つて、場合によつては非常に無理なこともなさつておいでになるわけですが、事は全然別の問題ではないかと私は思うのであります。会期の制度では、国会が始まりまして、一定の日数やるというのではなしに、あとで閉会を決定してやるというところもございますし、それからまた、今日あるような会期という制度を全然やめて、議員の任期、つまり、立法権がある間は一つの国会という考え方で運営しているところもございます。その点、日本の場合には、明治憲法以来の伝統的な考えが国会の中に入つておりまして、それが非常にむずかしい問題になつております。そこで会期の延長というふうな問題もございます。いろいろな問題が出てくるわけでありますが、この辺のところをもう少し考え直してよい点があるんじやないか、こういうふうに思うわけであります。（四頁〜五頁）

○田上穣治君（一橋大学教授）　……現在の制度では、御承知のように、三十年の改正におきまして、常会は一回のみ延長を許すということで、延長できる回数を制限しております。こういう考えから参りますと、何回延長するか、あるいはまた、同時に常会の会期を何日にするかということは、法律で適当にお考えいただけばよろしいかと思うのでありまして、私の議論が、ちよつと焦点が合つていないかと思いますけれども、最高機関としての国会でありますから、従つて、初めから会期をあまり限定するのではなく、むしろ長くするのがよいというふうな考えもあるかと思いますけれども、しかし、現在の制度のように、一応延長の回数を制限しているということは理由があるのでありまして、従つて、常会を法律できめる、あるいはこれを、もう少し長くか、あるいは短くか、あらかじめきめておくということは、どれくらいが適当かは問題でありますが、私は、一応考えていただきたいと思います。

その点で、ちよつと蛇足でありますが、先ほど黒田教授が、非常に長くするということも、何か必ずしも反対ではないような、あるいは、むしろそういう場合には、休会のような制度がある程度活用されると思うのでありますが、そういう御発言がございました。私も、常会を何日にするのがいいかということは、ちよつと自信がないのでありまして、はつきり申し上げられませんが、とにかく、現在の憲法では、マッカーサー案と違いまして、常会とか臨時会、特別会というふうな区別を認めておりますから、一年じゆう開会している、ただ、途中で休会するかもしれないというふうな、そういう制度はちよつと採用できない、おのずから、そこに、常会としても会期に限度があるということと、それからもう一つは、実は地方制度との比較をするのでございますが、日本の地方自治法では、法律がだいぶ最近変わりましたけれども、当初は、御承知のように、アメリカ流の大統領型というか、首長制度と申しますか、プレジデンシャル・システムを憲法において採用しております。知事、市町村長が直接公選でありまして、議会から選ばれるのではない。その点が国会と内閣の関係とは違つておる。ところで、首長制度の方をとりますと、元来は、会期は限定されないと申しますか、むしろ、地方自治法の当初がそうでありましたように、常会と臨時会という区別も、実はあまり考えられないわけでございます。おそらく、マッカーサー案が、当初そういうふうに常会と臨時会との区別を考えなかつた。実は、私、この点はちよつとうつかりしておりましたが、先ほど黒田教授が指摘されましたけれども、これはある意味で、首長制度をとるならば、そういう考えも出てくるように思うのであります。と申しますことは、つまり、行政府が議会に必ずしもくぎづけにされない。従つて、議院内閣制をとらない場合でありますと、会期が長くなりましても、必ずしも行政府の能率を害することにはならない。だから、必要に応じて、政府は政府で、一方で絶えず仕事をやつている。これと並行して、独立に議会の方も絶えず開いて、おのずから政府と議会とは担当する仕事が違うから、一方は行政、一方は立法で、実際は関連いたしますけれども、おのおの独立に法律を発案し、これを議決していくということで差しつかえない。だから、大西教授がおつしやいましたけれども、私ども、実は常会はあまり長いことは希望しないのでありますが、とにかく、そういう議論は、議院内閣制というか、国会と内閣とが仕事の上で密接に結びついておる場合の話でありまして、もし、これがアメリカ型のプレジデンシャル・システムであると、そういう常会の会期を短く限定するというふうな必要もないわけであります。しかし、逆に、現実に日本の国会は、地方の議会と府県知事、市町村長の関係とは違つております。その意味で、私は、常会はあまりに長過ぎることは好ましくない。その理由は、今申しました、一つは、やはり行政府の圧迫ということを先ほどどなたか御発言がございましたが、そういうふうに言わなくてもいいかもわかりませんが、とにかく、行政の能率を害する。これも、率直に申し上げまして、政務次官制度がもう少し活用されておりますと、必ずしも各省の事務次官、局長クラスが国会に常時出勤する必要はないわけでございます。私も、最近あまり詳しいことを存じませんが、どうも国会方面でそういう官僚の答弁を要求される向きが非常に多いようでございまして、会期中は政府関係ではほとんど首脳部が国会に詰めかけておるという状況でありますと、あまり会期が長過ぎることは、どちらかというと好ましくないと考えております。従いまして、何日という案は実は持ち合わせていないのでありますが、現在の百五十日で一応よろしいのではないかという考えでございます。しかし、少しぐらいならばお延ばしになつても、絶対それが不当であるというふうには考えないのでございます。しかし、それが二百日あるいはそれ以上というふうになつてくると、あまり適当でなかろうという程度の意見を申し上げるわけでございます。（四四頁〜四七頁）

△第三九回国会　昭三六、一〇、一八

衆議院議院運営委員会国会法改正等に関する小委員会議録第一号　（二頁、三頁〜四頁、六頁）

○吉武信参考人（朝日新聞社論説委員）……原則としては年中会期に賛成です。しかし、現実に今の状態で会期を長くされるということには、今は反対します。というのは、何かけじめがないようになつたらこれはどうなるだろうという気がするのです。現在でも、会期延長、会期延長というようなことになつておる。何もなければいいのだが、何か問題が出てくると、これはどこまでも会期というものが必要になつてくる。会期制というものは、結局、法律案なり何なりに一つのけじめをつけるということになる。もし年中会期というようなことにして休会を法制化するということになりますと、実質的に現状と何ら変わらない。会期を短くして会期でないものを置くのか、あるいは全体を会期にして休会を法制化するのか、そういう形になるなら現状をわざわざお変えになる必要もないのじゃないか。もし国会の運営が若干変わつてくる――これは選挙法なり何なりの関係になりましようが、変わつてきたような場合は別として、今の形で年中会期に持つていかれるということは、どうもあまり賛成の気持になりません。私どもはずつと反対してきておりますが、むしろ、現在の会期でももう少し審議の促進をしていただきたいような気がします。

（二頁）

○中正雄参考人（毎日新聞社論説委員）……………………………………………………

会期は今まで通りで私はけつこうだと思うのでありますが、ただ、通常国会というものが、百五十日間の会期をとりながら、年末年始でもつて、途中で三十日、多いときは四十日ぐらい自然休会になつてしまう、そうすると、百五十日間という会期がありながら、実際には百十日間か百二十日間くらいの会期になつてしまつて、百五十日間絶えず審議が行なわれるということはないのであります。これは私はやはり何か考えなくてはならないと思う。そういう点から何するならば、一月に入つて、早ければ十五日、あるいは二十日くらいから通常国会を召集して、そうして百五十日間をぶつ通しでもつてやるということをおやりになつた方が、国会の能率を上げるためにいいじやないかと思うのであります。

（三頁～四頁）

○宮崎吉政参考人（読売新聞社論説委員）……………………………………………………

会期でありますが、明治憲法は三カ月で、現在は五カ月になつておりますが、私は、むしろ百五十日という会期は長過ぎるのではないかという気がいたします。会期は幾ら多くても同じだと思います。やはり三カ月の範囲内で、その会期内でやる。清瀬議長なんかの言われました年中会期制というのは、どうも納得ができないのであります。（六頁）

△第三九回国会閉会中　昭三六、一一、九

衆議院議院運営委員会国会法改正等に関する小委員会議録第二号（二頁、五頁）

○細川隆元参考人（評論家）……………………………………………………………………

会期の問題でございますが、これは一年じゆうぶつぱなしにやつた方がいいじやないか、特に会期延長問題で必ず暴力沙汰が起こつたり、紛糾が起こるから年じゆう開きぱなしにしておけば、そういう手続上の紛争も起こらないで、紛争の半分は解消するじやないかということも含めた一年じゆう会期論もございます。しかし、やはり期限というものがないと、人間というものは締まるところが締まらない。一年じゆう国会が開きぱなしになつたら、だらしなくなつてしまつて、けじめがなくなつてしまう。残念ながら人間の通有性でございますから、やはり一つのデッド・ラインというものが引かれる意味の会期というものが私は必要じやないかと思います。そこにやはり締まりもあり、目標もある。人間のすることは何でも、無期限の仕事なんというのはだらしなくなるもとです。ことに、だらしないという評のある国会の運営については、会期は私はあつた方がいいと思う。会期は、旧憲法時代の三カ月がいいか、今の五カ月がいいか、今の国の状況、それに見合う議案の審議の状況から見て、現行法の五カ月くらいが私は妥当なところじやなかろうかというふうに考えます。（二頁）

○長谷部忠参考人（評論家）……………………………………………………………………………………審議のやり方をもう少し能率化するということによつて、今の百五十日の会期でやれないことはないんじやないか。あるいは年末年始の休暇で一カ月くらい休むわけですが、あれを一月の二十日ごろに召集するということにでもすれば、百五十日で十分ではないだろうかという、ばく然とした考えを持つております。

しかしまた、年中国会といいますか、もちろん憲法の関係で、一月に開いて十二月に終わるというふうな区切りをつけることは必要でありますけれども、実質的な年中国会ということも研究に値することではないか。これは今会期を百五十日と区切つておるために、法案や何かについて相当無理をなさつておるという事情があるのではないか、そのために、未熟な、あるいは欠陥だらけの法案が出てくるというふうなこともあるのではないか、これは私は実情をよく知りませんけれども、そういう気がするわけであります。それで、この年中国会ということも研究に値するのではないか。ただ、その場合に、今のやり方、大臣から局長あるいは課長あたりに至るまで、国会の開かれている間は国会にくぎづけになるというやり方では、行政が麻痺してしまいますから、これは根本的に改める必要があることはもちろんであります。それからもう一つは、年中国会にするということになれば、会期を利用して ―― と言つては語弊があるかもしれませんけれども、会期があることによつて少数党の方は審議未了に追い込むという、そういうきめ手が一つなくなるわけです。私は何も審議未了に追い込むことを望むわけでも何でもないのですけれども、しかし、野党あるいは少数党が絶対に反対だ、世論も少数党の意見を支持するというふうな場合に、これは世論が何と支持しようと、少数党がどう言おうと、会期がなければいつか通るわけですが、会期があれば審議未了になるということで、政府あるいは与党としても冷静に考え直すそのゆとりが、審議未了によつてできる。……………………

私は、会期があつて、そうして審議未了になるということも一つの妙味だと思います。年中国会になればそれがなくなるというわけなので、……………………………………………………（五頁）

△憲法調査会第二委員会第五回会議議事録　昭三四、二、五　（一頁～四頁）

○西澤哲四郎参考人（衆議院法制局長）……………………………………………………

常会の会期の問題でございます。これは昭和二十一年の内閣の法制調査会の案によりますと四カ月ということになつておりまして、これに対しまして衆議院の議院法規調査委員会の案では五カ月ということになつております。この場合四カ月、五カ月というのは一カ月三十日として百二十日、百五十日の意味でございますが、ここに内閣の法制調査会の案と衆議院の意見とが違つております。この点につきましては国会法の立案に際しましては、当然に衆議院の側の意見をとりまして五カ月、百五十日間といたしたのでございます。これは従来の九十日という会期がもちろん短いことはわかつておりましたし、また新憲法に基きます法律案というものが非常に数多くなることが予想されるがために、五カ月は必要であるという事務的な考え方から五カ月案を採用いたしたわけでございます。この点についてはその後G・H・Qとの交渉その他の場合においても、さほど問題とならずにこの百五十日ということに通つておりましたことをつけ加えておきたいと考えます。

次に常会の召集の時期の問題でございます。御承知のように帝国議会は十二月に召集されまして、そうして約ひと月休会いたし、毎年一月二十日頃再開されるというのが例でございましたがために、国会法を立案いたしまする最初の間は、これはいつそのこと一月にこれを召集するようにしてはどうかという考え方で進んでいたのでございまするが、そういたしますと結局第一回の国会を開きます年の前年には通常国会がない、開き得ないというようなことになるおそれがある、そうするとそれは憲法の規定に反するのではないかというので、やむを得ずに第三次案でございますが、そこになりまして十二月上旬これを召集するというふうに案を改めたのでございます。これはいまの憲法で毎年常会を一回召集しなければならないという規定がある以上やむを得なかつたのではないかと考えております。この「十二月上旬これを召集し……」という案に対しまして、十二月の六日にウイリアムズが訪ねて参りましたとき、すなわち第三回目のときでございますが、このときに「十二月上旬召集し」となつているが、そうなると会期内、すなわち常会の百五十日の会期内に議員の任期が満限に達する場合にはどうなるのか、その点を研究せよということをいわれたのでありますが、これはもつともなことでありましたがために、私どもといたしましては第四次案で「常会は毎年十二月上旬にこれを召集する。但し、その会期中に衆議院議員の任期が満限に達する場合は、この限りでない」というただし書をつけて、別に「国会の会期中に衆議院議員の任期が満限に達したときは、国会は閉会とする」という規定を設けたのでございます。

この案に対しまして十二月の十四日にウイリアムズがまた参りましての意見といたしまして、この案によると常会の会期が内閣によつて故意に短縮されるおそれがあるから、その点を何とか避けるようにしたらどうだろうかということであります。つまり十二月上旬に召集はするけれども、衆議院議員の任期が満限に達するときは国会は閉会となるわけでありますから、一月の二十日に衆議院議員の任期が満限に達すれば結局実質的審議は何もやれないじゃないか、それでは意味をなさない、だからその場合をもう少し何とか方法を考えたらどうか、それでまたそういうことが内閣によつて意識的にやられることは困るではないか、こういう話があつたわけであります。そこで最終案といたしましては「常会は、毎年十二月上旬にこれを召集する。但し、その会期中に議員の任期が満限に達しないようにこれを召集しなければならない」こういう案になつて、そしてとにかく百五十日の会期を保証する、こういう建前をとつたわけであります。そこでこれを実際にその後運用していきますというと、先日も申しましたように十四回国会は昭和二十七年の八月二十六日に召集された、こういう事態が生じたのであります。申すまでもなく通常会というものはやはり翌年度の予算を審議することを最大の眼目としておると私は推察いたしますが、そうしますと八月に召集いたしまして、そうして百五十日の会期の期間内に予算をあげようということは、これは経済の著しい変転を目の前にして半年も前に予算をきめるということはとうてい可能なことではないような気がいたしたのでございますが、とにかく十四回国会にこういう事例が出たわけであります。このときは御承知のようにすぐに解散にはなりましたけれども、一応とにかく召集はされたのであります。これは――こういうと実際なんですが――面白くないことだという考え方は至るところに起つたわけであります。それがため二十一回国会すなわち昭和三十年の改正でこの条文を改めまして、現在のように「常会は、毎年十二月中に召集するのを常例とする」といたしまして、第十条に「常会の会期は、百五十日間とする」ところにただし書を加えまして「但し、会期中に議員の任期が満限に達する場合には、その満限の日をもつて、会期は終了するものとする」こういうことにいたしたわけであります。この場合の議員の任期という、議員という字は、最初の立案の過程におきましては衆議院議員の任期が、というふうに限定されていたのでありますが、参議院側の御意向によりまして、これは参議院の議員の任期の満限の場合も含める方がよかろうという考え方がありましたがために「衆議院」を取りまして、議員という字を用いることになりました。従いましてこれは両方の議員を当然に意味しているものだと私どもは考えておるわけであります。これが召集の問題でございますが、問題は要するに衆議院議員の任期中であれば百五十日間の通常会を四回保証するかどうか、参議院の議員でありますればやはり参議院の議員の任期中に通常会を六回保証するかどうか、こういう問題だとかように考えております。議員の活動を十分ならしめるためには当然に百五十日間という会期を保証するのがいいようにも思いますし、そうかといつて先ほどの十四回のような事例もまた実際にそぐわないものだとも考えているわけであります。この点調和点をどこに認めるかという問題ではなかろうかと、かように私としては考えておるわけでございます。

○学説

△全訂日本国憲法　宮澤俊義著　芦部信喜補訂　（三九一頁、三九三頁）

「明治憲法時代に、帝国議会については、この会期の制度がみとめられ、帝国議会は、会期中のみ活動能力を有し、会期が終われば、もはや議会としては活動できないものとされた。

日本国憲法がかような意味の会期を国会について要求しているのか、それとも、そうした会期をみとめず、国会の活動能力は衆議院議員の総選挙後はじめて国会が召集されてから、衆議院議員の任期満了または衆議院の解散まで継続するものとしてもいいのか。この点については、憲法の規定は、ちがつた解釈を容認しないといえないが、本条以下の規定が国会の「常会」や「臨時会」について規定しているところから見て、憲法は、国会について会期の制度をみとめることを予想していると見てよかろう。いわゆる万年国会、すなわち、衆議院の総選挙の結果、衆議院が成立するとともに、国会は国会としての活動能力を取得し、その後は国会自ら休会することは許されるが、その活動能力は、会期という一定の期間にかぎられることなく、衆議院の解散または衆議院議員の任期が終わる時まで、常時存するとする制度は、おそらく憲法の趣旨とするところではあるまい。」　（三九一頁）

「(ロ)　憲法は、国会が毎年すくなくとも一回その会期を開き、国会としての活動をなすべきことを要求する。憲法が国会に与えている権限（法律の制定、ことに予算の制定）から見て、一年以上国会の会期を開かずにすますことは、実際問題としても、不可能である。憲法は特に「毎年一回」国会の会期を開くべきことを本案で要求しているのである。

(ハ) 憲法は、かならずしも文字どおり国会の召集が、各暦年ごとに一回、行われるべきことを要求しているのではなく、むしろ、議会の会期の開かれていない時期、すなわち、国会の活動能力を欠く時期が、一か年におよんではならないことを要求している、と解すべきであるから、特別の事情がある場合（たとえば、一二月上旬に臨時会が開かれているとき、衆議院が解散されたため、その年内に常会を召集することが不能になつた場合など）に、常会の召集が翌年の一月に行われることになつたとしても、かならずしもそれをもつて本条に違反すると見るべきではあるまい。」（三九三頁）

△憲法（ポケット註釈全書）　佐藤功（二九八頁）

「一般に議会は常時活動するものではなく一定の期間（すなわち会期）を以て開かれたときにのみ活動能力を有するのであるが、長きにわたつて開かれないことが認められないことはもとよりであり、定期的に、特に予算の一年制度との関連からも、毎年少くとも一回は開かれねばならないとされているのが近代議会政治の通則である。」

△註解日本国憲法　法学協会（八一三頁、八一八頁）

「国会は常時活動している機関ではなく、一定の限られた期間（この期間を会期という）だけ活動能力をもつものであること、及び予算の一年制度などにかんがみ、毎年一回はそのような活動能力を与えられなければならない」（八一三頁）

「常会の会期は、憲法によつてではなくて国会法によつて一五〇日と規定されている（一〇条）。従つて国会自体が、他の標準を適当と考えるに至れば、国会法の改正によつて、一般的に他の定めをすることができ、又個々の常会において現実に不足を感じた場合には、その時々の国会の意思決定（議決）によつて延長することができる。」（八一八頁）

△国会運営の理論　鈴木隆夫（四一八頁〜四一九頁）

「会期というのは、国会が有効に活動し得る期間を意味するのであるが、それは、歴史的には、何か事のあるに国王によつて召集され、会議を開いたイギリスの議会の伝統に基き、実際的には、一年中国会が活動状態にあることが必ずしも必要でなく、寧ろ一定期間を限つて活動能力をもたせることの方が、国の立法機関と行政機関との綜合的調整と、国政運営の全体的効果の上から望ましいことから、認められているものであるといい得よう。即ち、美濃部博士が、その「議会制度論」において指摘されているように、議会が単なる立法機関であるに止まらず、議院内閣制の結果として、行政監督権をもつことから、政府の絶えざる活動に伴つて、議会も亦不断の開会を要求するに至るのは自然の勢であろうが、しかし他面から見れば、「議会が絶えず開会して、政府の施政に関与することの結果は、政府は徒に議会との交渉に忙殺せられて、必要なる政策を考慮する時間に乏しく、その行動が余りに束縛せられて、自由の活動が甚だ困難となると共に、議会の絶えざる論戦に依つて、政争は一層激成せられる患が有る等に於いて、これを有害なりとする主張は、相当根拠あるものと謂わねばならぬ」からである。かくして、諸外国の議会においても会期が認められ、議会の活動はこの会期中に限られるものとしているのが常である。」

△憲法講説再訂　高辻正巳（二四五頁）

「会期は、議会が活動できる状態におかれるとされる期間である。だから、その期間は、なんらかの方法で特定されなければならない。会期を特定する仕方について、憲法はなにも定めていないが、それは、おそらく、会期の実体からみて、国権の最高機関である国会みずからが定めることこそ適切、と考えてのことであろう。国会法は、かような趣旨に即して、つぎのように定めている。

(1)　常会の会期は、一五〇日間とする（一〇条）。特別会がこれにあわせて召集されるときも、むろん同様である。」

△ジュリスト一七〇号（一九五九、一、一五）　佐藤達夫

「会期制・点描」（二三頁）

「国会の会期については、行政部との関係について二つの角度からの観察がある。一つは、日本の国会のように、内閣法案が圧倒的に多数であり、かつ、その説明あるいは答弁のために、国務大臣をはじめとして、政府の高級官僚がつねに国会にくぎづけになるという実情のところでは、その行政能率に対する影響は、無視することができない。

憲法議会において、衆議院の片山議員、貴族院の大河内議員などから、国会を〝年中無休〟とすることについての質疑があつた。これに対し、金森国務大臣は貴族院での答弁で、（会期をなくして、一年中国会を開いておくのも一つの考えだが、「余り一つの考に徹底することは欠点がありまして」「日本の実情からいうと、やはり、国会がありますれば、政府はほとんど全力を国会に対する関係において捧げなければならぬので、結局行政能率をいちじるしく減退するのであります。」）と述べたことを思いだすが、これはまさに以上の事情に触れたものであり、この要請をおしてゆくと、それは会期を短くする方に作用することになるわけである。

しかし、一面において議院内閣制に立つわが国会としては、政府当局を相手とする質疑応答は、行政の監視なり批判なりについての重要な手段となつていることを忘れてはならないし、また、その効果は否定することはできない。したがつて、この二つの観点は、いずれにも理由があり、それだけにまた簡単にわり切れないものがある。

……………………………………………………………………………………

会期の長さの問題について、以上のような事情を総合してみると、いわば、〝背水の陣〟を布くような意味で、むしろ法定の常会の会期は短かくした方が効果的ではないかという考え方も出てくるわけであり、これは従来の国会法改正の論議の際にも一部の意見として見られたところである。そういうことからいうと、はじめの国会法立案の際における一二〇日説もひとつの考え方であつたということになろう。」

△ジュリスト一七〇号（一九五九、一、一五）　佐藤達夫
「会期制・点描」（二三頁～二四頁）

「常会の会期について、もうひとつの話題は国会法第一〇条の「但し、会期中に議員の任期が満限に達する場合には、その満限の日をもつて、会期は終了するものとする。」という規定である。

このただし書は、昭和三〇年の改正によるもので、はじめの国会法第一〇条は「常会は、毎年十二月中に召集するのを常例とする。但し、その会期中に議員の任期が満限に達しないようにこれを召集しなければならない。」となつていた。これについては、昭和二七年の常会（第一四国会）は、翌年一月二二日に衆議院議員の任期が満了するところから、一二月召集の原則をくりあげて八月二六日に召集されたという実例を生じた。しかし、機械的に召集をくりあげても、翌年度の予算をこれに提案することは、時期的に不適当であり、せいぜい暫定予算的な骨格予算を付議する程度のことしかできないわけで、当時も、そのような措置が考慮されていたのであつたが、たまたまこの国会は、召集早々に衆議院の解散が行なわれたため、この問題は消滅したのであつた。昭和三〇年の改正はこのような繰上げ召集は無意味であるということにもとづくものにほかならない。

ただ、現在の第一〇条ただし書の〝任期満限〟について、参議院議員の半数が任期に達する場合も含むかどうか・という問題があるが、衆議院議員の任期満了の場合は、このような規定がなくても当然のことと思われるし、むしろ、これは参議院議員の場合を念頭において規定したものと見るべきであろう。しかし、これについては、立法政策の上からいつて、参議院議員の任期満了の場合も含ませることがいいのかどうか・という問題があるし、さらに、また、憲法解釈上、参議院議員の半数交代は、立法期の更新というような意味をもち、したがつて、これは単なる立法政策上の問題ではなく、当然そういうことにならざるを得ないのかどうか・という問題もある。」

△時の法令二〇七号　佐藤達夫

「会期延長についての疑問」（二二二頁〜二二四頁）

「参議院議員の半数が任期満了で退任した場合に参議院そのものはどういうことになるか・ということである。つまり、半数の議員がいなくなるために、参議院はその成立を失い、したがつてその機能を営み得ないことになるかどうか・ということである。もしこの場合、参議院はその成立を失うということになると、それは衆議院議員の任期満了の場合、または解散の場合と同じであり、結局、国会そのものの成立も機能も失われることになるから、その途端に会期は切れ、会期の延長などできるはずのものでないことは当然である。また、そうなれば臨時国会の召集も緊急集会の開会ももちろんできないことになる。

このような場合における参議院の地位について定めた条文は憲法のどこにも見当らない。憲法の条文の中で、この問題に関係のあるものといえば、せいぜい第五六条第一項の「両議院は、各々その総議員の三分の一以上の出席がなければ、議事を開き議決することができない。」、第九六条第一項の「この憲法の改正は、各議院の総議員の三分の二以上の賛成で、国会が、これを発議し……」ぐらいのものであろう。

この場合、「総議員」の解釈については、定数を指すという解釈と現在数を指すという解釈が対立している。後の解釈をとれば問題はないが、定数だという前の解釈をとつても、議員の半数は残つているわけだから、憲法改正以外の議事にはさしつかえないはずである。そうなれば、どちらの説からいつても、この場合、参議院の活動能力を一概に否定することはできないこととなる。

……………………………………………………………………

ともあれ、これが正しいとすると、参議院の半数退任の場合でも国会の活動は可能であり、緊急集会も開かれ得る。もちろん臨時国会の召集もできる。のみならず、「いずれかの議院の総議員の四分の一以上の要求があれば、内閣はその召集を決定しなければならない」憲法上の義務があるということになる。したがつてまた、会期の延長も当然可能だといわなければならないわけである。

要するに、憲法上の明文はないにしても、問題は、国権の最高機関たる国会の成立及び機能に関するものである以上、他にこれを否定すべきはつきりした根拠が見出されない限りは、これを積極的に解するのが当然のすじ道であろう。

第一〇条の全文をあげると「常会の会期は百五十日間とする。但し、会期中に議員の任期が満限に達する場合には、その満限の日をもつて会期は終了するものとする。」となつている。

このただし書でまず問題になるのは、ここで「議員の任期が満限に達する場合」といつているのは、参議院の半数退任の場合をも含むかどうかである。

半数といえども「議員の任期満了」にはちがいないから、文理上これが含まれないと見ることはむずかしい。また、衆議院の議院運営委員会の速記録によつてこの条文の成立の経過をみると、原案では「衆議院議員の任期が満限に達する場合には」となつていたのが、参議院側との打ち合せの結果、参議院の半数改選の場合も含ませる意味で「衆議院」を削つた・ということが出ているから、立法の趣旨もそうであつたことがわかる。

　そうなると、一応はその半数退任の日をもつて会期は終了するものと見なければならないことになる。しかし、このただし書が会期の延長を禁止する意味までも含んでいるかどうかについては即断はできない。さきに述べたように、臨時国会の召集は可能であるという前提をとる以上、まさかこの条文があらためて臨時国会を召集するのは自由だが会期の延長は許さない・というような不合理を強制するものとは見られないから、そこまでの趣旨は含まれていないと解するのが当然であろう。

　したがつて、この規定は、衆議院議員の任期満了の場合については、当然の条理を示したものであり、参議院議員の半数退任の場合については、一応のけじめとしての会期終了をきめたに過ぎないものと見るほかはない。第一〇条ただし書が「会期は終了する」といわずに「……終了するものとする」というようなやわらかい表現をとつている理由もそういうところにあるのではないか・という気もする。

　以上のことは、第一〇条そのものに該当する場合、すなわち、百五十日の法定会期内に任期満了が生ずる場合についての考察であるが、こんどの場合は、その百五十日をこえる会期延長の問題であり、こういう場合について国会法は一体どう考えているのか何の規定もない。このことは、臨時国会の開かれているときに参議院議員の半数の任期が来る場合についても同様である。しかし、第一〇条ただし書そのものの場合についてすら、前述のような考えが成り立つ以上、直接の明文のないこれらの場合について窮屈な結論が出るはずはないわけである。

このように見てくると、……………………………………………………会期の延長をすることも理論上は可能だということになろう。」

△法学教室　二号（別冊ジュリスト）（昭三六、一一、一）　中谷敬寿

「国会の会期制度」（一〇二頁、一〇三頁）

「(1)　会期の制度　旧憲法は自ら明らかにこれを認めていたのに反し、日本国憲法には旧憲法四二条に該当するような規定を欠いているので、一見会期の制度を認めているかどうかは不明のようである。しかし、一方国会の会期というものが国会の活動能力を有する期間であり、他方憲法が毎年一回召集する常会の外臨時会及び特別会の三種を自ら認めている以上、日本国憲法は少くとも間接的には国会について会期の制度を前提又は予定している、と論理上解するよりほかない。」　（一〇二頁）

「会期をどのように定めるかは、国会がその権限を行使して機能を、発揮するうえに重大な関係をもつている。それゆえに、最近国会運営の正常化に関して、会期につき一年会期制などの主張を聞く。おもうに、民主政治の要請に基き国会の政府に対するコントロールの実を挙げるために、国会をして審議を十分尽くさすに足る相当の会期の必要なことは勿論であるが、三権分立主義を基調とする統治機構ないし政治機構をとつている国においては、いわゆる万年議会は勿論のこと徒らに長期の会期を設けることは、啻に国会の議事の運営を非能率的ならしめるおそれがあるばかりではなく、行政府の行政権の発動を国会に釘づけにしてこれを阻むおそれなしとしない。日本国憲法が会期制度を前

提又は予定しつつも自らこれを規定せず国会法・議院規則等に多く委ねているのは、国会の自主的決定によらしめるという法意にほかならないと解せられる。」（一〇三頁）

第十一条　臨時会及び特別会の会期は、両議院一致の議決で、これを定める。

○制定趣旨・改正経過

（制定趣旨）

臨時会及び特別会の会期は、これは議院が自主的にその仕事の量をはかつてきめることになりました。すなわち両議院一致の議決でこれを定めると規定をいたし、両議院が議決するにつきましては、事前に両議院の議長の間なり、或は政党の幹部間において相当の打合せがあることと考えられます。（国会法と旧議院法との比較対照）

○関係法規

△日本国憲法

第五十三条　内閣は、国会の臨時会の召集を決定することができる。いづれかの議院の総議員の四分の一以上の要求があれば、内閣は、その召集を決定しなければならない。

第五十四条　衆議院が解散されたときは、解散の日から四十日以内に、衆議院議員の総選挙を行ひ、その選挙の日から三十日以内に、国会を召集しなければならない。

衆議院が解散されたときは、参議院は、同時に閉会となる。但し、内閣は、国に緊急の必要があるときは、参議院の緊急集会を求めることができる。

前項但書の緊急集会において採られた措置は、臨時のものであつて、次の国会開会の後十日以内に、衆議院の同意がない場合には、その効力を失ふ。

第七条　天皇は、内閣の助言と承認により、国民のために、左の国事に関する行為を行ふ。

二　国会を召集すること。

▲大日本帝国憲法

第四十三条　臨時緊急ノ必要アル場合ニ於テ常会ノ外臨時会ヲ召集スヘシ

臨時会ノ会期ヲ定ムルハ勅命ニ依ル

第四十五条　衆議院解散ヲ命セラレタルトキハ勅命ヲ以テ新ニ議員ヲ選挙セシメ解散ノ日ヨリ五箇月以内ニ之ヲ召集スヘシ

第四十四条　帝国議会ノ開会閉会会期ノ延長及停会ハ両院同時ニ之ヲ行フヘシ

衆議院解散ヲ命セラレタルトキハ貴族院ハ同時ニ停会セラルヘシ

△国会法

第三条　（臨時会召集の要求）

第二条の三　（任期満了による選挙後の臨時会の召集）

第二条の二　（特別会・常会の併合）

第十条　（常会の会期）

第十四条　（会期の起算）

第十二条　（会期の延長）

第十三条　（会期に関する衆議院議決の優越）

第十五条　（休会）

△衆議院規則

第二十条　臨時会の会期は、議長が各常任委員長の意見を徴し参議院議長と協議した後、議院がこれを議決する。

特別会の会期は、議長が参議院議長と協議した後、議院がこれを議決する。

第二十二条の三　前四条の議決の結果は、直ちにこれを議長において参議院及び内閣に通知する。

△参議院規則

第二十二条　臨時会及び特別会の会期は、議長が衆議院議長と協議した後、議院がこれを議決する。この場合において、議長は、その会期における立法計画に関して、予め各常任委員長の意見を聴かなければならない。

前項の議決の結果は、これを衆議院及び内閣に通知する。

〔参考〕

△地方自治法

第百二条　普通地方公共団体の議会は、定例会及び臨時会とする。

③　臨時会は、必要がある場合において、その事件に限りこれを招集する。

⑥　普通地方公共団体の議会の会期及びその延長並びにその開閉に関する事項は、議会がこれを定める。

第百一条　普通地方公共団体の議会は、普通地方公共団体の長がこれを招集する。議員定数の四分の一以上の者から会議に付議すべき事件を示して臨時会の招集の請求があるときは、当該普通地方公共団体の長は、これを招集しなければならない。

○先例

△衆議院委員会先例集

三〇〇　臨時会の会期又は会期の延長について各常任委員長の意見を徴するため、議長が常任委員長会議を開く。

△衆議院先例集

二　特別会及び臨時会の会期は、召集日に議決する。

特別会及び臨時会の会期は、両議院一致の議決で定める。会期の決定は、特別会にあつては、議長及び副議長の選挙後常任委員長及び議院運営委員の選任前に行われるので、議長が各派協議会において協議し参議院議長と協議した後、議院に諮りこれを議決する。臨時会にあつては、議長が各常任委員長及び議院運営委員会の意見を徴し、参議院議長と協議した後、議院に諮り議決する。ただし、第七十九回国会（昭和五十一年十二月二十四日召集）は、衆議院議員の任期満了（同年十二月九日）による総選挙（同年十二月五日施行）後初めて召集された臨時会であり、この場合においては、特別会の例によつて、同様の手続を経た後、議長が議院に諮り議決した。

会期の件は、特別会及び臨時会の召集日に議決しなければならないが、第一回（特別）国会において、召集日（昭和二十二年五月二十日）に議決しないで、その翌々日に議決した（召集日及びその翌日には動議により会期の件を延期して散会した。）。

なお、特別会の召集日に、議長及び副議長の選挙を行うことができず、事務総長が会期の件に関する議事について議長の職務を行つたことがある（第二十九回国会　昭和三十三年六月十日、第三十七回国会　昭和三十五年十二月五日及び第四十五回国会　昭和三十八年十二月四日）。

六　会期又は会期の延長について、両議院の議決が異なるとき、又は参議院が議決しないときは、衆議院の議決したところによる。

七　会期及び会期の延長の通知は、議決の当日にする。

一〇　休会の日数は、会期に算入する。

二〇四　召集日には、議長、副議長その他の役員の選挙、議席の指定、会期の件、特別委員会設置の件、内閣総理大臣の指名等を行うのを例とする。

〔参考〕

衆議院先例集付録　九　特別会及び臨時会における会期決定一覧表

△参議院先例録

一六　臨時会及び特別会の会期は、召集日に議決するのを例とする

一五　臨時会及び特別会の会期決定の手続に関する例

臨時会及び特別会の会期は、議長があらかじめ常任委員長懇談会を開き、各常任委員長から立法計画について意見を聴取し、議院運営委員会に諮り、衆議院議長と協議した後、議院がこれを議決する。

なお、通常選挙後初めて召集される国会の会期の決定に当たつては、常任委員長懇談会は開かないのを例とする。

一九　会期及び会期の延長は、日数をもつて議決する

二五　会期、会期の延長又は休会を議決したときは、即日その旨を衆議院及び内閣に通知する

二四　国会の休会の日数は、会期に算入する

〇会議録抜粋

△第九一回帝国議会　昭二一、一二、二三

貴族院国会法案特別委員会議事速記録第二号（一〇頁〜一一頁）

〇子爵大河内輝耕君　……………………………………………………………………

此の十一条に「臨時会及び特別会の会期は、両議院一致の議決で、これを定める。」とありますが、是は会期の初に御決めになるのですか、どう言ふことになりますか

○国務大臣（植原悦二郎君）　会期の始まりとも限らないと思ひます、会議の進行の具合に依つてそれを延長した方が宜いと言ふ場合もありませうし、或は開会して後に特に臨時議会を開いて宜しい、或は特別議会を開いて宜しいと言ふことを両院の院議に依つて議決すれば出来ますので、何時之をして宜いと言ふやうなことは其の時の国会の運営に関することだと思ひます……………………………………………………

○大木操君　今の十一条でございますが、植原国務大臣の御答弁に依りますと言ふと、臨時会なり特別会の会期を決めるのは、開いて置いて途中で決めるやうな御答弁と伺つたのでありますが、劈頭に御決めになるのぢやないのですか

○国務大臣（植原悦二郎君）　臨時会と特別会の会期はどの位に定めるかと言ふことは、其の会の始りに当然決められることと思ひます

○大木操君　其の場合に、憲法六十七条に依つて特別会のやうな場合には、「内閣総理大臣は、国会議員の中から国会の議決で、これを指名する。この指名は、他のすべての案件に先だつて、これを行ふ。」とありますが、さう言ふ場合に先づ先に会議を開いて、さうして総理の指名を議決なさるのでありませうか、「すべての案件に先だつ」と言へばそれにも優先すると解釈するのでございませうか、ちよつと此の辺の点を御伺したいと思ひます。

○政府委員（佐藤達夫君）　一応御答へ致します、此の憲法の「すべての案件」と申しますのは、例へば議長、副議長の選挙でありますとか、さう言ふものは寧ろ考へませぬで、法律案でありますとか、予算案でありますとか、さう言ふ普通の国会の権能として掛けられる、さう言ふ案件と言ふ積りで考へて居ります、従つて会期を決めます只今の議決と言ふやうなものは、此処の案件と言ふことには寧ろ入らないと考へて宜くはないかと言ふ風に考へます

△第二九回国会　昭三三、六、一〇

参議院議院運営委員会会議録第一号（二頁）

○島村軍次君　………

召集日に会期を決定しなければならないという慣例ですが、それが通常の例となつていますが、召集日に会期の決定をしなくても違法でないという解釈について、念のために事務総長の意見をお伺いします。

○事務総長（河野義克君）　会期は国会が有効に活動する期間のことでございますから、常会のように法律をもつて会期が定められた場合を除いて、臨時会、特別会のような場合には、会期の最初の日、すなわち召集日にこれを国会が定めるべきが当然のことであると存じます。多くの先例も、参議院、衆議院を通じてさようになつておるわけでありますす。ただ、召集当日に会期を定めることが絶対的な必要事であるか、換言すれば、召集日に会期を定めない場合においては、翌日以降は会期として無効である、特別会として存在しないものになるかどうかという点につきましては、会期というものは、実体は期間を定めることであると同時に、実体的にはより多く終期を定めることでありまして、その始期は、天皇が内閣の助言と承認によつて召集をしたその日が始期になることにきまつておるのでありますから、会期を定めることの大きな意味は、終期を定めることにあると思いますので、その終期を定めればその終期まで、それがやむを得ない場合には翌日になりましても、それがためにその翌日以降が無効になるというようなことはあるまいと私としては存じておりますが、これについては、いろいろな意見はあり得ると思います。ただ、今お尋ねでございましたから、私の意見を率直に申し上げた次第でございます。

○学説

△時の法令　二八五号　昭三三、七、一三

「特別国会と議院の構成」（三二頁〜三五頁）

「……

召集当日の議事として通常考えられるものとしては、欠員中の役員の選挙、議席の指定、新議員の紹介および逝去した議員に対する追悼の辞等があるが、臨時会および特別会では、これらのほかに、その会期を議決で決定しなければならない（国会法一一条）。このように議院の構成に直接、間接関連を持つ事項は、条理上、他のすべての案件に先だつて先議されるわけである。それは、両議院という会議体を本来の活動状態に入れるようにするための準備行為だからである。

旧帝国議会時代は、議会の召集と開会との間に、別に議院の成立という段階を設けていた。すなわち、召集当日に議員が集会した場合に、議長、副議長がないときはその勅任の後に、議長、副議長があるときは直ちに、各議員の議席および部属を定める。こうして各議院が会期開始に適する状態に達することを「院の成立」といつた（貴族院規則一三条、旧衆議院規則二三条、二四条）。この院の成立は、開会または会期の起算に関して必要欠くべからざるものであつた（議院法五条）が、この意味での「議院の成立」という観念は、現行国会法には、踏襲されていない。

現在の国会の会期は、召集の当日から起算されるし（国会法一四条）、召集当日から両議院は、各々自主的にその活動を開始することができる。ただ、正副議長や常任委員長の選挙等が終らない限り、会議体としての本来の議事活動に入り得ないという点では、旧憲法の時代と同じである（この点に着目して、当初の参議院規則は、その第一八条で、「議長、副議長、常任委員及び事務総長の選挙が終つたとき、又はその選挙を要しないときは、議長は、議院の成立を宣告し、直ちにこれを衆議院及び内閣に通知する」との規定を設けていたが、あまり活用されないまま、現在では削除されている。）。

国会法第六条、衆議院規則第一五条、参議院規則第一六条等の立法の趣旨も、正にこの点にあるわけである。

三

国会法第六条は、「各議院において、召集の当日に議長若しくは副議長がないとき、又は議長及び副議長が共にないときは、その選挙を行わなければならない。」と規定している。この法文の字句の上から直ちに即日選挙を行わなければならないことになるかどうかは、疑問であるが、総理大臣の指名手続は、もちろん会期の決定等を含む「すべての案件に先立つて」行うべきであるとの趣旨は、含まれていると解さなければならないであろう（衆議院先例集（昭三〇年版）二五ページ、（自第一回国会至第二十二回国会）参議院先例録二三ページ）。

したがつて、この点からも、今次国会で会期決定の議決を議長、副議長選挙に先行させたことについて、疑義をさしはさむ余地が存するわけである。ただ、衆議院で事務総長が主宰する会議での会期の決定という異例をあえてした背後には、通常会と違つて会期の法定されていない臨時会および特別会では、召集の当日中に会期を議決しなければ召集のやり直しを必要とするのにいたるのではないかとの疑問が存したからであるとそく聞するが、この前提となつた疑問自体に疑問が存するのではないであろうか。結局、この問題は、現憲法の下における召集行為の性質、会期の意味をどう把握するかに帰着するであろう。

旧憲法時代には、帝国議会の召集とは、帝国議会を構成する貴族院および衆議院のすべての議員に対し、一定の期日に、その議会としての活動を開始するためのいわば準備行為として特定の場所に集会することを命ずる行為であるとされていた。しかし、現憲法下での国会は、当然、召集の当日から議院活動に入り得るし、その会期も、召集の当日から起算される（国会法一四条）。したがつて、その召集行為も、「召集当日から国会の活動能力を発動させること（宮沢氏日本国憲法一一七ページ）」として理解すべきであろう。

この定義に従えば、いつたん召集された国会は、召集の当日を始期として自動的にその活動は、進ちよくしてゆくわけであり、特別会および臨時会の会期を議決することは、その国会の終期を決定する意味しか持たないことになる。極論すれば（もちろん、両院の良識ある先例とも背致するが）、法律的には、その最終日になつて会期を決定し、そのため実際には会期の終了日を議決することになつても、さし支えないのではなかろうか。

なるほど、議会史の沿革から見れば、議会に会期は固有のものであり、会期を離れては議会そのものの存在も活動もあり得ないとすることは、一応理解できる。しかし、その会期の議決を召集当日に行わなければ、召集行為自体まで無に帰するとまで窮くつに解釈する必要もないし、また、そう解釈しなければならないという絶対的な論拠にも乏しい。

召集当日に会期を議決しなければならない、とする議論に対する今一つの疑問は、この考え方に立つた場合、会期の決定があるまでの召集当日の議院活動がどこまで許されるか、許されるとすればその根拠ということである。会期がきまらなければ本来の議院の活動はあり得ないとの考を徹底すれば、会期が本会議で議決されるまでは、召集当日も議事の実態には入り得ず、委員会等も開けないと解さねばならなくなるのであろうか。特別会および臨時会では、その会期の決定は、召集当日に議決されるのが常態であろうが、絶対の要件ではなく、もし会期が議決されないときは、その国会の会期は、議決のある日まで不定のまま召集当日から進行していると解すべきではあるまいか。

もちろん、会期の決定は、法律案や予算（案）の議決のような本来の議院活動の前提となるものであるから、召集当日ではなくとも、なるべく早い機会にこれら一般の案件に先だつて議決されるべきことは、条理上当然のことである。

四

次に今度の会期決定の議決で問題にされた点は、その会期を議決する本会議を事務総長が主宰したということであつた。

事務総長は、各議院で国会議員以外の者から本会議で選挙され、議長の監督の下に、議院の事務を統理し、公文に署名することをその本来の職務とする（国会法二七条、二八条）のであるが、このほかに、各議院で、召集の当日に議長および副議長がないとき、その選挙が終るまでは、事務総長が、議長の職務を行うものとされ、また、仮議長等の選挙の場合にも、議長の職務を行うものとされている（国会法七条、二二条二項、二四条）。このような重要な事務総長の地位にかんがみ、国会法は、その第一六条で、事務総長を国会役員の一に加えている。したがつて、事務総長は、国会職員であると同時に国会役員であるという二重の性格を持つわけである。

このたびの事務総長の議長代行（仮議長という説明をした新聞等が多かつたが、正確ではない。）は、この国会法第七条の規定に基いてなされたわけである。が、事務総長の主宰したこの会議が、議長、副議長等の選挙ではなく、会期を議決するための本会議であつたため、第七条で事務総長に認められた職務代行権の範囲をこえるものではないかとの疑問を生じたのである。

この「議長及び副議長が選挙されるまで」とは、議長および副議長が同時に引き続いて選挙される場合に、両者の選挙が完了するまでの意味である。すなわち、本条の端的なねらいが、国会召集の当日正・副議長がともにない場合に、その選挙の管理事務を事務総長が行うというにあることは、確かであろう。したがつて、この第七条の規定によつて事務総長が国会閉会中および国会召集後正副議長が選挙されるまでの間に、議長の権限のすべてを代行できるとは、とうてい解釈できない。しかしながら、このような場合に適用すべき他の規定もなく、しかも、実際上何人かが議長の権限を代行する必要が当然おこり得るため、この規定の運用でまかなうほかはないということになるわけである。

ただし、この場合、事務総長が代行し得る権限におのずからなる制約の存することは、当然である。その線の引き方をどこに求めるか、消極的（文書の接受等の）なものに限るとすべきか、議員固有の権限に属さないものとでもすべきか、それとも積極的に、院の意思決定に参加することになる権限以外のすべての権限を行使できると解すべきか。この場合、選挙以外の一般の議事を主宰したとき可否同数となつたら、議長同様、憲法第五六条第二項の規定による決裁権の行使もできると解すべきか、等々について、考え方はいろいろあるであろうが、立法措置を講じない限り、良識ある先例の累積にまつよりほかにあるまい。

このたび、会期決定の議事を事務総長が主宰したことについても、特別会では会期を召集当日に議決しなければ召集のやり直しを必要とするというその前提となつた議論または疑問を承認してかからなければ、少くとも妥当な措置であつたとは、とうていいい切れないであろう。国会法、衆参両院規則とも、正規に選ばれた議長、副議長による会期の決定をその当然の姿として期待しているからである。」

△国会運営の理論　鈴木隆夫（七九頁〜八〇頁、八二頁）

「「国会の議決」という観念について説明しなければならない。憲法上国会と各議院とは明かに区別すべき観念であり、国会はもとより両議院から構成されるものであるが、両議院から構成された国会そのものは、各議院とは全然別箇の存在である。従つて、国会の権限と議院の権限とは別箇のものであり、同時に又国会の議決と各議院の議決とは別箇のものでなければならない。国会の議決という場合には、もとより両議院の議決を離れては存在するものではないけれども、単に両議院の議決そのものではなく、それは両議院から構成された国会という憲法上一箇の機関としての意思決定を意味するものである。従つて、国会の議決というものは、両議院から構成される単一体たる国会としての意思決定であつて、各議院の議決が偶々一致してもそれは当然に国会の議決となるべきものではない。もとより国会の議決といつても、国会そのものが両議院というそれぞれ独立の会議体から構成されるものであるから、国会の議決は、両議院の議決の合致から生れることを建前とすることは当然であるが、その場合の両議院の議決は、法律的に見れば、両議院それぞれの独立した議決と異り、国会の議決の一翼としての議決であつて、各院の権限に属する事項についての議決とは性質を異にするものといわねばならない。而して、国会の議決は一般には両議院の議決の合致によることを原則として、若しその議決が合致しない場合には、両院協議会を開いて相異つた両院の議決の調整を図り、その結果両議院の議決が合致すれば国会の議決となるが、両院協議会を開いてもなお議決が一致しないときは、国会の議決はないこととなるのである。但し、その例外として国会の議決を要する案件のうち、特定の案件については、特に憲法の定めるところによつて両議院の議決が異つたときには、その議決の異つたまま、衆議院の議決を以つて国会の議決となる場合があり、又参議院の緊急集会においては、緊急集会のみの議決が暫定的にではあるが国会の議決と同一

の効力をもつものとされる場合がある（憲五四条二項・三項）。」（七九頁〜八〇頁）

「国会法その他各種の法律には、例えば国会の臨時会及び特別会の会期の規定、国会の会期の延長、国会の休会、その他内閣における人事等について「両議院一致の議決」或は「両議院の同意」を要する旨の規定が多く見られるが、この「両議院の議決」という場合には、所謂先議後議の議決によるものでなく、又所謂予備審査の規定も適用されないのであつて、両院各々別箇の議決をなすものであり、この場合にたとえ両院協議会を開き得る規定が存する場合があつても、所謂国会の議決とは性質を異にするものである。国会法が国会の臨時会及び特別会の会期の規定及び国会の会期延長について「両議院一致の議決」によるといつているのは「国会の議決」と同じであるとして、国会の議決と両議院の議決とを全く同一のものとする説があるが、会期の決定及び延長が、実質上国会の権限に属するものであるにしても、その国会の権限を行使する議決の形態としての「国会の議決」と「両議院の議決」は、本来その性質を異にするものであつて、この両者を全然同一視することは、理論的にも実際的にも首肯し難いものといわねばならない。国会法第六十五条が「両議院の議決を要する議案について、最後の議決があつた場合、及び衆議院の議決が国会の議決となつた場合には、」云々と規定して、国会の議決を両議院の議決のうちに含ませるような規定を置いているのも、国会の議決が実質的には原則として両議院の議決に基くものであることから、便宜統一的に両議院の議決を要する議案として規定したものであつて、国会の議決と両議院の議決を同一視したものでないことは、本条に関する国会法案の提案者の説明によつても又他の国会法の規定からも知ることができる。」（八二頁）

△全訂日本国憲法　宮澤俊義著　芦部信喜補訂（三四六頁）

「(ロ)　ある事項につき、両議院の意志の一致が必要とされる場合に、法律には、「国会の議決」（公選法五条の二第二項）、または「国会の承認」（国籍法七条）を要すると定める場合と、「両議院一致の議決」（国会法一一条）、「両議院の同意」（国公法五条）または「両議院の事後の承認」（独禁法三〇条）を要すると定める場合とがある。

両議院の意志の一致を必要とする点では、両者は、同じことに帰着する。

この場合、立法者は、「両議院一致の議決」を要すると定める場合は、法律で各議院に新たにそういう権能をみとめるのであるから、その際、衆議院の優越性を定める（例、国会法一三条）ことが許されるが、「国会の議決」を要すると定める場合は（国会議決について、衆議院の優越性をみとめることは、憲法でのみ定め得ることであるから）、そういう衆議院の優越を定めることは許されない、と解するものの如くである。

しかし、この解釈の当否は疑わしい。法律で、国会に新たな権能を定めることが許される以上、その権能を定める際に、その法律が衆議院の優越を定めることも当然許されると解するのが、妥当であろう。もしそれが許されないとするならば、「両議院一致の議決」と定めた場合にも、衆議院の優越性を定めることができないと解しないと、筋がとおらない。ある事項につき、「国会の議決」を要求すべきか、「両議院一致の議決」を要求すべきかは、国会が法律できめ得ることであるから、その点について、衆議院の優越性を定めるかどうかも、結局は、国会が法律で定め得ることとである。とすれば、法律で国会またはその一院に対し、憲法で定められた権能以外の権能を与えることができないと解するのでないかぎり、「国会の議決」と「両議院一致の議決」とのあいだに、右にのべられたようなちがいをみとめることに、なんの実益もないようである。」

△国会法　黒田　覚　（七二頁〜七三頁）

(1)　会期の決定・会期の延長のほか、国会法は、国会の休会（一五条）、議員の内閣行政各部の委員等就任（三九条但書）は、「両議院一致の議決」によるものとし、また両院協議会規程は「両議院の議決によりこれを定める」（国会法九八条）としているが、これらは衆議院の優越性を規定していない。その他、各種の法律で「両議院の議決」で定める場合を規定しているものが多い。そのなかで衆議院の優越性を規定したものには、会計検査院法があり、「検査官は、両議院の同意を経て、内閣がこれを任命」し、「検査官の任命について衆議院が同意して参議院が同意しない場合においては、日本国憲法第六十七条第二項の場合の例により、衆議院の同意を以て両議院の同意とする」としている（会計検査院法四条一項二項）。その他、旧警察法五条三項にも、国家公安委員の任命について同様の規定があつた。このように、国会の議決とすれば、衆議院の優越性が規定できず、「両議院の一致の議決」・「両議院の議決」とすれば、衆議院の優越性が規定できると考えるのは、いささかあまりにも技術的の感がないでもない。もしも、憲法の規定事項以外に衆議院の優越性が認められないとすれば、たとい「国会の議決」とせず、「両議院の一致の議決」・「両議院の議決」としたところで、それによつて簡単に衆議院の優越性が規定できる、ということにはならないはずだからである。また、「国会の議決」と「両議院の一致の議決」・「両議院の議決」が、国会法上の議事手続において別個の議決の形態であることは認められるが、そうだからといつて、この両者が本質的に別個のものであるという主張も、納得できがたいものがある。両院協議会規程のごときは、本質的に国会の規程ではなく、両議院共通の規程と見られるべきものであり、したがつてこれを国会の議決によらず両議院の議決によつて定めることに本質的意味があると考えられるが、その他の場合には、このような本質的相違は発見できない。もともと、これらの議決方法の相違は、議決される事項の内容によつて区別されたものでなく、単に技術的理由によつて区別されているに過ぎないからである。さらにまた、衆議院の優越性を憲法規定の事項以外に認め得るとしても、「両議院の議決」という方法によれば、いかなる場合にも衆議院の優越性が規定できる、という考え方は許されない。少くとも議事規則的内容をもつ両議院共通の規程の制定について、これを認めることは、各議院の自主権と矛盾するであろう。」

△レファレンス別冊　（昭三四、五）　佐藤達夫

憲法上の諸問題　「「両議院一致の議決」について」　（二三一頁〜二三六頁）

「国会の議決と両議院一致の議決の二つについて手続上の差異を見よう。

「国会の議決」とは、いうまでもなく、衆参両院をもつて構成される国会を一つの機関とみてその意思決定を示すものである。その意思決定の手続としては、案件が一院で可決されたのち、それが他の院に送付され、そこでも可決されれば、「国会の議決」が成立するというのが原則である。(もつとも、内閣総理大臣の指名の議決については、この一院先議の扱いがされていない。なお、決算審査についても同様である)。

各院の議決が一致しない場合については、両院協議会の制度がある。なお、議案の場合には、予備審査の制度もある。これに対し「両議院一致の議決」とある場合は、これは、衆議院および参議院をそれぞれ独立の機関として捉えたものと認められ、したがつて、先議・後議や送付の関係はなく、両院協議会の規定も当然には適用にならない。また、これが「国会の権限」ではないとすれば、参議院の緊急集会の場合にも、当然にはその付議事項とはならないことになる。

III

(1) この「両議院一致の議決」というのが、諸法律の立案過程において最初にとりあげられたのは、国会法であつたと思う。その動機となつたのは、臨時会および特別会の会期の決定および国会の会期の延長の場合に、衆議院の議決を優先させるについて、立法技術上これをとう処置するか・ということであつた。

この場合、一応考えられるのは、会期の決定等は「国会の議決による」という方式であるが、これについて懸念されたことは、憲法は、一定の場合については、衆議院の優越を規定しているが、それ以外の、つまり一般的の原則としては、やはり、両院平等の原則をとつているとみなければならないであろう、もしこの前提が正しいとすると、憲法上、両院平等の原則のもとに構成されている国会を法律で引用する場合、その法律で、ほしいままに両院の関係を変更して一院の議決を優越させることは許されないのではないか・ということであつた。

そこで、この場合ワンセットの「国会」を使わずに、両院を別々に利用することにすれば、この難点を避けることができる・ということで、このような規定となつたのであつた。

その当時、ないしはそれに近い時期の立法をみると、検査官、人事官および国家公安委員会委員の任命について、いずれもこれと同じ形で衆議院の優越を規定しているが、その考え方の根本はこれと共通するものであつたということができる。

(2)　ところが、その後これらの一院優越の制度に対する水平化の傾向があらわれてきた。

その最初のあらわれは、第四回国会における国家公務員法の改正であり、これによつて、人事官の任命の同意についての衆議院の優越性が廃止されたのであつた。（昭二三・法二五八）。

ところで、この場合、前出の考え方だけからいうと、両院平等とするならば、もはや、わざわざ「両議院一致」とする必要はなく、「国会の同意」ということに形を改めてよかつたのであるが、このときの改正では、そこまでの調整はなされず、衆議院の優越に関する部分が削られただけで他は従来のままに残された。そのあと、昭和二八年の警察法の改正によつて、国家公安委員会委員の任命について、衆議院の優越が廃止になつたが、この場合も、さきの人事官の例をそのまま踏襲して、やはり「両議院一致の同意」という形が残された。なお、公正取引委員会の委員長・委員の任命の同意は、独禁法発足当時は、衆議院のみの同意であつたが、これも昭和二七年の改正により両院の同意ということに改められ、規定の形式も前出の人事官の場合と同じにされた。

この経過をみると、昭和二三年における国家公務員法の改正のときの形が、そのままに踏襲されてこのようなことになり、さらに、その後制定された諸法律においても、主として人事に関する同意については、はじめから両院平等のたてまえをとりつつ、その形式において「両議院一致の議決」という先例を踏襲したということができる。さきに述べた同じ法律のなかでの不一致は、おおむねこのような事情によるものが多いように思われる。

なお、これらとは別系統の事例として、はじめ「国会の議決」とあつたのを、のちに「両議院一致の議決」と改正した例がある。それは、国会法第三九条のただし書であり、以前は「但し、国会の議決に基き、その任期中内閣行政各部における各種の委員、顧問、参与その他これに準ずる職務に就く場合はこの限りでない。」となつていたのに対し、第二九回国会において、これが「両議院一致の議決」ということに改正されたのであつた。この場合、別に一院の優越を認めたわけでもないし、その理由は必らずしも明確ではないが、憶測をすれば、従来の法文が「国会の議決」とあるにかかわらず、その運用は「両議院一致の議決」とあるのと同じになつていたところから、制度の方をこの実際にあわせて改正したに過ぎないのではないかと思われる。

(3) 以上のことに関連して明らかに異例とみられるのは、前出、日本国有鉄道などの予算の扱い方である。たとえば日本国有鉄道法によると、その予算は「国の予算とともに国会に提出」することとし（九の二）、その「予算の議決に関しては、国の予算の議決の例による」（三九の九）と規定している。こうなると、これはあきらかに衆議院の優越を定めていることになるが、もし、国会法立案の際における考え方を前提とすれば、それは、法律をもつて両院平等の原則を破つたことになり、その合憲性が問題になりうる。

したがつて、そういう立場からこれを弁護しようとすれば、これは、ちようど憲法が「国会議員」という表現で両院の議員を総称しているのと同じように、厳格な意味での「国会」をとらえたものではなく、その実質は「両議院」をとらえたものであり、そして、さらに、先議・後議のしくみや両院協議会の制度を利用したものである・といわなければならない。このように理論を構成すれば、その合憲性を肯定することは可能であると思うが、そうなると、いよいよ、先に述べた「国会の議決」と「両議院一致の議決」との神経質な使いわけというものは、意味がないということになる。

Ⅲ

これらの事実は、いろいろな問題を示唆する。

(1)　まず第一は、はじめにあげた国会法立案の際に一応の前提とされたところについての反省である。すなわち、はたして憲法は、特にみずから衆議院の優越を規定したもののほかは、両院平等であることを鉄則としているかどうか・ということである。

これについては、次のような疑問が提示されよう。

たとえば、皇室財産の授受について、憲法第八条は「国会の議決に基かなければならない。」としているが、皇室経済法およびその施行法において、一種の包括的な承認がなされている。すなわち、法律の形式でここにいう「国会の議決」がなされているわけだが、法律の制定手続については、憲法上衆議院の優越が認められている。したがつて、この皇室経済法も衆議院の再議決によつて一院優越のもとに成立することもありうる。第八条の国会の議決が厳格に両院平等の議決を前提としているとすれば、すべてこれは、事件決議の形でなされるべきであるということになろうが、その関係をどう考えるか・という問題である。なお、同様のことは、たとえば、憲法第八五条の債務負担に関する国会の議決についても見られるわけである。

これについては、憲法にいう「国会の議決」は、個別の事件決議によることを要請するものではなく、事の性質に応じて、法律または予算の形式による議決も認めているものといわなければならない。たとえば、憲法第八三条で、「国の財政を処理する権限は、国会の議決に基いて、これを行使しなければならない」といつているけれども、これはすぐあとの第八六条でも明らかなように、予算の形式による議決も当然含んでいるとみることができよう。

要するに、この点は憲法の「国会の議決」ということばの幅の問題であると思う。したがつて、皇室経済法など従来の実定法のあり方をたてにとつて、憲法は、必らずしも両院平等の原則を固持するものではないという結論をみちびくわけにはいかないように思われる。……………………………………………………

(2)　第二は、法律で国会の権限を付加し、あるいは、国会を利用する場合の問題である。

これについては、憲法は基本的には両院平等の原則をとつていると前提しても、いろいろ考え方はあろう。そしてこの場合、前出の国鉄予算などに関する立法例の示唆するところは大きい。これについては、さきに述べたような技巧的な説明をするまでもなく、法律で国会を利用する場合には、その限りでは憲法の定める国会のメカニズムに必要な変更を加えてもさしつかえないという論も成立する余地があるのではないかとも思われる。ただ、この場合、参議院の優越を規定することができるか・という問題がある。これについては、部分的にもせよ衆議院の優越を規定した憲法の態度に逆行するものであるために、議論がわかれるかも知れない（前出の〝技巧的〟説明によつて理論構成をすれば、むろんその結論は積極となる）。

(3) 第三は、一院の優越を認めるかどうかというようなことを離れて、「国会の議決」とは別に、従来のような「両議院一致の議決」という方式の存在を認める実益があるかどうか・という問題である。

これについては、さきに述べた国会法第三九条ただし書の改正の経緯が大きな示唆を与えてくれる。つまり、その改正前の条文が「国会の議決」となつていたにかかわらず、運用において、すでに「両議院一致の議決」と同じになつていたという事実である。

もともと、この種の案件については、国会側の意思決定は、可否のいずれかであり、修正ということは考えられない。したがつて、両院協議会の実益もほとんど認められないし、また、特に先議・後議の順序をふむまでの必要もないということができる。内閣総理大臣の指名が、憲法上「国会の議決」とされているにかかわらず、実際は、先議・後議の手続によつていないし、また、この場合、両院協議会の制度はあつても、その実益については芦田首班指名の際の経験が示すとおりである。

したがつて、人事の同意その他これに類似する案件については、「国会の議決」とするよりも「両議院一致の議決」とする方がむしろ適当であるという論も立ちうるように思われる。」

第十二条　国会の会期は、両議院一致の議決で、これを延長することができる。

会期の延長は、常会にあつては一回、特別会及び臨時会にあつては二回を超えてはならない。

（第二八回国会　昭三三法六五号本条改正）

○制定趣旨・改正経過

第十二条　国会の会期は、両議院一致の議決で、これを延長することができる。

（制定趣旨）

通常会、臨時会及び特別会を通じまして、会期の延長はやはり自主的に両議院の一致でこれをすることにいたしました。この場合につきましても前に申上げましたように、やはり両議院の議長の間、もしくは政党の幹部間の打合せが行われることを当然に予期しておるわけであります。（国会法と旧議院法との比較対照）

《改正理由》　（第二八回国会　昭三三法六五号本条改正）

従来会期の延長について制限がなかつたため、四回あるいは五回延長されたこともあつたので、会期延長の回数を制限し、審議能率の向上をはかつた。（議会制度七十年史）

○関係法規

△日本国憲法

第五十二条　国会の常会は、毎年一回これを召集する。

第五十三条　内閣は、国会の臨時会の召集を決定することができる。いづれかの議院の総議員の四分の一以上の要求があれば、内閣は、その召集を決定しなければならない。

第五十四条　衆議院が解散されたときは、解散の日から四十日以内に、衆議院議員の総選挙を行ひ、その選挙の日から三十日以内に、国会を召集しなければならない。

衆議院が解散されたときは、参議院は、同時に閉会となる。但し、内閣は、国に緊急の必要があるときは、参議院の緊急集会を求めることができる。

前項但書の緊急集会において採られた措置は、臨時のものであつて、次の国会開会の後十日以内に、衆議院の同意がない場合には、その効力を失ふ。

▲大日本帝国憲法

第四十一条　帝国議会ハ毎年之ヲ召集ス
第四十二条　帝国議会ハ三箇月ヲ以テ会期トス必要アル場合ニ於テハ勅命ヲ以テ之ヲ延長スルコトアルヘシ
第四十三条　臨時緊急ノ必要アル場合ニ於テ常会ノ外臨時会ヲ召集スヘシ
臨時会ノ会期ヲ定ムルハ勅命ニ依ル
第四十五条　衆議院解散ヲ命セラレタルトキハ勅命ヲ以テ新ニ議員ヲ選挙セシメ解散ノ日ヨリ五箇月以内ニ之ヲ召集スヘシ
第四十四条　帝国議会ノ開会閉会会期ノ延長及停会ハ両院同時ニ之ヲ行フヘシ
衆議院解散ヲ命セラレタルトキハ貴族院ハ同時ニ停会セラルヘシ

△国会法

第十三条　（会期に関する衆議院議決の優越）
第十条　（常会の会期）
第十一条　（臨時会・特別会の会期）
第十二条　会期の延長

第十四条　（会期の起算）
第十五条　（休会）

△衆議院規則

第二十条　臨時会の会期は、議長が各常任委員長の意見を徴し参議院議長と協議した後、議院がこれを議決する。
特別会の会期は、議長が参議院議長と協議した後、議院がこれを議決する。

第二十一条　会期の延長については、前条第一項の規定を準用する。

第二十二条の三　前四条の議決の結果は、直ちにこれを議長において参議院及び内閣に通知する。

△参議院規則

第二十二条　臨時会及び特別会の会期は、議長が衆議院議長と協議した後、議院がこれを議決する。この場合において、議長は、その会期における立法計画に関して、予め各常任委員長の意見を聴かなければならない。
前項の議決の結果は、これを衆議院及び内閣に通知する。

第二十三条　国会の会期の延長については、前条の規定を準用する。

〔参考〕

△地方自治法

第百二条　普通地方公共団体の議会は、定例会及び臨時会とする。
⑥　普通地方公共団体の議会の会期及びその延長並びにその開閉に関する事項は、議会がこれを定める。

○先例

△衆議院委員会先例集

三〇〇　臨時会の会期又は会期の延長について各常任委員長の意見を徴するため、議長が常任委員長会議を開く。

なお、常任委員長会議によらないで、議長が会期延長について各常任委員長の意見を徴したことがある。

三〇三　常任委員長会議において、会期の延長を議長に申し入れた会派の議員に、出席説明を求める。

△衆議院先例集

四　会期の延長は、会期終了の当日、又は前日、若しくは前々日に議決するのを例とする。

国会の会期は、両議院一致の議決で、これを延長することができる。会期の延長は、議長が各常任委員長及び議院運営委員会の意見を徴し、参議院議長と協議した後、議院に諮りこれを議決する。

また、国会法第十条但書の規定の趣旨により、参議院議員の半数の任期が満限に達する場合には、その日を超えて会期を延長することはできない。

五　会期延長の回数は、常会にあつては一回、特別会及び臨時会にあつては二回とする。

会期の延長は、第二十八回国会まではその回数を制限する規定がなく、一会期中に数回延長されたこともあつたが、同国会における国会法の改正において、第十二条第二項として会期延長の制限に関する規定を加え、以後、常会にあつては一回、特別会及び臨時会にあつては二回を超えて会期を延長することはできないこととなつた。

六　会期又は会期の延長について、両議院の議決が異なるとき、又は参議院が議決しないときは、衆議院の議決したところによる。

七　会期及び会期の延長の通知は、議決の当日にする。

特別会及び臨時会の会期を議決したとき、又は国会の会期の延長を議決したときは、議長は、当日直ちにその旨を参議院及び内閣に通知する。ただし、会期の延長が午後十二時直前に議決されたため、その通知が翌日になつたことがある。

二八七　会期終了日においては、議長不信任の決議案より会期延長の件を先議する。

〔参考〕

衆議院先例集付録　一〇　会期延長一覧表

△参議院先例録

一八　会期の延長は、会期終了の当日又はその前日若しくは前々日に議決するのを例とする

なお、会期延長の決定に当たり、議長が常任委員長懇談会を開く場合、特別委員会が設置されているときは、特別委員長にも出席を求め意見を聴取するのを例とする。

一九　会期及び会期の延長は、日数をもつて議決する

二〇　会期延長の回数は、常会にあつては一回、特別会及び臨時会にあつては二回までとする

二一　会期の延長について、両議院の議決が一致しなかつた例

会期の延長について、両議院の議決が一致しなかつたときは、衆議院の議決したところによる。

二二　会期の延長について、衆議院が議決し、本院が議決しなかつた例

会期の延長について、衆議院が議決し、本院が議決しなかつたときは、衆議院の議決したところによる。

二五　会期、会期の延長又は休会を議決したときは、即日その旨を衆議院及び内閣に通知する

〇会議録抜粋

△第一九回国会　昭二九、三、一五

衆議院議院運営委員会議録第二八号（一一頁）

〇住本利男参考人（毎日新聞社編集局次長）……………………………………………………………十二条で、会期の延長問題があります。これは、われ〳〵見ておつても、どの国会も必ず会期末になると延長問題でもめる。国会の混乱する一番大きな原因は延長問題ではないか。どうせ、そのころになつて、会期末になつて両院に残るという法案は、政府にとつては重要な法案ですし、政治的にうるさい問題を含んでおる。しかし、各国の例を見ま

しても、会期の延長問題などは、比較的、与党、野党がうまい話合いでもつて、大した波瀾を起さずにきまつておるのです。日本の場合ですと、まあ与野党の対立がはげしいせいもあるかもしれませんが、これはどうもうまく行かないんです。これは、法規の上でどうこうということはできるか、できないか、まだ私考えたことはありませんけれども、しかし、会期の延長問題はもつと事務的に行われることができるし、また行われた方がいいんじゃないか。あまりに会期の延長が政治的であり過ぎる。その点についてひとつ御考慮を願いたい。会期末の混乱は一にここにあると思うのです。

△憲法調査会総会第二十回会議議事録　昭三三、一一、一一（八頁）

○大池眞参考人（前衆議院事務総長）……………………一度定めた会期が不足をいたしますれば、延長することも勿論できますが、これは二度に限つております。また常会も、一度だけは延長ができることになつております。この会期延長ということは、国会みずからの活動期間を延ばすことで、何ら問題がなさそうでありますのに、しばしば大問題となり、議会史に汚点を残すような結果ともなりますのは、与野党の政治斗争がこんなところにしわ寄せをして参りまして、一方では会期を延長してまで法案の通過をはかり、一方は会期終了によつて審議未了を策する結果にほかならないと存じます。

△憲法調査会総会第二十三回会議議事録　昭三三、一二、一七（七頁〜八頁）

○小沢佐重喜委員……………………会期につきましてはいろいろ問題がありますが、ここでは特に会期延長について申し上げたいと存じます。また会期延長につきましても、いろいろな点で問題がありますが、特に大きな問題を起しておりますのは、なんといつてもこの会期延長をした場合にその議決が有効であつたかあるいは無効であつたかという問題で、これがいつでも議会で問題になるんであります。この場合も論議の焦点を考えて見ますると大体二つの点に焦点がしぼられておると思うのであります。

その一つの点は、速記録が完備していないというところから起る問題であります。つまり今回の十一月四日の国会の場合でもそうでありまするが、速記者に暴行を加えたり、あるいは速記録を破るというようなことをやつておるのは、その議論を立てる前提として行われておるものと想像するのであります。つまりこの会議録が破られたり、あるいは明瞭を欠いたような場合において、そこにおいて行われた議決が有効か無効かという問題になつて来るのでありますが、この問題につきましては、結局現在の慣行では議長においてその有効・無効を決定するということになつておるのであります。

それでは議長はどういう法的根拠においてその議決の有効・無効を決定するかと申しまするというと、衆議院規則の第二百五十八条に、「この規則の疑義は、議長がこれを決する。但し、議長は、議院に諮りこれを決することができる」とあるのでありまして、従つて議長がこの議事規則に基いて、会議録が破損されたり、あるいは明瞭を欠いた場合であつても、適当に公正にできた議事録であるということを考えた場合においては、その規則の解釈に基いて議長が決定するということになつておるのであります。

△憲法調査会第二委員会第九回会議議事録　昭三四、七、二二（二四頁）

○大西邦敏委員　回数は常会一回というように、回数だけ限定しておりますが、日数の限定ということはそのとき問題にならなかつたのですか。

○山﨑高参考人（衆議院事務次長）　できれば日数を法定できるかできないかということも、一応問題になつたのですが、なかなか日数でもつて押えるというのはむずかしいというので、回数で押えることになりました。

○大西委員　憲法に関する限りは、回数で限定してやる外国の憲法の事例はありませんね。みな日数になつておる。

○山﨑参考人　臨時会などでは、会期自体が非常に短いものがございまして、それで一様に何日というようにきめることができないわけで、どうしても回数で押えるほかはない。まあ回数にすれば、逆に言うとこれだけはやつてもいいんだとか、この分だけは認められた分だからやつていいんじゃないかというような考えも出ますが、これ以上はやつてはいかんという趣旨で回数だけ制限すればいいということです。

○学説

△国家学会雑誌　第六八巻第三・四号（昭二九、一二、三〇）　田中二郎

「国会幕切れの法律問題」（二〇八頁～二一〇頁）

「国会の会期延長の手続は、国会法の定めるところによれば、「国会の会期は、両議院一致の議決で、これを延長することができる」ことになつている（一二条）。すなわち、原則的には、「両議院一致の議決」が必要なわけである。ただ、これに対しては例外が認められている。すなわち、「両議院一致の議決に至らないときは、衆議院の議決したところによる」（一三条）。これはいうまでもなく例外である。更に衆議院規則によると、会期の延長は、「議長が各常任委員長の意見を徴し参議院議長と協議した後、議院がこれを議決する」ことになつている（二〇条・二一条）。これらの規定を綜合して解釈すると、原則として、衆議院議長が、各常任委員長の意見を徴し、会期を延長するかどうか、延長するとして何日間延長するか等を考え、その上で参議院議長と協議した後、議院にはかりこれを議決するのが順序である。そして若し衆議院と参議院とで一致した議決が得られなかつたときにはじめて、衆議院の議決したところによることになるという趣旨であろう。初めから参議院を無視して、衆議院だけで、会期延長を決めることを得しめる趣旨ではないと思う。政府並びに与党は、初めから衆議院の議決だけでよいという考え方をとつているようであるが、法律解釈としては、こういう解釈は成りたちがたいように思われる。今回の会期延長については、政府並びに与党の解釈に従つたようであるが、この点についても手続上の瑕疵があるように思う。

この点はしばらく別問題として、衆議院の議決だけで会期の延長ができるという考え方をとるとして、その議決があ

つたかどうかが、ここでの問題の主眼である。

一般的に議決が有効に成立するためには、まず、議長が開会を宣することによつて、正式に会議を開き、そこで、議案を議題として議院にはかり、定員数をみたす出席議員の過半数がこれに賛成することを要する。今回の会期延長の議決がなされたというときの衆議院においては、議長が開会を宣するということもなく、議案を議題としてはかるということもなく、出席議員の数が定員数に達していたかどうか（議場内で乱闘中の議員が出席議員といえるかどうかも問題）も明らかでなく、過半数が議案に賛成したかどうかも確認し得ない状態にあつたようである。そうであるとすれば、およそ「議決」の名に値いするものが存在したとはいえないのではないかと思われる。……………………

衆議院の議決がないのに拘らず、議長が、独断で議決があつたものとしたり、議決に代るべき議長宣言をしたりする権能を有しないことはいうまでもない。衆議院の議決がないのに拘らず議決があつたものとして、衆議院議長がこれを参議院及び内閣に通知したとしても、それは無効であり、決して議決があつたことになる筈のものではない。ただ、こういう通知があつた場合に、参議院及び内閣がこれを審理し、これを無効と判断する法律上の権能を有するかという点になると、多少の疑義も存するし、意見も岐れるであろう。これは、法律的にでなく、むしろ政治的に解決さるべき問題であるかも知れない。」

△ジュリスト一七〇号　（一九五九、一、一五）　佐藤達夫

「会期制・点描」（二四頁）

「会期の延長については、昭和二五年の第七国会の会期末の五月二日で参議院議員の半数の任期が満了するということがあり、それにもかかわらず、会期の延長ができるかという問題が生じ、議論が対立した。

これについて、当時の政府の法制当局は、議員の半数が残つている以上、憲法上の定足数（憲法改正の場合を除く）

はあるわけだし、第一、半数の議員が欠けたことによつて国会の活動能力が認められないということでは、会期延長のほか、臨時会の召集もできず、緊急集会も開けなくなつて、国会の活動に絶対的な空白を生ずる、そのようなことが憲法の趣旨であるはずはない・などの理由で延長は可能と考えていたのであるが、結局その延長はなされずして終つた。それは法理論はともかくとして、事実上の問題としてこのような延長は避けた方がいいという考慮にもとづくものであつたと見られる。」

〔参考〕

△第五回国会　昭二四、五、二三

衆議院議院運営委員会議録第四二号（五頁）

○土井直作委員　……衆議院規則第二十条では「臨時会及び特別会の会期は、議長が各常任委員長の意見を徴し、参議院議長と協議した後、議院がこれを議決する。」ということになつているのであります。従つてこれはすでに常任委員長会議で決定しているわけであります。諮問的なものでなくてむしろ決定的なものであつて、議長が実際上は常任委員長会議にかける前に、この運営委員会にかけてこれは一体どうしたらいいかということを、まず第一に諮問しなければならぬものである。また法規的にはこの常任委員長会議の決定が効力を発生するのであつて、運営委員会というものは法規的に何らの根拠のないものである。

○大池眞事務総長　……会期延長に関しましては、衆議院規則第二十条に書いてありますように、常任委員長にあらかじめ協議を申し上げまして、その協議がまとまりますれば、規則の上ではただちにこれを参議院の議長と交渉をいたしまして、その交渉の整つたとき、あるいは整わない場合もございましたが、それに従つて運営委員会にかけたらいけないという規定は全然ございません。従つて一番最初に会期延長の問題が起りましたときから、会期延長に対して議長はいかなる処置をとるべきかということは、十分に考えていろ〳〵進められたのでありますが、当時の考え方から見まして、常任委員長会議に会期の延長問題をまず最初におかけいたしまして、常任委員長の意見を運営委員会に御披露を申し上げまして、運営委員会ではその常任委員長の御決定なり、あるいは協議の結果が、はたして穏当なりや、あるいはさらにそれに対する注文をつけるなり、そういう結果で常任委員長の会議の結果を持つて、ただちに参議院の議長と交渉したことは今日まで一回もございません。またその問題をあらかじめ打合せをして、常任委員長会議にかけた場合もあります。常任委員長会議にあらかじめかけまして、その決定を運営委員会に御相談申し上げまして、運営委員会の決定に基いて衆議院はかく〳〵にいたしたいということで、参議院議長に御協議申上げまして、全部協議がととのつておつた次第であります。従いまして今回も従来通り常任委員長会議に先にかけまして、当運営委員会に諮問するという形をとつたのでありますが、その間時間の関係で一緒にした方がいいというので、合同審査会を開いた場合もございますので、本日は時間の関係で委員長会議と運営委員会との合同協議会をお願いしたのでありますが、先ほどのような御議論がありましたので、従来の通り先例を追うて御協議申し上げている次第であります。

△第一六回国会　昭二八、七、三一

衆議院議院運営委員会議録第三一号（二頁～三頁）

○正木清委員……………………………………………………………………………………………………

私の衆議院規則二十条の法文の解釈に、あるいは間違つておる点があるかもしれませんけれども、一応この二十条の解釈について、私は常識的に意見を申し上げてみたいと思う。……………………………………………………

二十条によりますと、「各常任委員長の意見を徴し参議院議長と協議した後、議院がこれを議決する。」従つて、院議に諮る前に、並行してもよろしいし、あとさきになつてもよろしいが、この第二十条の法律の解釈によるならば、議運に諮らない前でも、非公式であつても、議長は当然参議院の議事進行状況から見て、与党である自由党からかような申入れがあつたが、参議院議長としての意見はどうかということは、常識上当然さるべきものだというのが私の意見であります。

この法の解釈について、委員長または事務総長からも、この点明確に御答弁を願いたい。……………………………………

○大池眞事務総長　……………………………………………………会期の延長、もしくは会期の決定という問題につきましては、常任委員長の意見をまず徴した上で、両院議長が協議をし、その協議がととのう場合と、ととのわない場合と、いろ〳〵ございましようが、そういう手続をふんだ上で、本会議の議決を要する、こういう手続が、二十条に規定してあるわけであります。従いまして、今回のような会期の延長の問題が起つた場合には、まず延長するがいいか悪いか、また延長するなら幾日が適当であるかという点について、本院の議長と参議院の議長と協議をする事前に、常任委員長の意見をまず徴する。これが法の命ずるところであります。従いまして、今度はその常任委員長の意見を徴しまして、常任委員長の衆議院側の意向がわかれば、それをもつてただちに参議院の議長と相談することも、法には何ら禁止はございません。禁止はございませんが、一番最初のときより、常任委員長の意見を徴しただけで、すぐ参議院に持つて行つて、衆議院の意向はかく〳〵であるということを相談することが穏当か不穏当かということがございまして、その前に、常任委員長の意見はかくかくであるが議院運営上さらに会期が延びるか、延びないか、しかも幾日延びたらいいか、こういう問題がございますので、当議院運営委員会に諮問をして、議運の御決定をまつて、その御決定を持つて、衆議院はかく〳〵の意向にきまつておる、これで協調をしてもらいたいということで参議院に申し出るのが、従来からの先例でございます。従いまして、その間に、議長が議運に諮問をする前に、議長自身の御意見に基いて参議院の議長に相談するがいいか悪いかという政治問題は、私どもわかりませんが、そういうことはかつてやつておりません。

△第二二回国会　昭三〇、三、一四

衆議院議院運営委員会議録第一号追録（一頁）

○大池眞事務総長　次は衆議院規則改正の件でございますが、……………………………………………………

第二十条は、従来と特別に変つておりませんが、特別会の会期のところで、常任委員長の意見を聞くということをいつておつたわけでありますが、常任委員長の意見を聞くといいましても、事実上、常任委員長ができておりませんので、聞く方法がございませんから、特別会の会期のときには、議長は参議院議長と協議する、きめる前には各派協議会で御決定願う。こういう意味で、常任委員長の意見を聞くことだけを除いたわけであります。しかし二十一条は、「前条第一項」の規定を適用することになります。「前条第一項」というのは、常任委員長の意見を聞くということであります。つまり、会期の延長については、これを聞かなければならないということになります。

第十三条　前二条の場合において、両議院の議決が一致しないとき、又は参議院が議決しないときは、衆議院の議決したところによる。

（第二二回国会　昭三〇法三号本条改正）

○制定趣旨・改正経過

第十三条　前二条の場合において、両議院一致の議決に至らないときは、衆議院の議決したところによる。

（制定趣旨）

第十一条、十二条の場合におきまして、両議院の議決が一致しない場合はどうなるかと思われますするので、本条文におきまして、これらの場合には、衆議院の議決が優先するというふうに規定されました。「両議院一致の議決に至らないとき」と書いてありますのは、これは必ずしも参議院と衆議院の議決が一致しないときだけを指すものではなくて、衆議院側において議決したにも拘わらず参議院側において議決しなかつた場合も予想しておるのでございます。

（国会法と旧議院法との比較対照）

〔改正理由〕（第二一回国会　昭三〇法三号本条改正）

「両議院一致の議決に至らないとき」とは、衆議院と参議院の議決が一致しないときのみでなく、衆議院が議決し参議院が議決しない場合をも含むと解されていたが、この点を明らかに規定した。（議会制度七十年史）

○関係法規

△日本国憲法

第四十二条　国会は、衆議院及び参議院の両議院でこれを構成する。

△国会法

第十条　（常会の会期）

第十一条　（臨時会・特別会の会期）

第十二条　（会期の延長）

△衆議院規則

第二十条　臨時会の会期は、議長が各常任委員長の意見を徴し参議院議長と協議した後、議院がこれを議決する。

特別会の会期は、議長が参議院議長と協議した後、議院がこれを議決する。

第二十一条　会期の延長については、前条第一項の規定を準用する。

第二十二条の三　前四条の議決の結果は、直ちにこれを議長において参議院及び内閣に通知する。

△参議院規則

第二十二条　臨時会及び特別会の会期は、議長が衆議院議長と協議した後、議院がこれを議決する。この場合において、議長は、その会期における立法計画に関して、予め各常任委員長の意見を聴かなければならない。

前項の議決の結果は、これを衆議院及び内閣に通知する。

第二十三条　国会の会期の延長については、前条の規定を準用する。

○先例

△衆議院先例集

六　会期又は会期の延長について、両議院の議決が異なるとき、又は参議院が議決しないときは、衆議院の議決したところによる。

△参議院先例録

二一　会期の延長について、両議院の議決が一致しなかつた例

会期の延長について、両議院の議決が一致しなかつたときは、衆議院の議決したところによる。

二二　会期の延長について、衆議院が議決し、本院が議決しなかつた例

会期の延長について、衆議院が議決し、本院が議決しなかつたときは、衆議院の議決したところによる。

○会議録抜粋

△第一三回国会　昭二七、六、二〇

衆議院議院運営委員会議録　第六五号　（二頁〜四頁）

○土井直作委員　……従来会期延長の問題等につきましては、あるいは会期延長ばかりでなくて、会期を何日間にき

めるかというような事柄につきましても、両院ができるだけ一致することを前提といたしまして、しばしば両院の運営委員会の合同協議会というようなものも開いた事例があるわけであります。従つて私たちから言わしめますならば、参議院がいまだ何日間の延長が必要であるということを言つて来ておらないのに、国会法の第十三条によつて、衆議院の一方的な議決によつて会期の延長をするというようなことは、両院の将来のためにも必ずしも当を得たものではない。ある一定の時間を待つて、なお参議院の方で何らこれに対して返答がない、あるいは協議を申し出て来ないというような段階に立ち至る場合ならば、これはいろいろ考えて行かなければならないような場合もあり得るかもしれない。しかし、向うは今会期の問題でやつておるのです。それにもかかわらず、向うが決まつて来ないのにかかわらず、こつちだけが十三条に基くところの会期の日数を一方的に決定するということは、これは私はあまり当を得た措置じやないと思う。この点は、お互い両院の将来のために十分考慮する余地があると思う。

○土井委員　……………………………………………………………………………………………………

しかし、この点について申し上げますならばこれは実際上の問題として、あくまで建前は両院の議決によつて行うということであつて、やむを得ざる場合に第十三条が適用されるのであります。従つて一方的に、衆議院が多数であるからというような建前で強引に押し切るがごとき態度で、常にちらほら衣の下からよろいを見せるような作戦をすることは、当を得たものではないと思う。この点については、多数党も十分謙譲な気持をもつて国会の運営に当り、また国会法上のルールを尊重するという建前がぜひ必要であろうと思いますので、一応この点につきましては警告を発しておきます。

△第一三回国会　昭二七、六、二一

衆議院議院運営委員会議録　第六六号　（四頁〜五頁）

○梨木作次郎委員　………憲法並びに国会法の二院制度をとつておる建前から申しまして、衆議院が参議院に優先するという建前をとつておることは当然であります。しかしながら会期の問題については、第十三条で、両院の議決で決定することになつております。ところで参議院につきましては、延長の問題については何らの意思表示、議決というものがないのであります。十三条では両院一致の議決に至らないときには、衆議院によるとありまして、参議院が何らの議決をしておらない場合におきましては、衆議院の議決が……（発言する者多く、聴取不能）そういう建前をとる。これは二院制度の建前から申しまして、そういう解釈は成り立たないと考えることこそが、憲法とさらに二院制度をとつておる精神から行きまして、これは当然だと思う。でなければ何ら参議院というものは、国会の会期を決定する意味におきまして発言権がないということを肯定することになる。これは私は憲法の建前から行きまして、とらざるところだと思う。

○石田博英委員長　……………………………………………………………………………………………

お諮りをいたします。（発言する者多し）第一に、国会法第十三条の解釈におきまして、（発言する者多し）参議院の議決がなかつた場合において、国会法第十三条の一院だけ議決したものをもつて有効と認めるということに疑義がある、こういう申出でございました。（発言する者多し）その申出に賛成、すなわち参議院において議決のない場合においては、衆議院の一院の議決では無効であると考えられる諸君の挙手を求めます。（発言する者多し）挙手はありません。従つて国会法第十三条の解釈は、現在までの両院法規委員会の議決並びに国会法審議の際における質疑応答の内容にかんがみまして、参議院において議決せざる場合においても、本院一院だけの議決をもつて足れりということに決定をいたしまして御異議ございませんか。

〔「異議なし」と呼ぶ者あり〕

○石田委員長　さよう決定いたします。

〔参考〕

第五国会両院法規委員会議録八・九号

○学説

△憲法I〔新版〕　清宮四郎（二〇九頁）

「三　権能の優劣　両議院の権能の関係については、対等のものと、優劣のあるものとが考えられる。わが明治憲法は、衆議院に予算先議権を認め、貴族院に貴族院令の単独議決権を認めたほか、二院対等の原則を採つていたが、現行憲法は、多くの場合に、衆議院に優位を認め、参議院を第二次院的性格の強いものにしている。このような「跛行的二院制」が採られる理由としては、解散もなく、議員の任期も長い参議院に対して、イギリスの先例(一)を追つて、衆議院に重点を置くほうが、（イ）民主政治の徹底という点からみて望ましいこと、（ロ）国会の意志形成が容易になること、及び、（ハ）議院内閣制のもとにおける内閣の在り方がより単純になり、行動に迷いの生ずるおそれが少なくなつて、かえつて内閣の立場が強化されることなどが考えられる(二)。」

△時の法令　一二四号「国会法改正の問題点」　佐藤功　（一四頁〜一五頁）

「(二)　会期延長の議決手続の改正（第一三条）

臨時会、特別会の会期を定め、常会をも含めて会期を延長するのは両議院一致の議決によることとなつており（第一一・一二条）、これらの場合に「両議院一致の議決に至らないときは」衆議院の議決したところによることとなつている（第一三条）。今度の改正案は、右の第一三条を「両議院の議決が一致しないとき、又は参議院が議決しないときは」と改めようというのである。そして、これは特に会期延長の場合に必要だといわれている。

私としては、第一三条は、ともかく両院の議決があり、しかも一致しないという場合のことを考えて作られた条文であると思う。すなわち、この条文はそもそも参議院が議決をしないというようなことが起るとは考えていなかつたのだろうと思う。したがつて、衆議院側の今までの解釈は、どうも無理ではないかと思つている。しかし、参議院が何ら議決しないというようなことがもし現実に生じたとすれば、そのときにどうすべきかということになれば、この点については、今までの衆議院の考え方のようにするのが適当だと思う。なぜなら、何も議決しないということは、参議院が自己の意思を決定し、主張しないということであり、そのような場合には、憲法が衆議院の優越を認めている精神から衆議院の議決に強い力を与えてよいはずだからである。だから、そのような場合に備えて新しく明文を置くというのなら、今度の改正案に賛成である。

この改正に反対する議論の一つとしては、次のようなことが主張されるかもしれない。すなわち、たとえば憲法第五九条は、法律案が衆議院から参議院に送られてきてから参議院が六十日以内に議決しないときは衆議院はそれを参議院が否決したものとみなして、三分の二による再可決で衆議院の議決どおりに成立させることができることになっている。そこで、参議院が衆議院を通過した法律案を不成立に終らせることのできる唯一の途は、六十日以内に会期が終了するときにそれまでその法律案を握っていることである。ところが、今度のような改正が行われると、参議院が会期終了を狙っている場合にも衆議院だけで会期が延長され、六十日の期限まで引き延ばされることになってしまう。それは、参議院の衆議院に対する唯一の抵抗手段を奪うことになってしまうという議論である。

この議論は一理あるようにも思われるが、問題は、結局、憲法は参議院に果してそのようなことまでして衆議院に張り合うような役割を与えているといえるかどうかにある。つまり、右のような議論は、参議院に憲法が認めているより以上の力を与えようとする議論ではないかと思う。衆議院が参議院の正しい意見をも顧みないで無理矢理に我を通すことは、もちろん感心しないが、衆議院が会期延長を議決した以上は、参議院が法律案の成立を阻止する目的で、ことさらに何の議決もしないで会期の幕切れに持ち込むというようなことは、認めるべきではあるまい。要するに、この問題は、ある意味では、両院制の根本に触れる興味ある問題であるということを指摘しておきたい。」

△憲法　(ポケット註釈全書)　佐藤功　(二七六頁)

「すなわち法律により国会に何らかの権限を与えた場合に、それが「国会」の権限とされた場合には、衆議院の優越を認めることはできない。なぜなら衆議院の優越は両院制の原則に対して特に憲法で定めた例外であると考え、従つてそれは特に憲法に明記されている四つの場合に限定さるべきものとし、それ以外の権限について法律で認めることはできないと解されているのである。その結果たとえば公務員の任命について「国会」の同意あるいは議決を要するとされている場合（たとえば公職選挙法五ノ二Ⅱ）には衆議院の優越は認められない。これに反して「両議院の同意」とある場合は「国会」としての権限ではないから法律によつて衆議院の優越を規定することも可能であると解されている（たとえば会計検査院法四条に定める検査官の任命については、「衆議院が同意して参議院が同意しない場合においては日本国憲法第六七条第二項の場合の例により衆議院の同意を以て両議院の同意とする」と定めている。旧警察法五条三項も国家公安委員の任命について同様の規定を設けていた）。国会法一三条が会期の延長・臨時会及び特別会の会期の決定について衆議院の優越を定めているのも会期が「両議院一致の議決」によるとされているためである。」

△国会法　黒田　覚　（七一頁）

「国会法は、このように会期の決定・会期の延長を「両議院の一致の議決」によるものとし、「国会の議決」としていない。これは、国会の議決については、憲法がとくに法律案・予算・条約・内閣総理大臣の指名に関してのみ衆議院の優越性を認めているので、それ以外の事項に関する国会の議決について、国会法が衆議院の優越性を規定することに難点が感じられる、という理由からである。また国会の議決については、国会法は複雑な手続を規定しているが、「両議院の一致の議決」を「国会の議決」とは別の議決の形態だ、ということにすると、複雑な手続を必要としないからである。(一)」

△憲法演習　田上穣治　（一〇〇頁〜一〇一頁・一〇六頁〜一〇七頁）

㈠　両院制の存在理由から、第二院が第一院の欠陥を補正するもので、その権能に差があることは明らかである。わが国の両院のように共に直接選挙による場合には、いずれを第二院とみるかが問題となるが、不信任決議により内閣総辞職を要求する権能があり、又解散制により選挙を通じて国民のコントロールに服す程度が大きいことから衆議院を第一院とみることができる。その結果、形式的には両院共同で行使する国会の権能が、実質的には衆議院の権能であつて、参議院はこれを批判し抑制する権能を有するに過ぎない。恰かも立法権が国会に固有な権能であるから、裁判所が法律の合憲性を審査する場合に疑わしいときは合憲と判断すべきであるように（Ashwander v. Tennesee Valley Authority 297 US238, 346–8. 1936　）、衆議院の議決があまりに軽卒であり又は急激であると信ずべき充分な理由のある場合にのみ、参議院はこれに反対すべきものと解する。この意味で衆議院の優越は当然に認められるが、参議院の議決が本来の使命を逸脱して衆議院による国民の総意を不当に抑制するものとして批判されるに止まらず、衆議院の意思のみで国会の議決が成立するものとみなされるには、明文の規定がなければならない。（一〇〇頁～一〇一頁）

「四　「国会の議決」と「両院の議決」　会計検査院法（四条）、国会法（一三条）、旧警察法（五条）のように、法律で衆議院の優越を規定する場合には、常に両議院の議決によるものと定め、国会の議決によるものといわれない。けれどもこの区別は主として、国会の議決と称する場合に国会法の両議院関係の規定（八三条以下）が適用されるのに反して、両議院の議決と称する場合は、先議後議の関係や両院協議会の規定が適用されないことにある。このように両議院の議決が一致すべき旨の要件を国会法の正式の手続によらしめるか否かは、憲法に特別の規定ある事項を除き、法律によつて自由に決定することができる（黒田覚・国会法（法律学全集）七二頁）。これに反して、衆議院の優越を新たに法律で認めることができるか否かは、上述のように国会の議決と称するか否かと関係がない（宮沢・前掲三三四頁）。ところで会期の延長は国会の活動能力を付与するものであるから、国会すなわち両院共同で行使する権能の実質的に帰属する衆議院の意思を尊重すべきことは当然であつて、衆議院の議決を批判し補正することを使命とする参議院が会期延長を左右することは、両院制の本質に反する虞があり、反対に衆議院の優越によつて会期延長を容易ならしめることは、国会が国権の最高機関として権能を充分に行使するために望ましいのである。」（一〇六頁～一〇七頁）

△全訂日本国憲法　宮澤俊義著　芦部信喜補訂　（三四六頁）

「(ロ)　ある事項につき、両議院の意志の一致が必要とされる場合に、法律には、「国会の議決」（公選法五条の二第二項）、または「国会の承認」（国籍法七条）を要すると定める場合と、「両議院一致の議決」（国会法一一条）、「両議院の同意」（国公法五条）または「両議院の事後の承認」（独禁法三〇条）を要すると定める場合とがある。両議院の意志の一致を必要とする点では、両者は、同じことに帰着する。

この場合、立法者は、「両議院一致の議決」を要すると定める場合は、法律で各議院に新たにそういう権能をみとめるのであるから、その際、衆議院の優越性を定める（例、国会法一三条）ことが許されるが、「国会の議決」を要すると定める場合は（国会議決について、衆議院の優越性を認めることは、憲法でのみ定め得ることであるから）、そういう衆議院の優越を定めることは許されない、と解するものの如くである。

しかし、この解釈の当否は疑わしい。法律で、国会に新たな権能を定めることが許される以上、その権能を定める際に、その法律が衆議院の優越を定めることも当然許されると解するのが、妥当であろう。もしそれが許されないとするならば、「両議院一致の議決」と定めた場合にも、衆議院の優越性を定めることができないと解しないと、筋がとおらない。ある事項につき、「国会の議決」を要求すべきか、「両議院一致の議決」を要求すべきかは、国会が法律できめ得ることであるから、その点について、衆議院の優越性を定めるかどうかも、結局は、国会が法律で定め得ることである。とすれば、法律で国会またはその一院に対し、憲法で定められた権能以外の権能を与えることができないと解するのでないかぎり、「国会の議決」と「両議院一致の議決」とのあいだに、右にのべられたようなちがいをみとめることに、なんの実益もないようである。」

△レフアレンス別冊　昭和三四年　佐藤達夫　（二三一頁〜二三二頁）

「一　この「両議院一致の議決」というのが、諸法律の立案過程において最初にとりあげられたのは、国会法であつたと思う。その動機となつたのは、臨時会および特別会の会期の決定および国会の会期の延長の場合に、衆議院の議決を優先させるについて、立法技術上これをどう処置するか、ということであつた。

この場合、一応考えられるのは、会期の決定等は、「国会の議決による」という方式であるが、これについて懸念されたことは、憲法は、一定の場合については、衆議院の優越を規定しているが、それ以外の、つまり一般的の原則としては、やはり、両院平等の原則をとつているとみなければならないであろう、もしこの前提が正しいとすると、憲法上、両院平等の原則のもとに構成されている国会を法律で引用する場合、その法律で、ほしいままに両院の関係を変更して一院の議決を優越させることは許されないのではないか、ということであつた。

そこで、この場合ワンセットの「国会」を使わずに、両院を別々に利用することにすれば、この難点を避けることができる、ということで、このような規定となつたのであつた。」

第十四条　国会の会期は、召集の当日からこれを起算する。

○制定趣旨・改正経過

（制定趣旨）

従来は開院式の日から会期を起算したのでありますが、先程も申しましたように新憲法の下では召集の当日からこれを起算することといたして何等差支えなかろうということになりまして、この十四条の規定を設けて会期の起算点を明らかに規定いたしたのであります。（国会法と旧議院法との比較対照）

○関係法規

△日本国憲法

第七条　天皇は、内閣の助言と承認により、国民のために、左の国事に関する行為を行ふ。

二　国会を召集すること。

第五十二条　国会の常会は、毎年一回これを召集する。

第五十三条　内閣は、国会の臨時会の召集を決定することができる。いづれかの議院の総議員の四分の一以上の要求があれば、内閣は、その召集を決定しなければならない。

第五十四条　衆議院が解散されたときは、解散の日から四十日以内に、衆議院議員の総選挙を行ひ、その選挙の日から三十日以内に、国会を召集しなければならない。

衆議院が解散されたときは、参議院は、同時に閉会となる。但し、内閣は、国に緊急の必要があるときは、参議院の緊急集会を求めることができる。

前項但書の緊急集会において採られた措置は、臨時のものであつて、次の国会開会の後十日以内に、衆議院の同意がない場合には、その効力を失ふ。

▲大日本帝国憲法

第四十一条　帝国議会ハ毎年之ヲ召集ス

第四十二条　帝国議会ハ三箇月ヲ以テ会期トス必要アル場合ニ於テハ勅命ヲ以テ之ヲ延長スルコトアルヘシ

第四十三条　臨時緊急ノ必要アル場合ニ於テ常会ノ外臨時会ヲ召集スヘシ
臨時会ノ会期ヲ定ムルハ勅命ニ依ル

第四十四条　帝国議会ノ開会閉会会期ノ延長及停会ハ両院同時ニ之ヲ行フヘシ
衆議院解散ヲ命セラレタルトキハ貴族院ハ同時ニ停会セラルヘシ

第四十五条　衆議院解散ヲ命セラレタルトキハ勅命ヲ以テ新ニ議員ヲ選挙セシメ解散ノ日ヨリ五箇月以内ニ之ヲ召集スヘシ

△国会法

第百三十三条　（期間の計算）
第一条　（召集詔書）
第二条　（常会の召集）
第二条の二　（特別会・常会の併合）
第二条の三　（任期満了による選挙後の臨時会の召集）
第三条　（臨時会召集の要求）
第十条　（常会の会期）
第十一条　（臨時会・特別会の会期）

△衆議院規則

第二十条　臨時会の会期は、議長が各常任委員長の意見を徴し参議院議長と協議した後、議院がこれを議決する。

特別会の会期は、議長が参議院議長と協議した後、議院がこれを議決する。

第二十一条　会期の延長については、前条第一項の規定を準用する。

第二十二条の二　議院の休会は、議案の都合その他の事由により、議院がこれを議決する。

議院の休会中、議院は、議長において緊急の必要があると認めたとき、又は総議員の四分の一以上の議員から要求があつたときは、会議を開くことができる。

前項の場合における会議の日数は、議院の休会の期間にこれを算入する。

△参議院規則

第二十二条　臨時会及び特別会の会期は、議長が衆議院議長と協議した後、議院がこれを議決する。この場合において、議長は、その会期における立法計画に関して、予め各常任委員長の意見を聴かなければならない。

前項の議決の結果は、これを衆議院及び内閣に通知する。

第二十三条　国会の会期の延長については、前条の規定を準用する。

第二十三条の二　国会の休会については、第二十二条の規定を準用する。

議院の休会は、議長の発議により議院がこれを議決する。この場合において、議長は、予め各常任委員長の意見を聴かなければならない。

議院の休会中、議院は、議長において緊急の必要があると認めたとき、又は総議員の四分の一以上の議員から要求があつたときは、会議を開くことができる。

前項の規定により会議を開いたときは、議院の休会は、終つたものとする。

△民法

第百四十条　期間ヲ定ムルニ日、週、月又ハ年ヲ以テシタルトキハ期間ノ初日ハ之ヲ算入セス但其期間カ午前零時ヨリ始マルトキハ此限ニ在ラス

第百四十一条　前条ノ場合ニ於テハ期間ノ末日ノ終了ヲ以テ期間ノ満了トス

○先例

△衆議院先例集

二　特別会及び臨時会の会期は、召集日に議決する。

七　会期及び会期の延長の通知は、議決の当日にする。

一〇　休会の日数は、会期に算入する。

一二　常会は、毎年十二月中に召集されるのを例とする。

一四　特別会の召集詔書は、おおむね十四日前に公布される。

一五　特別会は、総選挙の日から十六日以後三十日以内に召集される。

一六　臨時会の召集詔書は、おおむね七日前に公布される。

一九　議院の総議員の四分の一以上の要求又は内閣の必要に基づき、臨時会が召集される。

二〇　臨時会召集要求書は、即日内閣に送付するのを例とする。

△参議院先例録

三　常会は、毎年十二月中に召集されるのを常例とする

五　特別会は、総選挙の日から三十日以内に召集される

一四　常会の会期中に議員の任期が満限に達したときは、その満限の日をもつて会期は終了する

一六　臨時会及び特別会の会期は、召集日に議決するのを例とする
一八　会期の延長は、会期終了の当日又はその前日若しくは前々日に議決するのを例とする
一九　会期及び会期の延長は、日数をもつて議決する
二四　国会の休会の日数は、会期に算入する

○会議録抜粋

△第九〇回帝国議会

衆議院帝国憲法改正案委員会議録　第一二号　（二〇五頁）　昭二一、七、一四

○吉田安委員　只今会期ノ点ニマデモ触レマシテ、懇切ニ御答弁載キマシタコトハ感謝致シマス、唯御言葉ノ中ニ民主政治ノ徹底、議会ノ運営ヲ促進サスル為ニハ、天皇ニ開会ト云ツタヤウナ大権ヲ認メル方ガ宜シイト云フ意味ノ如キ感ジノ致シマスル御言葉ヲ拝聴致シテ、私ハ聊カ遺憾ニ感ズル次第デアリマス、民主主義ノ徹底、ソレハ勿論ノコトデアリマス、議会運営ノ促進、是ハ当然ノコトデアリマスルガ、私ノ感ジマシタヤウナ点カラ致シマスレバ、独リ開会ノ大権ヲ天皇ニ認メマシタト致シマシテモ、其ノ為ニ民主主義ノ徹底ニ阻碍ヲ生ズルト云フコトハ絶対ニナイト信ジマス、尚ホ議会ノ運営云々ト云フコトハ、是ハサウ云フコトデナクシテ、議会当事者ガ勉強サヘスレバ是ハ幾ラデモ促進ガ出来ル筈デアリマス、私ノ考ヘニ依リマスト、天皇ハ日本国ノ象徴デアラセラレマス、サウシテ年ニ一回ノ予算其ノ他ノ国政ヲ審議致シマスル帝国議会ノ召集、開会ニ当リマシテハ、天皇自ラ開会ノ詔勅ヲ御出シ下サイマシテ、サウシテ天皇親シク従来ノ通リニ御臨幸遊バシテ、荘厳ナル威儀ノ下ニ帝国議会ノ開院ヲナスト云フコトガ、是ガ日本ノ国情ニモ即応シマシテ、如何ニモ相応シイコトデアルト存ズルノデアリマス
○金森徳次郎国務大臣　一寸前ニ遡リマシテ、開会ノコトニ付キマシテ、私ガ述ベタ所ガ少シ誤解ヲ招イテ居ル嫌ヒガアリマスルカラ一遍弁明サセテ戴キマスガ、私ガ申シマシタ開会ト云フノハ、現在ノ憲法ノ上デハツキリ書イテア

ル開会ノコトデアリマシテ、申上ゲルマデモナク、此ノ議会ニ関シマシテハ先ヅ召集ト言フコトノ詔書ガ出マシテ、何月幾日ニ各議員ガ此ノ会堂ニ御集マリニナル、ソコデ召集ト云フ一ツノ事柄ガアリ、サウシテ、細カイコトハ能ク知リマセヌケレドモ、議長ヲ選ブトカ色々ナ方法ニ依リマシテ働クベキ姿ガ整ヒマスルト、次ニ開会ヲ命ズト言フ詔書ガ出ルノデアリマス、詔書ガ出マシテ議会ハ働キ得ル姿ニハナルノデアリマスルガ、其ノ次ニ更ニ開院式ト云フ儀式ガアリマシテ、陛下御自ラ議会ニ御臨ミニナツテ勅語ヲ賜フノガ例ニナツテ居ル訳デアリマス、私ガ前ニ開会ト言ヒマシタノハ、此ノ二ツ目ノ開会デアリマス、召集ニ次イデ開会ヲ命ズル旨ノ詔書ガ出マスルガ、其ノ詔書ノ段階ハ省イテモ宜イノデハナカラウカ、一体議員ガ集マリマスレバ働ケルノガ当然デアリマシテ、議長ヲ作ルトカ部属ヲ決メルトカ云フコトハ実ハ内輪ノ手続ニ過ギナイノデアリマシテ、速カニ其ノ体形ヲ整ヘテ働クノガ事情ニ合フモノト思ヒマシタカラ、其ノ意味ノ開会ハ省略シテモ宜イノデハナカラウカ、斯ウ考ヘタ訳デアリマス、天皇御自ラ行幸ニナツテ開会ヲ命ゼラレルカドウカト云フコトハ、是ハ多少ノ議論ガ伴ツテ居リマスル為ニ、目下内部ニ於テ研究中デアリマシテ、今御答ヘハ出来マセヌガ、ソレガ此ノ第七条第十ノ「儀式を行ふこと。」ト云フ権能ノ中ニ入ツテ居リマスルガ故ニ、開院式其ノモノヲ只今規定シテ居ルト云フ趣旨デ申上ゲタノデハゴザイマセヌ

○学説

△註解日本国憲法　法学協会　（八一八頁〜八一九頁）

「この憲法では、国会が集会するためには、他の国家機関によつて召集されることを必要とするが、集会した以上は、これが活動能力を取得するために、さらに国会以外の何人かの行為を必要とするということはない。集会した後は、会議体として活動しうるに当然必要な要件を自ら充足し、これが整うと活動を開始する。従つてまず総議員の三分の一の議員が集合することが必要である（衆議院規則三条、参議院規則三条・四条参照）。さらに議長、副議長などが存在しないときは、これらを定めることを要する。このようにしてはじめて議事を開きうる状態に達する。参議院規

則は、このときに議院は成立するものと観念し、議長は議院の成立を宣告するものとしている（一八条）。成立即開会であろう。衆議院規則は、これらに関しいかなる考え方に立つか不明であるが、いずれにしても、召集と成立乃至開会とは観念的にも時間的にも区別されうる。しかし会期は召集の日から進行する（国会法一四条）。けだし憲法は、集会した以上、一刻も早くこれらの手続を終えて開会し、最高機関として活動しようとしている国会を考えているからであつて、召集日即開会日と考えてさしつかえない。

国会の会期は、召集の日から起算される（国会法一四条）。これは旧憲法の開会日起算主義をとらぬことを意味するとともにさらに、国会に関する期間の計算はすべて当日から起算（初日を算入）する趣旨をあらわすものとされている。」

△国会法　黒田　覚　（六四頁〜六九頁）

「(2)　会期の計算　会期は、「召集の当日からこれを起算する」（国会法一四条）。会期中、国会が休会し、または各議院が休会することがあるが、これらの休会中の日数も会期中に算入される（衆議院先例集二）。なお、一般に国会法・議院規則による期間の計算に、当日起算主義をとつている(一)（国会法一三三条）。

(一)　民法一四〇条は、期間の計算には「期間ノ初日ハ之ヲ算入セス」としており、これが一般に期間の計算の原則規定となつている。民法一三八条は「期間ノ計算法ハ法令、裁判上ノ命令又ハ法律行為ニ別段ノ定アル場合ヲ除ク外」この方法によるものとしており、公法関係においても、一般にこの原則が採られているが、国会法はとくに当日起算主義を明らかにしたのである。

(1)　召集詔書　召集は天皇の国事行為であり、内閣の助言と承認に基づいて、天皇がこれを行う（憲法七条二号）。召集は詔書の形式でなされる。「国会の召集詔書は、集会の期日を定めて、これを公布する」（国会法一条一項）。常会の召集詔書は集会の期日——召集日——の少くとも二〇日以前に公布しなければならないが、臨時会・特別会については、このような制限はない（国会法一条二項三項）。先例では、特別会については少くとも一四日以前に、臨時会については少くとも七日以前に公布されている（衆議院先例集九・一〇）。」

△憲法　（ポケット註釈全書）　佐藤　功　（三一〇頁）

「一般に期間計算は民法一四〇条に「期間ヲ定ムルニ日……ヲ以テシタルトキハ期日ノ初日ハ之ヲ算入セス」との原則があり（同条は「但其期間ガ午前零時ヨリ始マルトキハ此限ニ在ラズ」としている）、公法においてもこの原則を排除すべき特別の理由はなく従来もこれに従つていたといい得る（たとえば法令の附則等においてその施行期日を定める場合にも、「公布の日から」施行すると定めるのは、公布はその日の午前零時になされたものと見て法令の施行の効力もその日の午前零時に始まるものと解されていた。従つて「公布の日から何日を経過した日」から施行するという場合も公布が午前零時になされたものと見て公布の日を算入していたのである。すなわちむしろ民法上の原則の例外に従つていたといい得る。従つてこの原則からすれば「解散の日から」という場合はその当日を算入しないこととなる。解散の時は通常一日の中途のある時点であるからである）。しかるに国会法の建前は当日起算主義によつており、同法一四条が会期は召集の当日から起算すると明記したのは国会に関するすべての期日計算の原則を定めたものであるとされている（なお同法一三三条参照）。憲法自身は期間計算に関していずれの主義をとるべきかについては触れていないのであるから国会法におけるこの取扱いを非とすべき理由はない。ただし一〇〇条には「公布の日から起算して六箇月を経過した日から」とあり、特に公布の日を算入することを明記しているのと均衡を失するように思われる。」

△全訂日本国憲法　宮澤俊義著　芦部信喜補訂　（三九一頁〜四〇三頁）

〔1〕(イ)　多くの国の憲法は、その議会が一定のかぎられた期間内においてのみ活動能力を有し、その期間外においては活動能力を有しないとする。この期間を会期と呼ぶ。

明治憲法時代に、帝国議会については、この会期の制度がみとめられ、帝国議会は、会期中のみ活動能力を有し、会期が終われば、もはや議会としては活動できないものとされた。

日本国憲法がかような意味の会期を国会について要求しているのか、それとも、そうした会期をみとめず、国会の活動能力は衆議院議員の総選挙後はじめて国会が召集されてから、衆議院議員の任期満了または衆議院の解散まで継続するものとしてもいいのか。この点については、憲法の規定は、ちがつた解釈を容認しないといえないが、本条以下の規定が国会の「常会」や「臨時会」について規定しているところから見て、憲法は、国会について会期の制度をみとめることを予想していると見てよかろう。いわゆる万年国会、すなわち、衆議院の総選挙の結果、衆議院が成立するとともに、国会は国会としての活動能力を取得し、その後は国会自ら休会することは許されるが、その活動能力は、会期という一定の期間にかぎられることなく、衆議院の解散または衆議院議員の任期が終わる時まで、常時存するとする制度は、おそらく憲法の趣旨とするところではあるまい。」（三九一頁）

〔3〕「召集」とは、国会の会期を開始させる行為、すなわち、国会の活動能力を発生させる行為をいう。召集によつて、国会の活動能力が生ずる。

「(イ) 明治憲法時代には、議員に対して一定の期日に一定の場所（議事堂）に集会し、開会の準備行為をなすことを天皇が命ずる行為を「召集」といい、召集に応じて、議員が議事堂に集会し、開会の準備行為が完了したときに各議院が「成立」したといい、各議院が成立した後に、天皇が帝国議会の会期を開始させる行為、すなわち、帝国議会の活動能力を発動させる行為を「開会」と呼んだ。

日本国憲法はかような区別をみとめず、明治憲法にいわゆる「召集」と「開会」とを「召集」一本に統合した。」（三九三頁）

「(ロ) 期間の計算については、その初日は数えないというのが民法の原則であり（民法一四〇条）、公法関係でも、この原則が一般に行われている。しかし、国会関係については、明治憲法時代から、期間は当日から起算するという慣行が確立していたので、国会法は、一九五五年（昭和三〇年）一月の改正で、国会法および各議院の規則による期間の計算は、「当日から起算する」と定めて、この慣行を明文化した（国会法一三三条）。」

（四〇二頁～四〇三頁）

△新国会解説　大池　眞　（三〇頁～三一頁）

「国会の召集と開会との関係をみるに、国会が召集されても、各議院が、その内部機関を完備しなくては、国会活動はできない。即ち国会のような会議体には、その議事を整理し、秩序を保持し、且つこれを代表すべき議長副議長がなくてはならない。議員の議席も定めねばならない。このような内部機構を完備することが、明治憲法の下では、各院の成立手続と称して、両院が、成立した後に天皇から開会を命ぜられた。言ひ換えれば、両院の召集と、両院の成立と、国会の開会との三段階があつた。然るに新憲法では、天皇は国会を召集されるだけで開会を命ずることはないから、国会の召集が則ち開会であるかどうかの問題がある。国会はまた、会期の始めに開会式を行うことになつているが、これによつて開会されるのであるかの疑問もある。

そこで国会の開会に関しては

(1)　召集日より開会されるとする説

(2)　各院の成立したときから開会されるとする説

(3)　両院の成立したときから開会されるとする説

(4)　開会式があつて初めて開会されるとする説

の四つが想像されるが、両院とも召集日から活動を起すのであつて、これを特に国会活動の準備行動として、実質的行動と区別する必要はないから、国会法は召集則開会と認めて、国会の会期は召集当日から起算することに定めた。

(国一四条) これによつて従来の疑義は解けて国会の召集が則ち国会の開会であり、会期の始めに行はれる国会開会式は、既に国会が開かれたのちの国会の単なる儀式であり、内外に対する国会開会の宣言行為となつた。」

△法律時報一九巻五号　鈴木隆夫　(七〇頁)

「会期の計算方については、第一回帝国議会の終りに閣議で決定して裁可を仰いで「刑法に月と称するは三十日を以てすとあれば宣しく三十日を以て一ケ月とすべし」と定められてから爾来これが先例となつて開院式当日から起算されたが、然しその他の期間の計算方については時によりこれと異にした。例えば第十三回帝国議会の特別会の召集日は翌日起算主義により召集され、第九十回帝国議会は解散の日を算入して当日起算主義によつた。

国会法は先ずこの点を明らかにして、国会の会期は、召集の当日からこれを起算するものと定めた。従つて国会に関する期間については、今後は憲法に規定された期間も、国会法に定められた期間もすべて当日から起算されることになつた。」

△新版法令用語の常識　林　修三　(六八頁～六九頁)

「公法上の期間計算に関し問題となるのは、国会法第一三三条に、「この法律及び各議院の規則による期間の計算は、当日から起算する。」と、初日算入主義をうたつた規定のあることである。そして、この規定のあることおよび国会関係の期間計算では、この規定が昭和三〇年の国会法の改正で挿入される前から、慣例的に初日算入主義がとられていることを理由として、公法上の期間計算について、一般に、民法の初日不算入の原則によらず、初日算入主義をとるものと解釈すべきだという学説も一部にあるが、あまり根拠のある説とはいえないように思われるし、行政上の実務にも合致していない。

ただ、国会関係については、国会法第一三三条のあるところから、国会法および両院の議院規則の上での期間計算は、すべて初日算入主義によつて行われるのは当然として(国会法一条、二条の三、五六条、六七条、七五条、衆議院規則二四二条、参議院規則二四二条などの場合。なお、会期の計算については、特に、国会法一四条の規定がある(9)、さらに、従来の慣例上、憲法そのものに定められている期間（法律案、予算、条約の議決に関する五九条ないし六一条等の場合）の計算についても、こと国会に関する限り、初日算入主義によって行われていることは注目を要する。もっとも、この憲法上の期間の計算については、別に成文上の根拠があるわけではなく、全く慣例上の取扱いであるから、憲法第五四条の期間（衆議院解散後の総選挙の期間、総選挙後の国会召集の期間）、あるいはこれと関連する地方自治法第二六一条の期間（憲法九五条の特別法の住民投票に関する期間）、公職選挙法第三一条、第三二条の期間（衆参両院議員の選挙の公示の期間）など、国会の関係と一般の行政の関係とが交錯する部面になると、解釈上まぎらわしい点が生ずる余地が少なくない。」

第十五条　国会の休会は、両議院一致の議決を必要とする。

国会の休会中、各議院は、議長において緊急の必要があると認めたとき、又は総議員の四分の一以上の議員から要求があつたときは、他の院の議長と協議の上、会議を開くことができる。

前項の場合における会議の日数は、日本国憲法及び法律に定める休会の期間にこれを算入する。

各議院は、十日以内においてその院の休会を議決することができる。

（第二回国会　昭二三法八七号本条改正）

（第二一回国会　昭三〇法三号本条改正）

○制定趣旨・改正経過

第十五条　国会の休会は、両議院一致の議決を必要とする。

各議院は、七日以内においてその院の休会を議決することができる。

各議院は、議長において緊急の必要があると認めたとき、又は総議員の四分の一以上の議員から要求があつたときは、国会の休会中又はその院の休会中でも会議を開くことができる。


（制定趣旨）

従来先例によつて認められておりました休会につきましては、新憲法では法的な影響をもつこととなつたのでありまず。すなわち或る種の議案が参議院に送付された時に、国会の休会の期間を除いて、一定の期間内に参議院において決定しない時には、これを否決とみなすというような条文が新憲法の五十九条、六十条、六十一条、六十七条等にありまする関係上、この国会の休会ということを明らかにせねばなりませんので、国会の休会というものは両議院の一致の議決を必要とするということに決定をいたしました。また同時に各議院は七日以内におきましてその院だけの休会を議決することも認められました。なお各議院の議長におきまして特に緊急の必要があると認めた時、或はその議員の四分の一以上から要求があつたときには、国会の休会中でもまたその院だけの休会中でも、本会議を開き得る途が設けられております。

（国会法と旧議院法との比較対照）

第十五条　国会の休会は、両議院一致の議決を必要とする。

各議院は、十日以内においてその院の休会を議決することができる。（第二回国会において本項改正）

各議院は、議長において緊急の必要があると認めたとき、又は総議員の四分の一以上の議員から要求があつたときは、国会の休会中又はその院の休会中でも会議を開くことができる。

《改正理由》（第二回国会　昭二三法八七号本条改正）

各議院は、七日以内においてその院の休会を議決することができることになつていたのを、十日以内と改めたのである。

（国会法と旧議院法との比較対照）

《改正理由》（第二一回国会　昭三〇法三号本条改正）

国会の休会中、一の議院が他の議院と交渉なしで会議を開くことは適当でないので、各議院が会議を開く場合には、その議長が予め他の議院の議長と協議すべきことに改めた。また、この場合会議の日数は、国会の休会の期間に算入することを明らかにして、憲法その他の法律に定めてある休会中の期間の計算について疑義なからしめた。

（議会制度七十年史）

○関係法規

△日本国憲法

第五十九条　法律案は、この憲法に特別の定のある場合を除いては、両議院で可決したとき法律となる。

衆議院で可決し、参議院でこれと異なつた議決をした法律案は、衆議院で出席議員の三分の二以上の多数で再び可決したときは、法律となる。

前項の規定は、法律の定めるところにより、衆議院が、両議院の協議会を開くことを求めることを妨げない。

参議院が、衆議院の可決した法律案を受け取つた後、国会休会中の期間を除いて六十日以内に、議決しないときは、衆議院は、参議院がその法律案を否決したものとみなすことができる。

第六十条　予算は、さきに衆議院に提出しなければならない。

予算について、参議院で衆議院と異なつた議決をした場合に、法律の定めるところにより、両議院の協議会を開いても意見が一致しないとき、又は参議院が、衆議院の可決した予算を受け取つた後、国会休会中の期間を除いて三十日以内に、議決しないときは、衆議院の議決を国会の議決とする。

第六十一条　条約の締結に必要な国会の承認については、前条第二項の規定を準用する。

第六十七条　内閣総理大臣は、国会議員の中から国会の議決で、これを指名する。この指名は、他のすべての案件に先だつて、これを行ふ。

衆議院と参議院とが異なつた指名の議決をした場合に、法律の定めるところにより、両議院の協議会を開いても意見が一致しないとき、又は衆議院が指名の議決をした後、国会休会中の期間を除いて十日以内に、参議院が、指名の議決をしないときは、衆議院の議決を国会の議決とする。

▲大日本帝国憲法

第七条　天皇ハ帝国議会ヲ召集シ其ノ開会閉会停会及衆議院ノ解散ヲ命ス
第四十四条　帝国議会ノ開会閉会会期ノ延長及停会ハ両院同時ニ之ヲ行フヘシ
衆議院解散ヲ命セラレタルトキハ貴族院ハ同時ニ停会セラルヘシ

▲議院法

第三十三条　政府ハ何時タリトモ十五日以内ニ於テ議院ノ停会ヲ命スルコトヲ得
議院停会ノ後再ヒ開会シタルトキハ前会ノ議事ヲ継続スヘシ

▲衆議院規則

第三十四条　衆議院ノ解散ニ依リ貴族院ニ停会ヲ命シタル場合ニ於テハ前条第二項ノ例ニ依ラス

第二十二条　国会の休会は、国の行事、年末年始のためその他議案の都合等により議長が参議院議長と協議した後、議院がこれを議決する。
前項の議決の結果は、直ちにこれを参議院及び内閣に通知する。

△国会法

第五十六条　（議案の発議・付託・委員会審査省略・廃案）

△衆議院規則

第二十二条　国会の休会は、国の行事、年末年始のためその他議案の都合等により議長が参議院議長と協議した後、議院がこれを議決する。

第二十二条の二　議院の休会は、議案の都合その他の事由により、議院がこれを議決する。
議院の休会中、議院は、議長において緊急の必要があると認めたとき、又は総議員の四分の一以上の議員から要求があつたときは、会議を開くことができる。
前項の場合における会議の日数は、議院の休会の期間にこれを算入する。

第二十二条の三　前四条の議決の結果は、直ちにこれを議長において参議院及び内閣に通知する。

第百七十九条　委員会において、議院の会議に付するを要しないと決定した請願について、議員二十人以上から休会中の期間を除いて委員会の報告の日から七日以内に会議に付する要求がないときは、委員会の決定が確定する。

△参議院規則

第二十三条の二　国会の休会については、第二十二条の規定を準用する。

議院の休会は、議長の発議により議院がこれを議決する。この場合において、議長は、予め各常任委員長の意見を聴かなければならない。

議院の休会中、議院は、議長において緊急の必要があると認めたとき、又は総議員の四分の一以上の議員から要求があつたときは、会議を開くことができる。

前項の規定により会議を開いたときは、議院の休会は、終つたものとする。

第百七十二条　委員会において、議院の会議に付するを要しないものと決定した請願の報告に対して、七日以内に、議員二十人以上から会議に付する要求がないときは、委員会の決定を確定とする。

〔参考〕

△日本専売公社法

第三十七条

△日本電信電話公社法

第四十八条

△日本国有鉄道法

第三十九条の九

△日本開発銀行法

第二十六条

△日本輸出入銀行法

第十五条　休　会

第二十八条
△公庫の予算及び決算に関する法律
第七条
△会計検査院法
第四条

○先例

△衆議院委員会先例集

三六　休会中には、委員会を開かないのを例とする。
国会の休会中又は議院の休会中には、委員会を開かないのが例である。ただし、第三回国会において国会の休会(昭和二十三年十月二十四日から十一月七日まで)中、議院運営委員会が休会明けの開会準備等のため同年十月二十六日に開会し、また設置に関する決議により休会中も開会し得る権限を与えられていた不当財産取引調査特別委員会が、同年十一月四日、五日及び六日に開会したことがある。

二〇七　委員派遣は、会期中においては、これを行わないのを例とする。
委員派遣は、会期中においては、原則として行わないのが例であるが、天災地変等緊急な調査を要する場合又は法案の審査若しくは立案に当たり現地調査(現地における利害関係者、学識経験者等からの意見聴取を含む。)を特に必要とする場合には、会期中においても委員派遣を行つたことがある。

〔備考〕

なお、自然休会中における委員派遣に関しても、議院運営委員会において決定した主なものは次の通りである。

第十回国会　昭和二十五年十二月十一日決定
会期中に委員派遣を行なうことは不適当であることは勿論、休会中といえども委員派遣を行なうことは原則として慎しむべきである。議院運営委員会開会不能の場合においては、議長に取り計らいを一任する。
第十五回国会　昭和二十七年十二月二十四日決定
今次休会中の委員派遣承認の件については、真にやむを得ざるもののほかこれを認めない、これを原則とする。
第三十一回国会　昭和三十三年十二月二十三日決定
自然休会中に委員派遣承認申請があつた場合には、その取扱いは、従来の例により、議長において、議院運営委員長と協議のうえ決定することに一任する。

△衆議院先例集

八　国会の休会を議決する。
国会の休会は、両議院一致の議決を要する。休会を行う場合には、議長があらかじめ参議院議長と協議した後、議院に諮りこれを議決する。
国会の休会は、新内閣の組織及び諸般の準備の都合上、あるいは内閣の議案提出を待つため、あるいは年末年始のためこれを行つたことがある。
九　本院の休会を議決する。
新内閣の諸般の準備を待つため又は弔意を表するため、本院の休会を議決したことがある。

……………………………………………………………………………………

なお、第七回国会以降は年末年始のためあるいは新内閣の諸般の準備を待つため、休会の議決をすることなく自然休会とするのが例である。

また、第三十一回国会においては、議案の審議がほとんど終了したため、昭和三十四年四月十日から同月二十七日まで自然休会とした。

一〇　休会の日数は、会期に算入する。

会期は、国会法第十四条の規定により、召集日から起算するのであつて、その会期中に国会の休会又は本院の議決による休会があつたときは、休会の日数は、これを会期に算入する。

一一　休会の通知は、議決の当日にする。

休会を議決したときは、議長は、当日直ちにその旨を参議院及び内閣に通知する。

二九　開会式は、会期の始めに挙行する。

開会式は、常会にあつては、年末年始の休会明けに挙行され（ただし、第四回国会（昭和二十三年十二月一日召集）は十二月二日、第七回国会（昭和二十四年十二月四日召集）は十二月十五日に挙行。）、……………

八二　七日を超える請暇であつても、休会中は、議長がこれを許可するのを例とする。

衆議院規則第百八十二条の規定により、議員の請暇であつて七日を超えるものは、議院の許可を受けなければならないが、国会の休会中又は議院の休会中は、議院に諮ることができないから議長においてこれを許可し、また自然休会中においても同様に議長において許可するのが例である。

一五〇　総予算は、年末年始の自然休会明けに提出される。

総予算は、第二回国会においては、会期中に内閣が更迭したため、新内閣による予算の編成が遅れ、昭和二十三年六月七日に至つて提出された（四月乃至六月は暫定予算）が、第七回国会においては、昭和二十四年十二月二十五日から年末年始の自然休会に入り、翌二十五年一月二十一日に提出された。以後、総予算は、年末年始の自然休会明けの前後、おおむね一月下旬に提出されている。

二〇六　年末年始の休会明けの会議は、開会式の当日又は翌日に開くのを例とする。

常会においては、年末年始の休会明けに開会式を挙行し、会議は開会式の当日又は翌日にその日が会議の定例日に当たると否とにかかわらず、これを開くのが例である。ただし、開会式の前日に会議を開いたことがあり、また開会式の翌々日以後に会議を開いたこともある。

三三二　総予算は、年末年始の自然休会明けに提出される。

総予算は、第二回国会においては、会期中に内閣が更迭したため、新内閣による予算の編成が遅れ、昭和二十三年六月七日に至つて提出された（四月乃至六月は暫定予算）が、第七回国会においては、昭和二十四年十二月二十五日から年末年始の自然休会に入り、翌二十五年一月二十一日に提出された。以後、総予算は、年末年始の自然休会明けの前後、おおむね一月下旬に提出されている。

四八〇　会期の始めに内閣総理大臣が施政方針に関して、外務大臣が外交に関して、大蔵大臣が財政に関して、経済企画庁長官が経済に関して演説する。

常会においては年末年始の自然休会明け開会式の後に、内閣総理大臣が施政方針に関して、外務大臣が外交に関して、大蔵大臣が財政に関して、経済企画庁長官が経済に関して演説するのが例である……………………

△参議院先例録

二一三　国会の休会を行つた例

国会の休会は、会期を定める場合と同様の手続を経た後、両議院一致の議決によりこれを行う。その例は次のとおりである。

第一回国会　昭和二十二年六月三日の会議において、新内閣の諸準備を待つため、同月四日から同月二十二日まで十九日間の国会の休会を議決した（衆議院も同日議決）。

同　　　昭和二十二年八月三十日の会議において、内閣の議案提出の準備を待つため、同年九月一日から同月十四日まで十四日間の国会の休会を議決した（衆議院も同日議決）。

第二回国会　昭和二十二年十二月十一日の会議において、年末年始のため、同月十二日から翌年一月二十日まで四十日間の国会の休会を議決した（衆議院も同日議決）。

第三回国会　昭和二十三年十月二十三日の会議において、新内閣の諸準備を待つため、同月二十四日から同年十一月七日まで十五日間の国会の休会を議決した（衆議院も同日議決）。

なお、年末年始、内閣総理大臣指名後の内閣の諸準備を待つため等の理由により、休会の議決をすることなく相当期間議院の会議を開かないことがある（これを自然休会という）。

二四　国会の休会の日数は、会期に算入する

国会の休会の日数は、会期に算入する。

二五　会期、会期の延長又は休会を議決したときは、即日その旨を衆議院及び内閣に通知する

臨時会及び特別会の会期を議決したとき、会期の延長を議決したとき、又は国会の休会を議決したときは、即日その旨を議長から衆議院議長及び内閣総理大臣に通知する。

一三八　総予算は、通常、年末年始の自然休会明けに提出される

総予算は、通常、常会の年末年始の自然休会明けに提出される。

一四六　国会の休会中に議案が提出された例

第一回国会　昭和二十二年九月一日から同月十四日までの国会の休会中、同月二日内閣から農地開発営団の行う農地開発事業を政府において引き継いだ場合の措置に関する法律案が提出された。また、予備審査のため内閣から同

日臨時農業生産調整法案が、同月六日重要肥料業統制法等を廃止する法案が送付された。なお、議長松平恒雄君は、これらの議案を即日委員会に付託した。

三二四　毎会期の始めに内閣総理大臣は施政方針等に関し、国務大臣は外交、財政、経済に関し演説するのを例とする

常会においては、年末年始の自然休会明けに行われる開会式の後に、内閣総理大臣は施政方針に関し、国務大臣は外交、財政、経済に関し演説するのを例とする。

…………………………………………………………………………………………

三四四　国会の休会中に質問主意書が提出され、これを内閣に転送した例

第一回国会　昭和二十二年九月一日から同月十四日までの国会の休会中、同月二日北條秀一君から住宅問題についての質問主意書が提出され、同月六日これを内閣に転送し、同月十一日内閣から答弁書を受領した。

三六五　国会の休会中に請願書を受理した例

第三回国会　昭和二十三年十月二十四日から同年十一月七日までの国会の休会中、同年十月二十五日早月信号場を駅に昇格の請願書外一件を受理し、その後同休会中に十六件の請願書を受理した(これらの請願は、同年十一月十三日委員会に付託した)。

三六六　請願文書表は、毎週一回作成し、印刷配付する

請願文書表は、休会中(年末年始の自然休会を含む)を除き、毎週一回作成し、これを印刷配付する。

請願文書表には、請願ごとに受理番号、受理年月日、件名、請願者の住所氏名、紹介議員の氏名及び請願の趣旨を記載する。なお、この場合、付託委員会別にまとめるのを例とする。

▲衆議院先例彙纂　上巻　(昭一七、一二、改訂)

二五四　年末年始ノ為休会ス
二五五　年末年始ノ休会期間ハ両院同一ナルヲ例トス
二五六　祝賀哀弔其ノ他ノ事由ノ為休会ス

○会議録抜粋

△第九一回帝国議会　昭二一、一二、二三

貴族院国会法案特別委員会議事速記録第二号（一〇頁～一一頁）

○子爵大河内輝耕君　第十五条二項の七日以内と言ふのは、休会の決議は是以上出来ないと言ふことになるのでございませうか、七日を更新することになれば、別に之を決めて置いた所で何にもならないやうに思ひます、七日以内と御決めになつたのはどう言ふ訳でありますか

○政府委員（佐藤達夫君）　此の七日以内と言ふ限定を置きました趣旨は、昨日の説明にもありましたやうに憲法の関係で、参議院と衆議院との間のやり取りに付て、参議院が何と申しますか握り潰すと言ふやうな場合に付て、休会中の期間を除き何月以内に議決しない時と言ふやうな制限があるので、兎に角はつきり日時を決めるのが適当であらうと言ふので、斯う言ふ日時の制限が設けられたのであります。而も七日以内と言ふやうに割に短く決めたものと考へるのであります。そこで理論上の問題と致しましては、一回が七日以内と言ふことに相成りまするから、之を一両日置いて更に又七日以内の休会と言ふ風に重ねられると言ふことは、是は法律上は可能であらうと思ひます、是は恰も現行の議院法に於きまして、停会に付ての規定がございますが、其の関係と同じ解釈に相成るものと考へて居ります

○大木操君　十五条に付て伺ひたいのでありますが、「国会の休会」と「その院の休会」と言ふのを区別してあるのでございますが、此の「国会の休会」と言ふのは、政治的の意味も含まれて居る場合もありませうし、両者の間にど

う言ふ性質の差異があるのか、御説明を願ひたいと思ひます
○政府委員（佐藤達夫君）　此の第一項の国会其のものの休会として考へられますのは、会期が兎に角百五十日と言ふやうな、例えば常会の場合で申しますと百五十日と決つて居りますが、其の間案件が跡絶えて用事がない期間と言ふものが両院とも共通に生ずると言ふやうな場合、或は仮に従前のやうに年末年始の慣例的な休会と言ふものが考へられますれば、それらも入るものと考へて居ります。
○大木操君　其の国会休会と言ふものは、矢張り本会議、委員会共に全部の休会と言ふことを意味して居るのでありますか
○政府委員（佐藤達夫君）　さう言ふ趣旨に解釈致して居ります。
○大木操君　第三項でございますか「各議院は、議長において緊急の必要があると認めたとき、又は総議員の四分の一以上の議員から要求があつたときは、国会の休会中又はその院の休会中でも会議を開くことができる。」とありますが、両院で十日なら十日と国会休会の議決をした際に、此の三項に依つて其の日に開会をしたと言ふ場合に、其の日だけが休会から除算されるのであるか、一旦開会されたならば、それ以後の休会日数と言ふものは御破算になつてしまふのであるか、其の辺の御解釈を承りたいと思ひます、さうなると矢張り憲法の六十日なり三十日なりの期間に関係があるのでありますが……
○政府委員（佐藤達夫君）　国会の休会を両院で決めまして、其の休会中に一つ院だけで、或は一日だけ此の末項の規定に依つて会議を開くと言ひます場合は、国会としては矢張り休会中であつて、其の休会中其の院だけが活動をしたと言ふことに相成るのぢやないかと考へて居ります。
○大木操君　もう一遍伺ひますが、仮に十日間の国会休会を議決して居つた際に、衆議院なら衆議院が一日開会しても依然として十日の国会休会があるものと、斯う見ると言ふ御趣旨であつたのでありますか

○政府委員（佐藤達夫君）　私の申しましたのは、さう言ふ趣旨であります

○吉田久君　十五条の国会休会のことでありますが、是は両院の一致の決議で為される、それから二項の各院の休会は其の院の決議で為される、而して各院の休会は七日以内と言ふ制限があるのでありますが、此の国会の休会の方は日限の制限がありませぬが、是はどう言ふ訳でありますか

○政府委員（佐藤達夫君）　国会其のものとしての休会の方の日時は両院で一致した決議に依つて決めることに相成りますから、それに任してあると言ふことでございます

○吉田久君　任せると言ふのは無制限に任して居るのでありますか

○政府委員（佐藤達夫君）　両院一致の議決に任してあると言ふ趣旨であります

○吉田久君　会期中はもう休会すると言ふやうなことは出来るのでありますか

○政府委員（佐藤達夫君）　勿論数日で国会としての仕事が終つてしまへば会期は百日ばかり余つて居りますけれども、其の間議案がないと言ふやうな場合に於きましては、勿論今仰しやつたやうな決議が出来ると思ひます、両院一致して決めますればさう言ふことに相成ると思ひます

○吉田久君　休会と言ふものは必ずしも議案がない場合だけに行はれるものじやないと思ひます、議案があつても休会する場合があると思ひますが……

○国務大臣（植原悦二郎君）　衆議院と参議院で左様に決定すれば、議案があつても休会出来る訳だと思ひます

○吉田久君　議案がありました場合でも、議会の都合で休会出来るのであります、必ずしも議案がない時だけに休会すると言ふ訳でもないと思ひますが、衆議院の方では議案がない場合を前提として御説明がありましたから伺ふのであります

○政府委員（佐藤達夫君）　只今申上げましたのは例を挙げまして、斯様な場合には想像致されますと言ふことを典

型的な想像し得る場合を申上げたのでありまして、言葉が足りませぬでしたことは御詫び致しますが、勿論議案のあります場合に於きましても、両院で一致して休会の決議を致しますれば休会が出来る、それは左様に考へて居ります

○吉田久君　其の休会でございますが、国会の休会には、会期中だけはもう休会すると言ふやうな決議ができるのでありますか、さう言ふ場合には議案がある場合に於ても……

○国務大臣（植原悦二郎君）　両院に仮令議案があつても、一致して休会すると決定すれば法理上休会出来ぬことはないと思ひます、唯さう言ふことは政治道徳の上から出来るか、或は政治上した方が宜いかと言ふことは別問題でありますが、法理的には出来ると思ひます

○吉田久君　もう一つ伺ひたいと思ひます、此の国会の休会の方は、両院一致の決議で為される、従つて何時も議決がありませぬ以上は休会出来ないのでございますが、其の場合に此の十三条のやうに「衆議院の議決したところによる。」と、それで決めると言ふやうなことには、休会の場合は致して居らぬやうでございますが、是はどう言ふ訳でせうか、会期延長の場合に付て……

○政府委員（佐藤達夫君）　此の十五条の場合に於きましては、国会としての休会の外に各議院、衆議院になり参議院なり、各議院限りでの、其の議院の休会と言ふ制度がございますので、強ひて会期の規定のやうな、一致の議決に至らない時には衆議院の議決を優先せしめると言ふやうな所迄考へる必要はないと言ふことが申し得ると思ひます

△第二〇回国会　昭二九、一二、四

衆議院議院運営委員会議録第五号（三頁）

○大池眞事務総長　……………………………………………………

国会の休会の場合でありまして、これはそうむずかしい問題ではございません。「国会の休会は、両議院一致の議決を必要とする。」という原則はその通りでありまして、あとに「国会の休会中、各議院は、議長において緊急の必要

があると認めたとき、又は総議員の四分の一以上の議員から要求があつたときは、他の院の議長と協議の上、会議を開くことができる。」というふうにしまして、「他の院の議長と協議の上」という言葉を入れたわけです。こういうぐあいに、休会中に議長の方で特に必要があるときには、あるいは総議員の四分の一以上の議員から要求がありました場合に、それをかつてにすぐ開いてしまわずに、他の院の議長と協議の上に開くことができるようにしようということであります。その次に「前項の場合における会議の日数は、日本国憲法及び法律に定める休会の期間にこれを算入する。」といたしました。これは憲法の中に、「国会休会中の期間を除いて」何日間云々という言葉がありますので、前項の会議日数を休会の期間に入れる、会議をした場合の日数が入るということをはつきりうたつたわけであります。それから現行の「各議院は、十日以内においてその院の休会を議決することができる。」というのは、そのままであります。

○学説

△註解日本国憲法　法学協会(八一九頁)

「(4)　休会　国会は、国の行事、年末年始のためその他議案の都合等により、両議院一致の議決で休会することができる(国会法一五条一項、衆議院規則二二条一項)。しかし一〇日以内の休会は、各議院が、その議決によつて、かつてにできる(国会法一五条二項)。議長が緊急の必要があると認めたとき、又は四分の一以上の議員から要求があつたときは、いずれの種類の休会中でも会議を開くことができる(同三項)。

なお政府の一方的に命ずる停会の制度は、憲法上存在の余地がありえない。」

△改訂日本国憲法要論　渡邉宗太郎　(二一二頁)

「休会とは、会期中における国会又は各議院が議事を休止することをいふ。国会の休会は、両議院一致の議決において行ふを要する。各議院の休会は、十日以内において各議院の議決においてこれを行ふことができる。各議院は、議長において緊急の必要があると認めたとき、又は、総議員の四分の一以上の議員から要求があつたときには、国会の休会中又はその院の休会中と雖も会議を開くことができる（国会法第十五条）。衆議院規則によれば、国会の休会は、国の行事、年末年始のためその他議案の都合などにより、議長が参議院議長と協議した後、議院がこれを議決する（第二十二条）。」

△改訂日本国憲法論　佐々木惣一　（一九三頁～一九四頁）

「二　休会　休会とは、会期中、国会又は各議院が一般に活動能力を喪失することをいう。前述の事実上議事を開かないのとは異なり、法上活動能力を喪失するのである。憲法は休会そのものについては規定するところはないが、休会を認めることを前提として規定を設けている。例えば、参議院が衆議院可決の法律案を議決する期間について、憲法は、「国会休会中の期間」を除くということをいうのは、国会の休会なるものを認めているのである。（憲法五九条四項、六〇条二項、六七条二項）。国会の休会は、両議院の一致の議決でこれを定める。国会の休会とは別に、両議院各別の休会もある。その期間十日以内とする。これについては、憲法の規定はないが、国会法に規定する。各議院は、議長緊急の必要ありと認めたとき、又は総議員の四分の一以上の議員から要求があつたときは、国会の休会中又はその議院の休会中でも、会議を開くことが出来る。（国会法十五条）」

△憲法Ⅰ　清宮四郎　（一八三頁）

「国会または、その一院が、みずからの意志にもとづいて、会期中一時その活動を休止することを「休会」という。休会には、国会の休会と各議院の休会との二種あるわけである。明治憲法には、政府の一方的意志によつて、議会の活動能力を一定期間停止させる「停会」という制度があつたが、現在は認められていない。

国会の休会は、両議院一致の議決を必要とする（国会法一五条一項）。両議院の議決が一致しないときは、衆議院の議決したところによるという規定がないので、一院だけで休会するほかはない。一院の休会は、その議院の議決で行う。ただし、一〇日以内であることを要する（国会法一五条四項）。

国会の休会中、各議院は、議長において緊急の必要があると認めたとき、または総議員の四分の一以上の議員から要求があつたときは、他の院の議長と協議の上、会議を開くことができる。この会議の日数は、休会の期間に算入される（国会法一五条二項三項）。」

⒃　▲全訂日本国憲法　宮澤俊義著　芦部信喜補訂　（四五七頁）

「「国会休会」とは、国会が、その意志にもとづいて、その活動を休止することをいう。

国会法は、国会の休会（国会が、両議院一致の議決により、その活動を休止すること）と議院の休会（各議院が、その院の議決により、その活動を休止すること）とをみとめる（国会法一五条）。ここにいう「国会休会」は、もつぱら前者を意味する。

日本国憲法は、明治憲法がみとめたような「停会」（すなわち、議会の意志にもとづくことなく、もつぱら天皇〔政府〕の意思にもとづいて議会の活動能力を停止する制度）をみとめていないから、本項にいう休会は、ひとえに国会自体の意志によつてのみ決定することができるものでなくてはならない。国会法は、国会の休会は、両議院一致の議決で決定すると定めている（同一五条一項）。

休会中は、国会または各議院はまつたく活動を休止するのが原則であるが、各議院は、議長において緊急の必要があるとみとめたとき、または、総議員の四分の一以上の議員から要求があつたときは、他の院の議長と協議のうえ、国会の休会中でも、会議を開くことができる（同一五条二項）。この規定によつて休会中会議が開かれれば、それによつて当然に休会期間が終わる趣旨であるかどうかは明らかでないが、ひとたび会議が開かれた以上は、さきに議決された休会の期間は終わつたものとし、さらにその後休会しようとおもえば、改めてその旨の議決をなすべきものと解するのが、おそらく正当であろう。」

△新憲法概論　美濃部達吉著　宮澤俊義増補　（一四二頁）

「……………休会は従来は各院の任意に行ふ所であつたが、新憲法第五十九条第六十条第六十七条に「国会休会中の期間」（the period of recess）を特に参議院の議決延滞期間より除外して居るのを以て見れば、両院に共通な非任意的の休会期間の定めらるることが推測せられる。総てそれ等に関する具体的の事項は国会法の制定を待つの外は無い*。

＊　国会法によれば、国会の会期は、召集の当日から起算され（一四条）、旧憲法におけるような、召集から区別された開会は、みとめられない。会期は、旧憲法時代と同じく、予め定められた会期の期間の満了によつて終了するので、特に閉会という行為はみとめられない。休会には、国会の休会と各議院の休会とがあり、前者は両議院一致の議決を必要とし、後者は、一〇日以内において、各議院がこれを議決する（一五条）」。

△国会法　黒田　覚　（七〇頁～七一頁）

「三　休会　会期中に、国会または一議院が議決によつて活動を休止することをいう。国会の休会は「両議院の一致の議決」を必要とする（国会法一五条）。国会の休会は「国の行事、年末年始のためその他議案の都合等により」両議院の議長が協議した後、各議院がこれを議決する（衆議院規則二二条、参議院規則二三条の二）。なお、休会の議決をしないで、相当期間両議院が会議を開かない例は、年末年始などの場合に多い。これは自然休会と呼ばれている（衆議院先例集一八）。

各議院は、単独に一〇日以内の期間でその院の議決によつて休会することがある。これを議院の休会という（国会法一五条四項、衆議院規則二二条の二第一項、参議院規則二三条の二第二項）。

国会の休会中、各議院は、議長において緊急の必要があると認めたとき、または総議員の四分の一以上の議員から要求があつたときは、他の議院の議長と協議の上、会議を開くことができる（国会法一五条二項）。各議院の休会中においても、同様に会議を開き得る場合を議院規則は規定している（衆議院規則二二条の二第二項、参議院規則二三条の二第三項）。

国会または議院の休会中に会議が開かれたときは、休会は終つたものと解すべきであろう。参議院規則は議院の休会中に会議を開いたときは、「議院の休会は終つたものとする」と規定している（参議院規則二三条の二第四項）。明治憲法は、議会の休会のほかに停会の制度を認めていた。停会はいわば他働的休会であり、天皇の命令によつて議会の活動を一定期間休止せしめるものであつたが、この制度は現在認められていない。

㈟　第二一回国会の国会法改正により、会議を開いた場合の日数を休会の期間に入れることに改正した」

△新訂憲法体系　和田英夫　（二四四頁）

「(3)　休会　国会は国の行事、年末年始その他議案の都合等により、両議院一致の議決で（ただし、一〇日以内の休会は各議院がその議決によつて）、自律的にその活動を休止し、休会することができる（国会法一五条）（旧憲法七条において一方的に天皇の命ずるところの停会は現憲法では廃止された）。」

△国会早わかり　大池　眞　（二二頁〜二三頁、五三頁）

「国会の休会といふのは、会期中両院が協定して院議により、両院共一定の期間国会を開くことを休止することである。例へば特殊の事件のために或る期間休会したり、年末年始のため休会する場合などである。

国会の休会と区別せねばならぬのは各院の休会である。之は国会の休会ではなく、その院だけの休会である。即ち一院のみの決議又は都合で其の院だけが休会する場合である。　（二二頁〜二三頁）

休会とは議院自ら会議を開かない場合をいふ。即ち会期中に院議により又は議長に於て会議を開かないことである。例へば、年末年始のため一定期間院議をもつて休会したり、祝賀敬弔の意を表するため、院議により又はよらずに休会したり、議案の都合や、内閣からの休会申出を容れて会議を休む場合である。院議によらずして休会する場合は自

然休会といつてゐる。」（五三頁）

△法律新報　一月号　（昭二三、一）　美濃部達吉

「国会法概説」（三頁）

「第四　休会　旧議院法には、政府が議会の停会を命じ得べきことを規定して居たのみで、議会自身の決議に依る休会に付いては、何等規定する所なく、それは一に各議院の任意の議決に任かせて居たが、新憲法及び国会法は政府の停会命令は全然之を認めず、国会は其の会議を休止するのは専ら国会自身の議決に依るものと為し、国会法に於いて之に関する規定を設けて居る。

休会には、両議院の一致の議決に依る国会の休会と、各議院の単独の議決に依る議院の休会との二種が有る。前の場合は其の期間に制限なく、両議院の協議に依り一致の議決を以て定めた期日まで休会を継続し得べく、後の場合は其の期間を七日以内に限定せられて居る（国会法十五条）。何れの場合にも休会中は会議を開くことを得ないのであるが、旧憲法に於ける停会の場合とは異なり、それは絶対ではなく、国会の休会又は其の院の休会の何れに在つても、各議院に於いて、議長が緊急の必要ありと認めたとき又は総議員の四分の一以上の連名で議長に要求したときは、休会中であつても会議を開くことが出来る。殊に後の場合には議長は其の要求に従ひ会議を開かねばならぬものと解すべきである。

㈲　第二回国会国会法改正により各議院の休会は十日以内と改正された。」

△時の法令　三五五（昭三五、六）

「法令の話題」（四六頁〜四八頁）

「憲法には、第六〇条のほかに、第五九条（法律案の議決についての衆議院の優越性の規定）にも、「国会の休会」ということばが出てくる。国会の休会という以上、衆議院と参議院とが一しよになつて会期中に休む、つまり、その活

動を停止するということであることはわかるが、その趣旨、手続等については、憲法には何も規定がない。それらは、もつぱら、国会法および各議院の規則の定めるところ、さらにそれで足りない点は慣例によるところとなつている。そこでまず、国会法をみると、第一五条に、「国会の休会は、両議院一致の議決を必要とする。」（第一項）という規定があり、常に、両議院一致の議決を必要とすることがわかる。会期の決定および延長の場合などとちがつて、この場合には、衆議院の優越性は認められない（国会法一一条〜一三条参照）。

右は、国会法の規定であるが、さらに、両議院の規則をみると、ここにも国会の休会の手続に関する規定が若干あつて、国会の休会に関する各議院の議決については、衆議院規則第二二条は、「国会の休会は、国の行事、年末年始のためその他議案の都合等により議長が参議院議長と協議した後、議院がこれを議決する。」と、参議院規則第二三条の二は、「国会の休会については、第二十二条の規定を準用する。」（準用されている第二二条は、国会の会期の決定に関する規定であつて、議長が参議院議長と協議した後、議院が議決するという衆議院規則と大体同趣旨の規定である。）と、それぞれ規定している。

なお、国会法には、以上のほか国会の休会中でも、「各議院は、議長において緊急の必要があると認めたとき、又は総議員の四分の一以上の議員から要求があつたときは、他の院の議長と協議の上、会議を開くことができる。」という休会中の緊急本会議開会の規定があり（一五条二項）、さらに、こうして休会中に各議院の本会議が開かれた場合は、その会議の日数は、憲法第五九条、第六〇条等に定める「休会の期間」に算入することが定められている（一五条三項）。

以上が、国会の休会について国会法、各議院の規則の定めるところであるが、これらの規則から、国会の休会とは、衆参両院が自発的な意思に基づいて一致の議決をもつて行なうものであることがわかる。その点で、旧憲法時代の天皇の命による停会と異なるわけである。

なお、国会の休会の期間については、法律上何らこれを制限する規定がないから、両議院が休会を議決するときに、その期間を一しょにきめるわけである。法律的にいえば、会期中何日間休会してもよいわけである。休会の期間が国会の会期に算入されるかどうかについても、明文の規定はないが、先例上は、算入されるという取扱になつている。

また、国会の休会中に、委員会が開催できるか。これについても明文の規定はない。国会の休会は、国会がその活動を停止することだとすると、休会中に委員会が開会できることを認めることは矛盾のようであるが、国会法、議院規則には積極的にこれを禁止する規則もないことから、過去の実例においては、議院運営委員会等が開かれたことがあるようである。しかし、建て前としては、国会の休会中は、委員会は開会しないということのようであり、この点が、後述のいわゆる「自然休会」とちがうところとされている。

いずれにしても、国会の休会を行なうためには、両議院の本会議において一致の議決を行なうことが必要であり、野党側が現在のように会期の延長を認めず、国会をボイコットしている状況の下では、与党およびその同調会派だけで本会議を開いて議決してみても、あまり政治的効果はないということになろう。

なお、新憲法の下における国会で、国会の休会が議決されたことは、第一回国会ないし第三回国会に、年末年始、内閣の更迭に際し、三回ばかりあるようである。

＊　＊　＊

なお、国会法には、右の「国会の休会」のほかに、「各議院の休会」ということが規定されている。これは、各議院が、それぞれ単独に、その院だけの活動を一時休止するために行なうもので、その院の本会議の議決のみによつて行なわれる。各議院の休会は、国会の休会の場合とちがつて期間に制約があり、一〇日間以内で議決することになつている（国会法一五条四項、なお、衆議院規則二二条の二、参議院規則二三条の二第二項以下参照）。各議院の休会は、もちろん国会の休会ではないから、各議院の休会があつても、憲法第五九条、第六〇条等の期間の計算には影響がないのは当然である。

＊　＊　＊

最後に、俗に「自然休会」と呼ばれるやり方がある。これは、法律上の制度ではなく、各議院が、それぞれ、年末年始、その他議院運営の状況等をみて、事実上、一定期間本会議を開かないことにしている状態を指すものである。事実上のものであるから、この場合には、別に休会の議決は行なわれないし、また、本会議の開会を休むだけであつて、委員会の開催については、もちろん制約はない。

なお、旧憲法時代には、停会という制度があつた（旧憲法七条）。これは、天皇が帝国議会の活動を停止することであつて、旧憲法時代、しばしば政府の都合で行なわれたが、現憲法下では、このような国会の活動を他の権力によつて制約する制度は認められていない。」

逐条シリーズ

逐条国会法　第1巻

2010(平成22)年1月15日　第1版第1刷発行　3241-7

編　集　衆議院事務局

発行者　今　井　　貴
発行所　株式会社　信山社

〒113-0033 東京都文京区本郷6-2-9-102
Tel 03-3818-1019　Fax 03-3818-0344
info@shinzansha.co.jp
エクレール後楽園編集部　〒113-0033　文京区本郷1-30-18-101
Tel·Fax 03-3814-6641
笠間才木レナウ支店編集部　〒309-1611　茨城県笠間市笠間515-3
Tel 0296-71-9081　Fax 0296-71-9082
笠間来栖支店編集部　〒309-1625　茨城県笠間市来栖2345-1
Tel 0296-71-0215　Fax 0296-72-5410
出版許可 No.2010-3241-7-01010　Printed in Japan

印刷・製本／松澤印刷・渋谷文泉閣
ISBN978-4-7972-3241-7 C3332 分類323.341:b-001
3241-0101:p352 013:030-005-0-025

信山社既刊案内

法と情報	「法と情報」刊行企画委員会
戦後憲政年代記（上）１９４９－１９６４	†小林　孝輔
戦後憲政年代記（中）１９６５－１９７９	†小林　孝輔
戦後憲政年代記（下）１９８０－１９９５	†小林　孝輔
英國憲法論 全 附英図憲法講義	A・V・ダイシー
英國國會史 全	B・C・スコットオ
プロセス演習　憲法[第２版]	ＬＳ憲法研究会
英國議院典例　上帙	T・E・メイ
英國議院典例　下帙	T・E・メイ
権力に挑む	アニタ・ヒル
シェイクスピアの政治学	アラン・ブルーム
ローマ法と比較法	アラン・ワトソン
佛律原論　元篇・亨篇	アルフレー・ジウールダン
佛律原論　利篇・貞篇	アルフレー・ジウールダン
法理原論　巻之一・巻之二	ウイリアム・マークビー
法理原論　巻之三	ウイリアム・マークビー
佛國常用法　第一集第一册	オウギュスタン・ロゼル
佛國常用法　第一集第二册	オウギュスタン・ロゼル
佛國常用法　第一集第三册	オウギュスタン・ロゼル
佛國常用法　第二集第一册	オウギュスタン・ロゼル
佛國常用法　第二集第二册	オウギュスタン・ロゼル
佛國常用法　第二集第三册	オウギュスタン・ロゼル
正義感	カーン　E＊
性法講義［小笠原版］	ギュスタヴ　ボアソナード＊
性法講義［寳玉堂版］	ギュスタヴ　ボアソナード＊
ボアソナード性法講義１０	ギュスタヴ　ボアソナード＊
ボアソナード性法講義１１	ギュスタヴ　ボアソナード＊
ボアソナード性法講義１２	ギュスタヴ　ボアソナード＊
ボアソナード性法講義１３	ギュスタヴ　ボアソナード＊
ボアソナード性法講義１４	ギュスタヴ　ボアソナード＊
ボアソナード性法講義１５	ギュスタヴ　ボアソナード＊
ボアソナード性法講義１６	ギュスタヴ　ボアソナード＊
ボアソナード論文撰　上巻	ギュスタヴ　ボアソナード＊
ボアソナード論文撰　下巻	ギュスタヴ　ボアソナード＊
比較行政法　全	グッドノウ
證據論抜萃　第一巻・第二巻	グリーンリーフ
増補英國慣習律攬要	ジョシヤ・ウイリヤム・スミス
豪氏法學講義節約　上冊	ジョン・オースチン
豪氏法學講義節約　下冊	ジョン・オースチン
須多因氏講義筆記	スタイン
英國證據法・英國證據法詳解　全	スティーヴン
アメリカ法思想史	スティーブン・フェルドマン
英國律法要訣　左院編輯局・正院飜訳局版	ゼー　ドブリウ
佛國行政訴訟論　第一巻	セリニー
佛國行政訴訟論　第二巻	セリニー
佛國行政訴訟論　第三巻	セリニー
佛國行政訴訟論　第四巻	セリニー
法の正当な手続	デニング　ロード＊
獨逸新民法論　上巻	デルンブルヒ
人間・科学技術・環境	ドイツ憲法判例研究会
未来志向の憲法論	ドイツ憲法判例研究会
ドイツの憲法判例（第２版）	ドイツ憲法判例研究会
憲法裁判の国際的発展	ドイツ憲法判例研究会
先端科学技術と人権	ドイツ憲法判例研究会
ドイツの憲法判例Ⅱ（第２版）	ドイツ憲法判例研究会
米國法律原論　巻之上	トーマス・L・スミス
米國法律原論　巻之下	トーマス・L・スミス
ドイツ既判力理論	ハンス・F・ガウル
現代民主政の統治者	ハンス・チェニ
グローバル化と法	ハンス・ペーター・マルチュケ
基本的人権論	ハンス・マイアー
佛國民法註釋　第一篇人事・第二篇財産	ピコー
獨孛政典　完	ヒュー・デ・グレー
英國制度沿革史　全	フィリップ・V・スミス
法律格言	ブーヴィエール
フライナー・独逸行政法論	フリッツ　フライナー＊
獨逸法律政治論纂　自第一至第四	ブルンチュリー
基本権論	ヘーベルレ，　P.
地方自治の世界的潮流（上）	ヘッセ　J.　ヨアヒム
地方自治の世界的潮流（下）	ヘッセ　J.　ヨアヒム
立法論綱・憲法論綱	ベンサム
天然法　一名法理學階梯	ベンサム
英政沿革志	ヘンスマン・A・P
確定性の世界	ポパー，　K.＊
文庫・確定性の世界	ポパー，　K.＊
人間の法的権利	ポール・シガート
獨逸国法論　全	マイエル　G＊
獨逸行政法（第一巻）	マイヤー，　O.＊
獨逸行政法（第二巻）	マイヤー，　O.＊

信山社既刊案内

憲法Ｉ　統治機構	吉川　和宏
行政裁量とその統制密度	宮田　三郎
行政法教科書	宮田　三郎
行政法総論	宮田　三郎
行政訴訟法	宮田　三郎
国家責任法	宮田　三郎
環境行政法	宮田　三郎
行政手続法	宮田　三郎
地方自治法入門	宮田　三郎
警察法	宮田　三郎
現代行政法入門	宮田　三郎
行政法の基礎知識（1）	宮田　三郎
行政法の基礎知識（2）	宮田　三郎
行政法の基礎知識（3）	宮田　三郎
行政法の基礎知識（4）	宮田　三郎
行政法の基礎知識（5）	宮田　三郎
法と国制の史的考察	京大日本法史研究会
近代憲法における団体と個人	橋本　基弘
損害賠償法	橋本　恭宏
治罪法［明治１３年］講義録上・下	橋本　胖三郎
地球社会の人権論	芹田　健太郎
フランス行政法研究	近藤　昭三
オーストラリアの民事司法	金　祥洙
韓国司法制度入門	金　洪奎
欧米議院制度取調巡回記	**金子　堅太郎**
市民カレッジ・知っておきたい市民社会の法	金子　晃
ローマ法における海商融資制度　フランスの信用貨幣制度（仏語版）	熊野　敏三
一九世紀ドイツ憲法理論の研究	栗城　壽夫
ドイツにおける法律科目の構成の歴史	栗城　壽夫
憲法の具体化・現実化（近刊）	栗城　壽夫
ドイツの最新憲法判例	栗城　壽夫
性差別司法審査基準論	君塚　正臣
行政計画の法的統制	見上　崇洋
社会制御の行政学	原田　久
議会特権の憲法的考察	原田　一明
議会制度	原田　一明
ＮＰＭ時代の組織と人事	原田　久
英國衡平法	戸水　寛人
羅馬法　完	戸水　寛人
現代比較法学の諸相	五十嵐　清
原文で読む「米国憲法入門」	後藤　浩司
戦後日本の再構築	広瀬　善男
「官」の憲法と「民」の憲法	江橋　崇
協働型議会の構想	江藤　俊昭
「學説彙纂」の日本語への翻訳（２）	江南　義之
「學説彙纂」の日本語への翻訳（１）	江南　義之
憲法ゼミナール読本（上）（下）	甲斐　素直
パリテの論理	糠塚　康江
日韓土地行政法制の比較研究	荒　秀
都市計画法規概説	荒　秀
憲法解釈の法理	香城　敏麿
政尾藤吉伝	香川　孝三
現代韓国法入門	高　翔龍
英國律法要訣　第三編續編	高橋　達郎
英國律法要訣　第六編	高橋　達郎
植原悦二郎集	高坂　邦彦
京都議定書の国際制度	高村　ゆかり
社会的法治国の構成	高田　敏
ドイツ憲法集［第４版］	高田　敏
國家學講義　完	高木　豊三＊
ケース・メソッド教養法学新講（上）法学概論	高野　幹久
憲法判断回避の理論（英文）	高野　幹久
ケース・メソッド教養法学新講（下）憲法	高野　幹久
日本国憲法概論	高野　幹久
アメリカ憲法綱要	高野　幹久
憲　法	高野　敏樹
国際人権Ｎｏ．１５（２００４年報）	国際人権法学会
共同性の復権	黒川　みどり
教育における自由と国家	今野　健一
憲政時論集Ｉ	佐々木　惣一＊
憲政時論集Ⅱ	佐々木　惣一＊
現代安全保障用語事典	佐島　直子
対訳・グルジア憲法	佐藤　信夫
対訳　アルメニア共和国憲法	佐藤　信夫
歐洲各國憲法	**細川　潤次郎**
ゼロから始める政策立案	細田　大造
実効的基本権保障論	笹田　栄司
裁判制度	笹田　栄司
立法生活32年	鮫島　眞男＊

信山社既刊案内